# EM BUSCA DE EL CHAPO

ANDREW HOGAN    DOUGLAS CENTURY

# EM BUSCA DE EL CHAPO

A HISTÓRIA DE PERSEGUIÇÃO E CAPTURA DO TRAFICANTE
MAIS PROCURADO DO MUNDO

Tradução
Laura Folgueira

Rio de Janeiro, 2018

Título original: Hunting El Chapo
Copyright © 2017 by QQQ, LLC

Direitos de edição da obra em língua portuguesa no Brasil adquiridos pela CASA DOS LIVROS EDITORA LTDA. Todos os direitos reservados. Nenhuma parte desta obra pode ser apropriada e estocada em sistema de banco de dados ou processo similar, em qualquer forma ou meio, seja eletrônico, de fotocópia, gravação, etc., sem a permissão do detentor do copyright.

Contato:
Rua da Quitanda, 86, sala 218 – Centro – 20091-005
Rio de Janeiro – RJ – Brasil
Telefone: (21) 3175-1030
www.harpercollins.com.br

---

CIP-Brasil. Catalogação na Publicação
Sindicato Nacional dos Editores de Livros, RJ

C389e

Century, Douglas
    Em busca de El Chapo / Douglas Century, Andrew Hogan ; tradução Laura Folgueira. - 1. ed. - Rio de Janeiro : Harper Collins, 2018.
    : il.

    Tradução de: hunting el chapo
    ISBN 9788595082021

    1. Jornalismo - Aspectos sociais. 2. Comunicação - Aspectos sociais. 3. Tráfico de drogas. I. Hogan, Andrew. II. Folgueira, Laura. III. Título.

18-47874
                    CDD: 070.4
                    CDU: 07

Leandra Felix da Cruz - Bibliotecária - CRB-7/6135

# NOTA DOS AUTORES

Este é um trabalho de não ficção: todos os eventos retratados são verdadeiros e os personagens são reais. Os nomes dos policiais e advogados americanos — assim como dos militares mexicanos — foram alterados, a não ser que já fossem de conhecimento geral. Por razões de segurança, diversas localidades, marcas de veículos, sobrenomes e codinomes também foram mudados. Todos os diálogos são reproduzidos da melhor forma possível da memória de Andrew Hogan.

*Para minha esposa e meus filhos.*
A.H.

"Não há uma caçada como a caçada a homens, e quem caçou homens armados por tempo o bastante e gostou nunca mais se importa com nenhuma outra coisa."

Ernest Hemingway, "On the Blue Water", 1936

# SUMÁRIO

· · · · · · · · · · ·

**PRÓLOGO**

EL NIÑO DE LA TUNA .......................................... 11

**PARTE I**

FUGA .......................................... 21

A NOVA GERAÇÃO.......................................... 41

EL CANAL .......................................... 51

TIME ESTADOS UNIDOS.......................................... 63

**PARTE II**

LA FRONTERA .......................................... 81

DF.......................................... 93

SEM DISTINTIVO .......................................... 107

A CAMADA MAIS ALTA.......................................... 123

ABRA LA PUERTA .......................................... 145

O REI DOS PATOS.......................................... 163

LOS HOYOS.......................................... 175

## PARTE III

LA PAZ .................................................. 195

SIGA O NARIZ ........................................ 219

TOCA DO LEÃO ...................................... 235

A ENTREGA ........................................... 247

SU CASA ES MI CASA ............................. 263

EL 19 .................................................... 273

MIRAMAR .............................................. 289

O HOMEM DE BONÉ PRETO ..................... 299

QUÉ SIGUE? .......................................... 315

## EPÍLOGO

SOMBRAS .............................................. 329

MAPAS .................................................. 346

AGRADECIMENTOS .................................. 349

UM COMENTÁRIO SOBRE FONTES ............ 355

GLOSSÁRIO ........................................... 357

SOBRE OS AUTORES .............................. 365

# PRÓLOGO: EL NIÑO DE LA TUNA

PHOENIX, ARIZONA

30 de maio de 2009

**A PRIMEIRA VEZ QUE** ouvi falar do lendário Chapo Guzmán foi logo depois da meia-noite no Mariscos Navolato, um bar mexicano mal iluminado na North 67th Avenue em Maryvale, West Phoenix. Meu parceiro na Força-Tarefa de Narcóticos da Agência de Combate às Drogas (DEA, na sigla em inglês), Diego Contreras, estava gritando a tradução de uma música no meu ouvido:

*Cuando nació preguntó la partera*
*Le dijo como le van a poner?*
*Por apelido él será Guzmán Loera*
*Y se llamará Joaquín*

"Quando ele nasceu, a parteira perguntou: 'Como vão chamar a criança?'", gritava Diego, com o bafo quente e cortante da dose de Don Julio que ele tinha acabado de virar. "O sobrenome é Guzmán Loera, e ele se chamará Joaquín..."

Diego e eu éramos parceiros na Força-Tarefa de Phoenix desde o início de 2007, e dois anos depois nos considerávamos irmãos. Eu era o único cara branco dentro do Mariscos Navolato naquela noite de maio, e sentia todos os olhos me examinando, mas, estando ombro a ombro com Diego, ficava tranquilo.

Diego tinha me apresentado à cultura mexicana em Phoenix logo que nos conhecemos. Comíamos *birria* em tigelas de plástico na cozinha aconchegante de alguma *señora* cuja casa também funcionava como restaurante improvisado, e pedíamos *raspados* de manga de um vendedor ambulante que empurrava um carrinho pela rua, tudo isso enquanto ouvíamos todos os *narcocorridos*\* da coleção de CDs de Diego. Embora eu claramente não fosse do México, Diego me disse que eu estava lentamente me transformando num *güero* — um mexicano de pele clara, cabelos loiros e olhos azuis — e logo ninguém ia me considerar gringo.

O *norteño* estava tocando alto — Los Jaguares de Culiacán, um quarteto em turnê pelo sudeste americano, direto da violenta capital do estado de Sinaloa. O som grave da tuba e do acordeão lembrava uma polca e exercia uma atração estranha e contagiosa. Eu tinha um conhecimento rudimentar de espanhol, mas Diego estava me ensinando uma língua totalmente nova: as gírias dos *barrios*, dos traficantes, das "zonas de guerra" como Ciudad Juárez, Tijuana e Culiacán. O que tornava esses *narcocorridos* tão fodas, explicou Diego, não era a alegria da tuba, do acordeão e da guitarra — era a história passional e a atitude implacável dos pistoleiros incorporadas nas letras.

---

\* *Narcocorrido*: uma balada de estilo musical tradicionalmente mexicano cujas letras contam as aventuras de traficantes de drogas.

## PRÓLOGO: EL NIÑO DE LA TUNA

Uma garçonete de cabelo escuro vestindo jeans branco apertado e saltos altos nos trouxe um balde cheio de garrafas geladas de La Cerveza del Pacifico. Puxei uma do gelo e soltei o cantinho úmido do rótulo amarelo-canário. *Pacifico*: o orgulho de Mazatlán. Ri sozinho: estávamos no coração de West Phoenix, mas parecia que, de alguma forma, tínhamos atravessado a fronteira e chegado a Sinaloa, 1.200 quilômetros ao sul. O bar estava cheio de traficantes — Diego e eu estimávamos que três quartos dos frequentadores estavam de alguma maneira metidos no comércio de cocaína/maconha/metanfetamina.

Era fácil reconhecer os traficantes de meia-idade com seus chapéus de caubói e botas de couro de crocodilo — alguns também tinham empregos formais como vaqueiros. Havia também os traficantes mais jovens — a nova geração —, que pareciam os típicos universitários do Arizona usando camisas da Lacoste e jeans de marca, embora a maioria exibisse relógios que um jovem de 20 anos comum jamais conseguiria comprar.

Nas margens da pista de dança, avistei uns homens que pareciam ter matado alguém, mandantes de cartel com sangue nos olhos. E, espalhadas pelo bar, dezenas de cidadãos honestos e trabalhadores — pintores de casas, secretárias, jardineiros, chefs, enfermeiras — que simplesmente amavam o som desses cantores de baladas sobre as drogas de Sinaloa.

Diego e eu tínhamos passado o dia em uma vigilância monótona, e, depois de dez horas sem comer, virei rapidamente aquela primeira Pacifico, expirando longamente ao sentir a cerveja bater no fundo do meu estômago vazio.

*"Mis hijos son mi alegría también mi tristeza"*, gritava Diego, quase estourando meus tímpanos. "Meus filhos são minha alegria — e também minha tristeza." *"Edgar, te voy a extrañar"*,

cantava, em uníssono com o vocalista dos Jaguares. "Edgar, vou sentir saudade."

Olhei de relance para Diego, buscando uma explicação.

"Edgar, um dos filhos de Chapo, foi morto a tiros num estacionamento em Culiacán", disse ele. "Era o filho favorito, o herdeiro legítimo. Quando Edgar foi assassinado, Chapo enlouqueceu. Aquele *pinche cabrón* fodeu com muita gente..."

Era impressionante como Diego dominava o lugar. Não com seu tamanho — ele não tinha mais de 1,65 metro —, mas com sua confiança e seu charme. Notei uma das dançarinas flertando com ele, mesmo enquanto rodopiava com seu parceiro de botas de caubói. Diego não era o típico policial de narcóticos que usa camiseta e calças largas — ele costumava vestir uma camisa bem passada, quer estivesse em casa ou trabalhando na rua.

Diego suscitava um respeito instantâneo sempre que falava — especialmente em espanhol. Tinha nascido na periferia da Cidade do México, vindo a Tucson, Arizona, com a família quando era criança, e mudando-se para Phoenix em 2001 para se tornar guarda do Departamento de Polícia da cidade de Mesa. Como eu, tinha a reputação de ser um policial agressivo nas ruas. Diego era tão bom nas investigações de narcotráfico que tinha sido promovido a detetive em 2006. Um ano depois, foi escolhido pessoalmente pelo chefe para uma missão de elite na Equipe 3 da Força-Tarefa de Narcóticos do DEA de Phoenix. E foi aí que o conheci.

Desde o momento em que Diego e eu viramos parceiros, ficou claro que nossos pontos fortes eram complementares. Ele tinha um entendimento inato das ruas. Estava sempre *trabalhando* alguém: um informante confidencial, um vigarista — até seus próprios amigos. Muitas vezes, lidava com quatro celulares ao mesmo tempo. Disfarçado — no centro da ação, falando com todo mundo —, Diego

## PRÓLOGO: EL NIÑO DE LA TUNA

brilhava. Embora eu amasse trabalhar nas ruas, sempre me via nas sombras, como naquela noite, sentado à nossa mesa, anotando mentalmente cada detalhe, estudando e memorizando cada rosto. Eu não queria os holofotes; meu trabalho nos bastidores falaria por si.

Diego e eu tínhamos acabado de começar a seguir um grupo de jovens traficantes baseados em Phoenix, suspeitos de distribuir cocaína, metanfetamina e remessas enormes de *cajeta* — maconha mexicana de alto nível — do Cartel de Sinaloa pelo sudoeste norte-americano, usando caminhões articulados.

Embora não estivéssemos planejando abordar os alvos naquela noite, Diego estava vestido igual a um jovem traficante, com uma camisa de botões preta da Calvin Klein sobre jeans azul-escuro, um relógio preto Movado e tênis de couro preto da Puma. Eu parecia mais um universitário da Califórnia, com meu boné preto Hurley, camiseta cinza simples e sapatos Diesel combinando.

*Meus filhos são minha alegria e minha tristeza*, repeti a mim mesmo silenciosamente. O mais popular dos *narcocorridos* atuais — "El niño de La Tuna", de Roberto Tapia — tinha uma letra cheia de potência emocional. Eu podia ver a paixão nos olhos das pessoas, cantando junto palavra por palavra. Parecia-me que viam El Chapo como uma mescla de Robin Hood e Al Capone.

Olhei e fiz que sim para Diego como se entendesse tudo, mas na verdade eu ainda não sabia *nada*.

Eu era um jovem agente especial do Kansas criado com uma dieta de carne vermelha, Metallica, Tim McGraw e George Strait, e tinha muito a absorver naquela primeira noite com Diego no Mariscos Navolato.

Nas cinco TVs de tela plana, passava uma partida de futebol da Primera División mexicana — Mérida ganhava por 1 a 0 de Querétaro, aparentemente, ainda que isso não significasse muita coisa para mim. A *jukebox* de CDs estava cheia de *banda* e *ranchera*; as paredes, cobertas de pôsteres de Modelo, Tecate, Dos Equis e Pacifico, flã caseiro, próximos concertos *norteños* e placas escritas a mão sobre as especialidades de marisco, como *almeja Reyna*, um prato típico de Sinaloa.

*"El Chapo?"* "Baixinho" era para ser um apelido *ameaçador?* Como um garoto semianalfabeto da minúscula cidade de La Tuna, nas montanhas de Sierra Madre, que sustentava a família vendendo laranjas na rua podia hoje ser celebrado como o traficante de drogas mais famoso de todos os tempos? Será que Chapo era mesmo — como diziam as lendas urbanas e os *corridos* — mais poderoso até que o *presidente* do México?

Independentemente de qual fosse a verdade sobre El Chapo, mantive meus olhos grudados nos jovens traficantes sentados a uma mesa perto da ponta do balcão. Um tinha um corte de cabelo militar, dois outros tinham moicanos falsos, o quarto usava um boné da Universidade Estadual do Arizona. Diego e eu desconfiávamos que eles estavam armados.

Se os traficantes saíssem para o carro, teríamos de segui-los.

Diego jogou duas notas de 20 dólares na mesa, piscou para as garçonetes e se levantou. Então, as pessoas se mexiam inquietas nas cadeiras e um homem ficou de pé, arrumando a aba do boné e virando nos calcanhares com seus tênis Air Jordan igual a um armador de basquete.

Diego virou o último gole da sua Pacifico e com um gesto mandou que eu fizesse o mesmo. A banda estava tocando mais alto agora; Diego riu, junto com o bar todo, quando foi chegando o refrão da música:

*Posso ser baixo, mas sou corajoso...*

## PRÓLOGO: EL NIÑO DE LA TUNA

E eu também comecei a sorrir ao afastar minha cadeira e me levantar.

O ritmo hipnótico me dominou; me vi cantando com tanto gosto quanto qualquer um daqueles traficantes usando chapéu de caubói:

*"Yo soy El Chapo Guzmán!"*

# PARTE I

# FUGA

· · · · · · · · · · ·

### GUADALAJARA, MÉXICO
24 de maio de 1993

A EXPLOSÃO REPENTINA DE tiros de AK-47 perfurou a calma de uma perfeita tarde de primavera, desencadeando pânico no estacionamento do aeroporto de Guadalajara. Sentado no banco do passageiro de seu Grand Marquis branco, o cardeal Juan Jesús Posadas Ocampo, arcebispo de Guadalajara, foi atingido 14 vezes ao chegar para esperar o voo do núncio apostólico. O religioso de 66 anos caiu no centro do veículo, com sangue escorrendo de sua testa. Ele morreu na hora. Seu Grand Marquis foi atingido por mais de 30 balas e seu motorista estava entre os outros seis mortos.

Quem poderia ter o arcebispo — um dos mais amados líderes católicos do México — como alvo de um ousado ataque à luz do dia? A verdade parecia ser muito mais prosaica: foi reportado que o cardeal Posadas ficou preso no meio de um tiroteio entre os cartéis de Sinaloa e Tijuana, que há meses lutavam pela lucrativa *"plaza"* — rota de contrabando de drogas — do sul da Califórnia.

EM BUSCA DE EL CHAPO

Posadas tinha sido confundido com o líder do Cartel de Sinaloa, Joaquín Archivaldo Guzmán Loera, ou "El Chapo", que devia chegar ao aeroporto em um sedã branco similar mais ou menos na mesma hora.

Notícias sobre o tiroteio estilo Velho Oeste correram o mundo, ao mesmo tempo que autoridades e jornalistas tentavam entender a carnificina. "Helicópteros sobrevoavam enquanto a polícia confiscava cerca de 20 automóveis cravados de balas, incluindo um que continha granadas e armas automáticas de alta potência", noticiou o *Los Angeles Times* em sua capa. O assassinato do cardeal Posadas à luz do dia chocou a sociedade mexicana; o presidente Carlos Salinas de Gortari chegou imediatamente para prestar seus pêsames e acalmar os ânimos da nação.

O tiroteio no aeroporto se provaria um marco na história moderna da América Latina: pela primeira vez, o público mexicano realmente notava a natureza selvagem dos cartéis de drogas da nação. A maioria dos habitantes nunca tinha ouvido falar no diminuto mafioso de Sinaloa, que pelo apelido soava mais *cômico* que letal.

Após o assassinato de Posadas, desenhos rudimentares do rosto de Chapo foram impressos nas primeiras páginas de jornais e revistas por toda a América Latina. Seu nome aparecia todas as noites na TV — procurado por assassinato e tráfico de drogas.

Ao perceber que já não estava seguro nem no interior de sua Sierra Madre nativa, nem no estado vizinho de Durango, Guzmán supostamente fugiu para Jalisco, onde tinha um rancho, depois para um hotel na Cidade do México, onde se encontrou com vários tenentes do Cartel de Sinaloa, entregando dezenas de milhares de dólares para que cuidassem de sua família enquanto ele estivesse em fuga.

# FUGA

Disfarçado, usando um passaporte com o nome de Jorge Ramos Pérez, Chapo viajou para o sul do México e cruzou a fronteira com a Guatemala em 4 de junho de 1993. Parecia que seu plano era se mover furtivamente, com sua namorada e vários guarda-costas, depois se fixar em El Salvador até passar o furor. Depois, relatou-se que Chapo tinha pagado caro para escapar, subornando um oficial militar guatemalteco com 1,2 milhão de dólares para garantir sua passagem segura para o sul da fronteira mexicana.

**EM MAIO DE 1993,** na época do assassinato de Posadas, eu estava a quase 2.500 quilômetros de distância, em minha cidade natal de Pattonville, Kansas, explicando um passe intrincado para meu irmão mais novo. Éramos o time Sweetness e Punky QB — vestindo camisas azuis e laranja oficiais dos Bears —, reunidos no quintal da frente contra um time composto por meus primos e vizinhos. Minha irmã e as amigas dela estavam vestidas de líderes de torcida, com pompons feitos em casa, gritando das laterais.

Meu irmão, Brandt, sempre fazia o papel de Walter Payton. Eu era Jim McMahon, e era um fanático — todo mundo me zoava por isso. Até para os jogos de quintal, eu tinha de ter todos os detalhes perfeitos, incluindo a faixa de cabeça branca com o nome "rozelle", que eu escrevia com um marcador preto, igualzinha à que Mc-Mahon tinha usado nas partidas anteriores ao Super Bowl de 1985.

Nenhum de nós pesava mais que 45 quilos, mas levávamos esses jogos no quintal a sério, como se realmente fôssemos Payton, McMahon, Singletary, Dent e o resto dos jogadores conhecidos como Monsters of the Midway. Em Pattonville — uma cidade de 3 mil pessoas a 80 quilômetros de Kansas City —, não havia muito a se fazer além de jogar futebol americano e caçar. Meu pai foi bombeiro e caçador de aves aquáticas a vida toda. Ele tinha me levado em minha primeira caça a patos aos oito anos, e comprado minha primeira escopeta — uma Remington 870, para jovens — quando fiz dez.

Todos esperavam que eu também me tornasse bombeiro — meu bisavô, meu avô e três tios tinham todos sido bombeiros. Eu passava horas no quartel seguindo meu pai, experimentando seu capacete de bombeiro de couro todo manchado e subindo e descendo dos caminhões estacionados. Na quinta série, trouxe para casa uma lição e mostrei para minha mãe:

"Um dia, vou ser... bombeiro, policial ou detetive espião."

Mas, desde que consigo me lembrar, eu só queria me tornar *uma* coisa: policial. E não *qualquer* policial — um soldado estadual do Kansas.

Eu amava os uniformes azul-celeste alinhados e os chapéus de campanha de feltro azul-marinho, assim como os Chevrolets potentes que eles dirigiam. Durante anos, tive uma obsessão por desenhar carros de polícia. E não era só um hobby — eu me sentava sozinho no quarto, trabalhando num estado febril. Tinha de ter as canetinhas e os lápis coloridos certos, tudo alinhado, para desenhar e sombrear viaturas com detalhes precisos: as luzes corretas, o emblema, as marcações, as rodas — tudo tinha de estar perfeito, incluindo as antenas de rádio exatas. Se qualquer mínimo detalhe estivesse ruim, eu tinha de começar de novo. Desenhava Ford Crown Vics e Explorers, mas meu favorito era o Chevy Caprice com o motor Corvette LT1 e rodas pretas. Muitas vezes, eu sonhava enquanto coloria, me imaginando atrás do volante de um Caprice ruidoso, correndo pela Rota 36 numa perseguição a um suspeito de roubo...

O outono era minha época do ano favorita. Caçar patos com meu pai e meu irmão. E futebol americano. Aqueles sonhos de quintal agora aconteciam sob luzes brilhantes de estádio. Nosso time da escola passava as noites de quinta-feira em algum acampamento afastado, em volta de uma fogueira e ouvindo o palestrante motivacional da semana, e nossos capacetes laranja com patas de tigre pretas dos lados brilhavam na luz bruxuleante.

A vida em Pattonville girava em torno daqueles jogos de sexta à noite. Por todas as ruas da cidade, via-se *banners* laranja e pretos, e todo mundo vinha assistir ao jogo dos Tigers. Eu tinha meu próprio ritual pré-jogo — uma dose de Metallica nas alturas em meu fone de ouvido:

> *Hush little baby, don't say a word*
> *And never mind that noise you heard*

Depois do ensino médio, eu tinha certeza de que ia morar na mesma cidade em que moravam meus pais, avôs, tios, tias e dezenas de primos. Não desejava ir para nenhum outro lugar. Eu nunca poderia ter imaginado sair de Pattonville. Nunca poderia ter imaginado a vida em uma cidade coberta de fumaça com mais de 26 milhões de habitantes, construída no topo da antiga capital asteca de Tenochtitlán...

*México?* Se pressionado — sob o olhar impaciente de minha professora de espanhol do terceiro período —, eu talvez fosse capaz de achar o país no mapa. Mas para mim era a mesma coisa que Madagascar.

LOGO, VIREI A OVELHA negra: o único policial em uma família de bombeiros. Depois de me formar na Kansas State University com um diploma em justiça criminal, eu tinha feito a prova escrita

## EM BUSCA DE EL CHAPO

para policial rodoviário do Kansas, mas um congelamento nas contratações em todo o estado me empurrou para outra direção. Um velho capitão do escritório do xerife local me ofereceu um trabalho como auxiliar de ronda em Lincoln County, abrindo minha primeira porta para ser policial.

Não era o emprego dos meus sonhos, mas *era* o carro dos meus sonhos: me deram um Chevrolet Caprice 1995, incluindo aquele potente motor Corvette — a mesma viatura que eu desenhava e coloria em detalhes em meu quarto desde os dez anos de idade. Agora, eu podia levá-la para casa e estacioná-la à noite na garagem da família.

A cada turno de 12 horas, eu ficava responsável por uma ampla zona de 30 por 50 quilômetros. Eu não tinha parceiro na viatura: era só um auxiliar com cara de bebê cobrindo um vasto interior cheio de fazendas e algumas cidades pequenas. O reforço mais próximo estava na sua própria zona, tão grande quanto a minha. Se estivéssemos em pontas opostas de nossas respectivas áreas e precisássemos de ajuda, podíamos levar 30 minutos para chegar até o outro.

Descobri o que isso realmente queria dizer numa noite de inverno no meu primeiro ano, quando fui procurar um suspeito de 1,90 metro e 110 quilos — chamado "Beck" — que tinha acabado de sair da ala psiquiátrica do Hospital Estadual Osawatomie. Eu já tinha lidado com Beck uma vez naquela noite, depois de ele ter se envolvido em um problema doméstico numa cidade próxima. Logo depois das oito da noite, o terminal móvel de dados do carro apitou com uma mensagem do meu sargento: "Hogan, você tem duas opções: levá-lo para fora do município ou colocá-lo na cadeia."

Eu sabia que estava sozinho — o sargento e outros auxiliares estavam lidando com um veículo no rio, o que significava que meus colegas estavam a no mínimo 20 minutos de distância. Dirigindo por uma estrada rural de cascalho, vi com a luz dos faróis uma figura sombria caminhando vagarosamente no acostamento. Suspirei alto, parando o carro.

Beck.

Sempre que eu tinha a sensação de que as coisas iriam para o lado físico, eu tendia a deixar meu chapéu de feltro marrom Stratton no banco do passageiro. Essa foi uma dessas vezes.

"David, 25", falei para a central pelo rádio. "Vou precisar de outro carro."

Era a forma mais tranquila de solicitar reforço imediato. Mas eu sabia a verdade: não havia outra ronda em um raio de 30 quilômetros.

"A porra do Cavaleiro Solitário", murmurei para mim mesmo, saindo do Caprice. Caminhei cautelosamente na direção de Beck, mas ele continuou andando, me levando para cada vez mais longe dos faróis de minha viatura e mais para dentro da escuridão.

"Senhor, posso dar uma carona até o próximo posto de gasolina ou você pode ir para a cadeia", disse, o mais diretamente que consegui. "Hoje, a escolha é sua."

Beck ignorou completamente minha afirmação, e em vez disso apertou o passo. Dei uma corridinha, diminuí a distância e rapidamente o agarrei pelo bíceps grosso para colocá-lo numa chave de braço. Tudo como na teoria — igualzinho eu tinha aprendido na academia.

Mas Beck era forte demais para eu conseguir segurar, e se jogou para a frente, tentando liberar o braço. Senti o cascalho gelado rangendo sob nós enquanto tentávamos, ambos, fincar o pé no chão. Beck me agarrou num abraço de urso e deu para ver as lufadas de nossas expirações rápidas ao nos olharmos por uma fração de segundo, nossos rostos a centímetros de distância. Eu tinha zero vantagem — meus pés agora mal tocavam o chão. Era óbvio que Beck estava se preparando para jogar o corpo em cima de mim.

Eu sabia que não tinha como vencê-lo no corpo a corpo, mas consegui soltar meu braço direito e enfiei o punho na cara esburacada dele, depois de novo, até que um terceiro golpe certeiro fez a cabeça de Beck virar para trás e ele finalmente me largou. Plantei meus pés em posição de ataque, como se fosse dar uma entrada em outro jogador no futebol americano, e golpeei a barriga dele com meu ombro, levando-o ao chão. No fosso fundo e congelado, rolamos um por cima do outro, e Beck tentou agarrar meu revólver Smith & Weston calibre .45, chegando a soltar os fechos do coldre, quase pegando a arma.

Finalmente, consegui ficar por cima, alcancei meu bolso e enchi a boca e os olhos de Beck com uma dose pesada de spray de pimenta. Ele berrou, segurando a garganta, e consegui algemá-lo, colocá-lo de pé e enfiá-lo no banco traseiro do Caprice.

Estávamos a meio caminho da cadeia municipal antes do reforço mais próximo conseguir responder.

Foi o momento mais assustador da minha vida — até 12 anos depois, quando coloquei os pés em Culiacán, a notória capital do submundo mexicano das drogas: o estado de Sinaloa.


APESAR DOS PERIGOS, RAPIDAMENTE peguei gosto pela caçada. Nas *blitz* de trânsito, eu fuçava embaixo dos bancos e em porta-luvas procurando drogas, encontrando em geral apenas saquinhos meio vazios de maconha e cachimbos de crack. Então, numa noite em um pedaço tranquilo da rodovia, parei um Jeep Cherokee por excesso de velocidade. O veículo tinha um adesivo da banda

# FUGA

Grateful Dead na janela traseira, e o motorista era um hippie de 42 anos com uma camiseta branca manchada de gordura. Eu sabia exatamente o que fazer: agi como um policial caipira sem noção, obtendo consentimento verbal dele para revistar o jipe, e descobri 85 gramas de pedras de crack e um bolo de mais de 13 mil dólares em dinheiro.

A apreensão foi notícia nos jornais locais — era uma das maiores capturas de dinheiro de drogas da história de nosso município. Logo, ganhei fama como patrulheiro esperto e safo, com habilidade para farejar droga. Era um passo, eu tinha certeza, para alcançar meu objetivo de me tornar policial estadual do Kansas.

Mas havia um fino envelope branco me esperando em casa quando cheguei com o Caprice uma noite depois de meu turno. A sede da Polícia Rodoviária, em Topeka, tinha tomado sua decisão final: apesar de ter passado no exame, eu era um entre mais de 3 mil inscritos, e meu número simplesmente nunca foi escolhido.

Liguei primeiro para minha mãe para contar sobre a rejeição. Toda a minha família estava esperando havia semanas para saber os resultados da prova. No momento em que desliguei o telefone, meus olhos se fixaram na foto emoldurada do distintivo da Polícia Rodoviária do Kansas que eu tinha desde a faculdade. Senti-me sufocado pelas paredes do meu quarto — tão estreito quando o corredor da cadeia municipal. Com a raiva subindo pela garganta, me virei e quebrei a moldura na parede, espalhando vidro pelo chão. Então, montei em minha Harley-Davidson Softail Deuce 2001 prata e dirigi por cinco horas silenciosas nas estradas secundárias, parando em todos os botecos do caminho.

Meu pai estava aposentado do Departamento de Bombeiros de Pattonville e tinha comprado o quartel original da cidade — um sobrado de 1929 de tijolos vermelhos na esquina das ruas

East Main e Parks —, reformado e convertido em um *pub*. O Pattonville's Firehouse Pub logo se tornou o bar mais animado da cidade, famoso por suas asinhas de frango picantes, bandas ao vivo e *happy hours* ruidosos.

O *pub* estava lotado naquela noite, com uma banda de quatro integrantes tocando no palco, quando parei do lado de fora e encontrei Fred Jenkins, meu antigo colega de futebol americano da escola e bombeiro de Kansas City.

Tentei deixar para lá, mas minha raiva continuou fervendo silenciosamente — outra garrafa de Budweiser não ia acalmar aquele humor sombrio. Virei-me e gritei para Freddie:

— Vem comigo!

Eu o levei para os fundos do *pub*.

— Que diabos você está fazendo, cara?

— Me ajuda a empurrar a porra da moto para dentro.

Freddie agarrou os garfos de suspensão frontais e começou a empurrar, enquanto eu levava de ré minha Deuce pela porta de trás do bar.

Montei nela e pisei no acelerador; dentro de segundos, havia fumaça branca ao redor do pneu que cortava o chão de concreto inacabado.

Um ruído ensurdecedor — eu tinha os motores mais altos da cidade — rapidamente encobriu o som da banda. Nuvens grossas e de cheiro ácido encheram o bar enquanto eu segurava firme no guidão, com a parte de trás das pernas apertada contra os pedais traseiros para manter a moto parada: o esgotamento final. Saí cantando pneus, sentindo apenas um leve alívio.

Estacionei a Deuce e entrei de volta no bar, esperando cumprimentos de aprovação — algo para melhorar meu humor —, mas todo mundo estava puto, especialmente meu pai.

# FUGA

Então, um bombeiro aposentado bateu com força no meu ombro.

"Garoto, essa parada foi demais", disse ele, "mas agora minhas asinhas estão com gosto de borracha".

Enfiei a mão no bolso dos meus jeans e tirei um bolo de dinheiro que pagaria vários jantares. Depois, vi meu pai se aproximando de trás do balcão.

— Vamos cair fora — gritei para Freddie pela multidão. — Tenho que sair daqui antes que o velho coma meu couro.

FIZ NOVAMENTE O TESTE para a Polícia Rodoviária Estadual, mas comecei a procurar carreiras na Polícia Federal também — um dos meus melhores amigos policiais tinha me dito coisas boas sobre a Agência de Combate às Drogas. Até ali, eu nunca havia considerado uma carreira como agente especial, mas decidi fazer o longo caminho de carro até Chicago e participar da orientação. O processo foi surpreendentemente rápido, e logo fui categorizado como "melhor qualificado", devido à minha experiência na polícia e ao meu diploma universitário. Passaram-se meses sem notícia, mas eu sabia que podia levar mais de um ano até eu terminar o processo de testes. Certa manhã de outono, eu estava de volta em minha Harley com um monte de policiais e bombeiros para o percurso beneficente Toys for Tots, iniciativa dos Fuzileiros Navais norte-americanos. Depois de um longo dia por estradas secundárias, parando em alguns bares, deixei escapar para o primo de Freddie, Tom, que eu tinha me candidatado ao DEA.

— Sério? Você conhece o Snake? — perguntou Tom, e chamou do outro lado do bar: — Snake! Vem cá! Esse garoto está se candidatando ao DEA.

Snake se aproximou com sua jaqueta de couro desgastada. Com o cabelo loiro e oleoso na altura do ombro, uma barba malfeita e cara de poucos amigos, ele parecia mais um motoqueiro fora da lei que um agente do DEA.

Nos demos bem de cara — bebemos umas garrafas de Bud e falamos sobre o processo de candidatura, lento como uma tartaruga.

— Olha, garoto, é um saco, eu sei. Fica com o meu número — disse Snake, antes de me dar seu telefone. — Me liga na segunda.

Em pouco tempo, graças a Snake, eu me vi na rota rápida do processo de testes e recebi um convite para a Academia de Treinamento do DEA. Depois de uma última noite de farra no Firehouse Pub, fui para o teste, me libertando de minha vida meticulosamente planejada no Kansas. Dirigi pelas regiões florestadas de Quantico — lotadas de veados-de-cauda-branca tão dóceis que quase dava para fazer carinho neles — e entrei pelos portões da Academia do DEA como membro de uma novíssima classe de agentes básicos em treinamento.

Mal tinha me adaptado a minha vida em Quantico quando recebi uma ligação dizendo que tinha sido selecionado para a próxima turma da Polícia Rodoviária do Kansas. Quase não acreditei quando me ouvi dizendo ao sargento do outro lado da linha:

— Obrigado pelo convite, mas não vou sair do DEA.

Naquele ponto, eu estava mergulhando de cabeça no treinamento da Agência.

Passávamos horas no estande de tiro, gastando milhares de cartuchos de munição, disparando nossas Glock 22 calibre .40 ou nos matando no treinamento físico às margens do lago — rodadas de *burpees* na água gelada e lamacenta, seguidas de flexões de punho fechado na estrada de cascalho adjacente.

# FUGA

O cerne do treinamento eram os cenários práticos, que chamávamos apenas de "práticos". Uma tarde, durante um prático, eu estava "observando" um alvo — um membro da equipe da academia fazendo o papel de traficante de drogas — que planejava uma troca com outro bandido em um estacionamento remoto. Estacionei fora de vista, peguei meus binóculos e meu rádio e engatinhei por baixo de um grupo de pinheiros.

— O porta-malas está aberto — falei para meus colegas de equipe pelo rádio. — O Alvo Um acaba de colocar uma bolsa de pano na traseira do veículo do Alvo Dois. Estão se preparando para sair. Estejam a postos.

Sozinho em meu Ford Focus, segui o veículo do segundo alvo até outro cenário.

Hora de desarmar o alvo e extrair o veículo. Eu ainda estava de olho no Alvo Dois, mas nenhum dos meus colegas de equipe tinha chegado ao estacionamento. Minutos se passaram; eu estava olhando meu relógio, chamando minha equipe no rádio; sabia que precisávamos prender o suspeito agora ou todos reprovaríamos o prático.

Pisei no acelerador, freei com tudo perto da traseira do veículo-alvo e, com a arma em punho, corri para a porta do motorista.

— Polícia! Mãos ao alto! Mãos ao alto!

O homem fazendo o papel do suspeito ficou tão assustado que não reagiu. Enfiei a mão pela porta e o agarrei pela cabeça, arrastando-o para fora do veículo e jogando-o de cara no asfalto antes de algemá-lo.

Minha equipe passou no prático, mas o instrutor me infernizou na avaliação:

— Você acha que é alguma merda de *caubói*, Hogan? Por que não esperou seus colegas antes de iniciar a prisão?

*Esperar?*

Segurei a língua. Não era muito fácil ignorar a agressão, o instinto de policial das ruas, afinado durante anos trabalhando sozinho como auxiliar de xerife sem reforços.

O apelido Cowboy ficou comigo durante as semanas finais da academia.

Eu me formei entre os melhores da classe e, com toda a minha família presente, fui ao palco vestindo um terno azul escuro bem-passado e gravata para receber meu distintivo dourado da administradora do DEA, Karen Tandy, e depois me virei e apertei a mão da administradora assistente Michele Leonhart.

— Parabéns — disse Michele. — Lembre-se, vá lá e pegue grandes casos.


**A PRISÃO ERA O** *playground* dele.

Em Jalisco — terra da bilionária indústria mexicana de tequila —, Chapo estava vivendo como um pequeno príncipe. Em 9 de junho de 1993, depois de conseguir entrar na Guatemala, ele foi apreendido pelo exército guatemalteco em um hotel perto da fronteira. A pressão política era intensa demais; ele não conseguiu usar o suborno para sair da situação. Foi a primeira vez que suas mãos sentiram o aço frio das algemas, e tirou sua primeira foto de ficha policial vestindo um gordo casaco de prisão castanho. Pouco depois, Guzmán estava dentro de um avião militar, sendo levado para o Centro Federal de Readaptação Social Nº 1, conhecido como Altiplano, uma prisão de segurança máxima a quase cem quilômetros da capital do México.

Agora, o público já sabia mais sobre Chapo. O jovem campesino tinha abandonado a escola e vendido laranjas nas ruas para

## FUGA

ajudar a sustentar sua família. Depois, havia sido motorista — e supostamente um prodigioso assassino de aluguel — de Miguel Ángel Félix Gallardo, conhecido como "El Padrino", padrinho do tráfico de drogas mexicano moderno.

Nascido na periferia de Culiacán, Gallardo andava de moto e tinha sido agente da Polícia Judicial Federal Mexicana e guarda--costas do governador de Sinaloa, cujas conexões políticas Gallardo usou para ajudar a construir sua organização de tráfico de drogas (DTO, na sigla em inglês). Graduado em administração, Gallardo tivera uma visão criminosa do futuro: ele unira todos os traficantes em disputa — a maioria deles de Sinaloa — na primeira DTO mexicana sofisticada, chamada Cartel de Guadalajara, que se tornaria o modelo para todas as organizações mexicanas de tráfico de drogas.

Como Lucky Luciano no nascimento do crime organizado norte-americano no fim dos anos 1920, Gallardo reconhecia que disputas de território levavam a derramamento de sangue, então dividiu a nação em *"plazas"* de contrabando e confiou a seu pupilo, Chapo Guzmán, o controle do lucrativo comércio de drogas de Sinaloa.

Embora Guzmán estivesse atrás das grades após sua captura na Guatemala, seu império de drogas continuou a prosperar. O irmão de Chapo, Arturo, era o chefe em exercício, mas claramente ainda era o próprio Chapo que tomava todas as decisões — ele agora era considerado o mais poderoso traficante internacional de drogas pelas autoridades tanto do México quanto dos Estados Unidos.

Chapo estava movimentando quantidades *descomunais* de cocaína — regular e confiavelmente — da América do Sul através da América Central e o México até os Estados Unidos. E não se tratavam de trabalhos pequenos de mula: os homens de

Chapo estavam transportando carregamentos de multitoneladas de produto colombiano via barco, pequenos aviões e até submarinos improvisados — embarcações semissubmersíveis capazes de carregar seis toneladas de cocaína pura por vez. Os métodos de transporte de Chapo eram criativos — além de estarem em constante evolução —, e ele, portanto, ganhou fama de entregar suas cargas intactas e no prazo. Chapo expandiu seu controle para portos nas costas mexicanas do Atlântico e Pacífico e usou táticas violentas para controlar pontos-chave de travessia — não apenas na fronteira México-Estados Unidos, mas também ao longo da fronteira sul com a Guatemala.

Chapo colocou tenentes do Cartel de Sinaloa na Colômbia, no Equador, na Costa Rica, em El Salvador, na Guatemala e na Venezuela, garantindo mais flexibilidade para negociar diretamente com traficantes da cadeia de fornecimento. Seus tentáculos criminosos, sua versatilidade e sua criatividade superavam até mesmo seus predecessores mais famosos, como Pablo Escobar. Apreensões dignas de manchete da cocaína de Chapo — 13 mil quilos em um barco de pescaria, mil em um semissubmerssível, 19 mil em outra embarcação marinha a caminho do México vinda da Colômbia — eram apenas gotas no mar do cartel, perdas creditadas ao custo do negócio.

Mesmo de trás das grades, Chapo teve a astúcia de diversificar as operações do Cartel de Sinaloa: se antes tinha traficado estritamente cocaína, maconha e heroína, o cartel agora expandia para a manufatura e o contrabando de metanfetamina de alto nível, importando as matérias-primas químicas da África, China e Índia.

Em 22 de novembro de 1995 — depois de ser condenado por posse de armas de fogo e tráfico de drogas e de receber uma sentença de 20 anos —, Chapo conseguiu ser transferido de Altiplano para o Centro Federal de Readaptação Social Nº 2, de segurança máxima, conhecido como Puente Grande, perto de Guadalajara.

Dentro de Puente Grande, Guzmán rapidamente construiu uma relação de confiança com Dámaso López Núñez, conhecido como El Licenciado — ou simplesmente "El Lic" —, também de Sinaloa, da cidade de El Dorado. El Lic tinha sido policial na Procuradoria-Geral de Sinaloa antes de ser nomeado a um cargo administrativo na prisão Puente Grande.

Sob a vigilância de El Lic, Chapo supostamente levava uma vida de luxos, com bebida e festas e assistindo às suas amadas partidas de futebol. Ele podia pedir refeições especiais de um cardápio exclusivo e, quando isso tudo ficava chato, havia bastante sexo. Chapo recebia visitas conjugais regulares de sua esposa, várias namoradas e uma série de prostitutas. Ele arranjou inclusive para que uma jovem cumprindo pena por roubo a mão armada fosse transferida para Puente Grande para continuar a atender a suas necessidades sexuais. A mulher depois revelou a suposta veia romântica de Chapo:

— Depois da primeira vez, Chapo enviou à minha cela um buquê de flores e uma garrafa de uísque. Eu era a rainha dele.

Mas a realidade era mais crua: nas noites em que se entediava com ela, dizia-se que ele a passava para os outros tenentes encarcerados de seu cartel.

Era óbvio que Chapo era o verdadeiro chefe da prisão. Com cada vez mais medo de ser extraditado para os Estados Unidos, ele planejou uma fuga ousada de Puente Grande.

E, de fato, logo depois das dez da manhã de 19 de janeiro de 2001, a porta eletronicamente segura da cela de Guzmán foi aberta. Diz a lenda que ele foi movido em um saco de estopa escondido num carrinho de roupa suja, então levado de van pelos portões da frente por um dos guardas corruptos, de uma forma que lembrava as famosas escapadas de John Dillinger nos anos 1930.

A fuga exigiu cumplicidade, cooperação e subornos a vários oficiais de alta hierarquia na prisão, policiais e autoridades governamentais, custando ao traficante estimados 2,5 milhões de dólares. Às 11h35 da manhã, o diretor da prisão foi notificado de que a cela de Chapo estava vazia, e o caos começou. Quando a notícia de sua fuga chegou à imprensa, o governo mexicano iniciou uma caçada sem precedentes, a mais extensa perseguição militar montada pelo país desde a era de Pancho Villa.

Em Guadalajara, policiais mexicanos revistaram a casa de um dos parceiros de Guzmán, confiscando armas automáticas, drogas, telefones, computadores e milhares de dólares em dinheiro. Dias depois da fuga, porém, ficou claro que Guzmán não estava mais em Jalisco. A perseguição se espalhou, com centenas de policiais e soldados investigando as maiores cidades e as mais pacatas comunidades rurais.

Guzmán chamou uma reunião de todos os tenentes do Cartel de Sinaloa, ansioso para provar que ainda era o chefão. Um novo *narcocorrido* varreu a nação, "El Regreso del Chapo".

> *No hay Chapo que no sea bravo*
> *Así lo disse el refrán**

Chapo não era apenas *bravo*: ele agora era visto como intocável — o chefe do narcotráfico que prisão nenhuma podia segurar. Por toda a nação, relatava-se que tinha sido visto, mas, sempre que as autoridades estavam perto de uma captura, ele rapidamente voltava

---

* Baixinhos sempre são corajosos / É o que diz o ditado.

## FUGA

para seu reduto seguro em Sierra Madre — com frequência passando noites no rancho em que tinha nascido — ou para as densas florestas e plantações de maconha. Ele estava livre, ostentando seu poder e ainda chefiando o Cartel de Sinaloa impunemente.

Levaria quase 13 anos para ele se ver de novo frente a frente com um agente honesto da lei.

# A NOVA GERAÇÃO

•  •  •  •  •  •  •  •  •  •  •

### PHOENIX, ARIZONA
5 de outubro de 2008

*"LAS TRES LETRAS."*

Repeti as palavras, buscando a assistência de Diego, mas não obtive. Estávamos sentados no Black Bomber em uma vigilância, ouvindo um *narcocorrido* da banda Explosion Norteña.

Diego mastigava a ponta de um canudo e chacoalhava os cubos de gelo em seu copo de Coca, com a sobrancelha enrugada como a de um professor severo.

"As *três* letras?"

O Black Bomber era um veículo ideal para ouvir *narcocorridos* — o baixo pulsava nos alto-falantes Bose, tão claro quanto em qualquer boate em Phoenix. Quando Diego chegou pela primeira vez ao DEA de Phoenix, ele estava dirigindo aquele Chevrolet Suburban Z71 preto lustroso com insulfilme escuro em todas as janelas e um interior de couro marrom.

O departamento policial de Mesa tinha apreendido o Suburban de um traficante de cocaína alguns anos antes. As opções de luxo do proprietário, incluindo uma tela de vídeo customizada no painel, tinham tornado o Bomber o carro perfeito para operações de vigilância longas. Frequentemente, matávamos algumas horas assistindo a *Super Troopers*, estacionados nas sombras de alguma rua lateral antes do horário marcado para uma suposta negociação de drogas acontecer.

Mas o Black Bomber não era apenas um centro de entretenimento móvel sobre rodas aro 24; era também ideal para batidas — diferentemente das viaturas padrão, o Suburban comportava quatro de nós e todo nosso equipamento tático. Pensávamos no Bomber como um membro da equipe. Foi triste o dia em que um burocrata obcecado por números fez Diego entregá-lo porque ele tinha mais de 300 mil quilômetros rodados.

Diego era parado no Black Bomber o tempo todo por policiais de Phoenix, simplesmente porque a placa era mexicana. Ele tinha mantido a placa original do estado de Sonora, branca e vermelha com pequenas letras e números pretos. Policiais locais sempre estavam de olho em carros — especialmente SUVs tunadas — com placas mexicanas, mas isso nos permitia passar despercebidos em qualquer bairro mexicano em Phoenix. Ninguém pensaria duas vezes sobre um Suburban estacionado com placa de Sonora: por trás das janelas escuras, Diego e eu podíamos sentar em um quarteirão a noite toda e nunca ser descobertos pelos bandidos. E os *narcocorridos* que Diego estava sempre ouvindo no Black Bomber tinham se tornado essenciais para minha educação. Todo grande traficante ao sul do rio Grande tinha pelo menos uma música *norteña* celebrando suas aventuras.

Você não era ninguém no mundo do narcotráfico, explicou Diego, até ter seu próprio *corrido*. Mas eu ainda estava tentando decifrar "*Las tres letras*"...

# A NOVA GERAÇÃO

— Vai, cara — disse Diego, rindo. — Você *sabe* isso. Porra, a essa altura, você é mais mexicano que a maioria dos mexicanos que eu conheço...

Inclinei-me para a frente no Bomber e apertei o botão de *repeat* no tocador de CD, tentando mais uma vez decifrar a letra.

— *Las tres letras?*

Finalmente, Diego me deu um cutucão forte no ombro com seu dedo indicador.

— Cara, *você é las tres letras!* DEA.

*Las tres letras...* O maior medo de todo traficante.

DIAS DEPOIS DE DIEGO me falar pela primeira vez sobre *el niño de La Tuna,* eu tinha começado a fazer pesquisas depois do horário de trabalho em meu cubículo no escritório do DEA na área central de Phoenix.

Busquei "Joaquín GUZMÁN Loera" em nossa base de dados, o Sistema de Informação de Narcóticos e Drogas Perigosas (NADDIS, na sigla em inglês). O arquivo de Chapo era interminável; era possível rolar a tela para baixo por quase uma hora sem chegar ao fim. O DEA de Phoenix tinha um caso aberto contra Guzmán, mas outras dezenas de jurisdições em todo o país também tinham. Eu não conseguia começar a imaginar o que precisaria fazer, quantos grandes casos teria de iniciar, para ser o agente escolhido para liderar uma investigação com Guzmán como alvo.

O PRESIDENTE DOS ESTADOS Unidos identificou Guzmán e o Cartel de Sinaloa como importantes traficantes estrangeiros de narcóticos, de acordo com o Kingpin Act,* em 2001 e de novo em 2009. O governo norte-americano tinha oferecido uma recompensa de 5 milhões de dólares por informações que levassem à sua captura, e o governo mexicano, uma de 60 milhões de pesos — cerca de 3,8 milhões de dólares.

Rumores altamente diversos circulavam sobre Chapo. Alguns vinham da inteligência policial, outros, de fofocas da rua — o falatório solto dos informantes —, e alguns eram apenas lendas urbanas, presentes nas letras de todos aqueles *corridos* subversivos.

Segundo um relato, Chapo estava considerando fazer cirurgia plástica para nunca mais ser reconhecido; de acordo com outro, ele jurara cometer suicídio para não ser capturado com vida. Em maio de 2003, houve relatos de que ele vivia em uma caverna remota — uma versão mexicana de Osama bin Laden —, mas aí, em junho daquele ano, disseram que ele estava andando livre como um pássaro pela Cidade do México. Outro relatório de inteligência o mostrava escondido na Guatemala e voltando ao México apenas ocasionalmente, e, em setembro de 2004, ele escapou por pouco logo antes de uma apreensão de duas toneladas de maconha e armas em Sierra Madre.

Como era possível separar fatos e ficção? Será que El Chapo estava rodeado por centenas de guarda-costas altamente armados, usando um colete a prova de balas o tempo todo? Ou vivia de forma mais simples — andando apenas com dois parceiros de confiança — porque recebia proteção tácita da Polícia Estadual de Sinaloa, paga pelo cartel?

\* \* \*

---

\* O Ato de Designação de Chefões Estrangeiros de Narcóticos (ou, em inglês, Foreign Narcotics Kingpin Designation Act), informalmente conhecido como Kingpin Act.

## A NOVA GERAÇÃO

**EU NÃO TINHA MUITO** tempo para ruminar sobre a vida e os crimes de Chapo Guzmán — por mais de um ano, Diego e eu ficamos ocupados com Pedro Navarro, 31 anos, conhecido como "Bugsy". A turma de Bugsy podia ser jovem — 20 e poucos anos —, mas não era insignificante. Apenas algumas semanas depois de desenvolver minha primeira pesquisa sobre Bugsy, recebi autorização para iniciar uma Força-Tarefa de Combate às Drogas e ao Crime Organizado que Diego e eu chamamos de "La Nueva Generación" (A Nova Geração), uma investigação de alvo prioritário para o DEA de Phoenix.

Desde que os vi naquela noite fumacenta no Mariscos Navolato com Diego, desenvolvi um respeito relutante por esses jovens traficantes. Eram garotos espertos que tinham o tráfico de drogas em sua linhagem — muitas vezes, eram filhos de homens importantes dos cartéis —, mas a maioria tinha terminado a escola e a faculdade nos Estados Unidos e na Europa. Esse nível de instrução, seu inglês impecável e sua familiaridade com a cultura norte-americana os permitia começar suas próprias e sofisticadas organizações de drogas. Traficantes jovens como Bugsy estavam espalhados por todo o sudoeste norte-americano, de Phoenix a San Diego.

Esses homens tinham a confiança e o charme de uma nova geração — e, inclusive, Diego e eu começamos a nos referir também a nós mesmos como *la nueva generación*. Uma imagem espelhada dos jovens traficantes, éramos uma safra nova de jovens policiais com ânimo e malandragem das ruas para fazer frente aos jovens traficantes mexicanos.

Tínhamos estabelecido que a gangue de Bugsy era responsável por enviar toneladas de maconha de alta qualidade a Nova York, Baltimore, Boston e St. Louis em caminhões articulados, e via

FedEx e UPS. Navarro tinha alugado um armazém de 650 metros quadrados em Mesa para empacotar e despachar a maconha, que então era escondida em paletes e engradados disfarçados de prateleiras de sucata usadas em megalojas. Ele também tinha vários jovens proprietários para lavar seus milhões sujos em empresas locais de Phoenix. Para transportar o dinheiro, ele usava *strippers* locais: as viagens constantes das garotas permitiam que elas fizessem retiradas de dinheiro por todos os Estados Unidos. Bugsy tinha até um ex-jogador da NFL trabalhando como vendedor intermediário de maconha para a organização.

Bugsy frequentemente viajava armado, mantendo as armas dentro de compartimentos secretos feitos sob medida, ou "armadilhas", em sua Mercedes GL550 SUV. As armadilhas eram mais sofisticadas do que as da maioria dos traficantes: era preciso ligar a chave da ignição, acionar o sinal esquerdo e virar uma pequena alavanca de plástico no porta-copos no ângulo exato — três passos a serem executados na sequência correta — antes de a armadilha abrir. Às vezes, desconfiado de que o estávamos seguindo, Bugsy não levava armas na Benz; ele fazia um grupo seguir em outro carro, armado com revólveres em suas próprias armadilhas.

Diego e eu interceptamos os celulares de Bugsy, e eu gostava do desafio de decifrar o código dos jovens traficantes. A frase *muito gângster* significava que eles estavam viajando armados; *casa da piscina* se referia à casa de quatro quartos de Bugsy em Glendale; *foto do meu filho* era uma amostra de maconha. De todas as frases que ouvi no grampo, minha favorita foi quando pegamos Bugsy se vangloriando abertamente de que ele e seus garotos estavam vivendo "como *Entourage* misturado com *Os Sopranos*".

\* \* \*

## A NOVA GERAÇÃO

**MAS BUGSY TINHA UM** grande problema: seu suprimento de *cajeta* de Sinaloa tinha temporariamente secado em Phoenix. Certa manhã de sábado, eu, Diego e o oficial Nick Jones, da Força-Tarefa, estávamos montando uma vigilância em frente à "casa da piscina". Tínhamos acabado de "apertar o botão" e começado a ouvir ao grampo que tínhamos em vários celulares de Bugsy. Tinha levado meses escrevendo e reescrevendo declarações juramentadas cada vez que Bugsy trocava de telefone, o que ele fazia quase semanalmente. Sem captar nada no grampo, seguimos Bugsy e sua gangue para coletar todas as informações que pudéssemos.

— Parece que eles estão fazendo as malas — disse Nick no rádio. — Preparem-se para cair na estrada, galera.

Bugsy e seus comparsas saíram na GL550 em alta velocidade, na direção oeste pela Interstate 8, que saía de Phoenix.

Não estávamos muito preparados para uma viagem longa, mas fiquei grato por Nick estar conosco na vigilância — toda a Força-Tarefa o chamava de "Sticky Nicky", porque ele nunca saía da cola do bandido. Bugsy continuou dirigindo para o oeste e a cada hora, mais ou menos, pegava uma saída no último minuto, numa tentativa de despistar quem quer que o seguisse, mas estávamos atrás dele há tempo demais para cair em truques de contravigilância tão básicos. Ficamos grudados por quase cinco horas, longe o suficiente para Bugsy não notar, até finalmente terminarmos em San Diego.

Durante vários dias de vigilância, ainda usando as mesmas roupas, vimos Bugsy e sua gangue visitarem uma boca atrás da outra nos bairros periféricos de San Diego. Fiz o Departamento de Polícia de San Diego parar um Chevy Avalanche que saía de uma delas — os policiais locais apreenderam 130 quilos de *cajeta* no baú de um caminhão dirigido por um dos garotos de Bugsy.

— Ele estava planejando levar essa carga de volta para Phoenix — eu disse a Diego. — Precisamos tirar vantagem dessa seca.

— É — concordou Diego. — Acho que tenho o cara perfeito.


**DEPOIS DE VOLTAR A** Phoenix, Diego e eu bolamos um plano: fizemos a fonte confidencial de Diego apresentar Bugsy a um agente secreto do DEA, um mexicano-americano de 32 anos vindo do escritório da Divisão de Campo de San Diego. Como Diego, "Alex" conseguia fazer perfeitamente o papel do jovem traficante.

Sabendo que Bugsy era malandro demais para a típica "oferta de porta-malas" do DEA, nós o atraímos até Mission Bay, onde podíamos oferecer a ele mais de 400 quilos de maconha dentro de um iate disfarçado do DEA equipado com câmeras, gravadores e várias garotas bronzeadas de biquíni (na verdade, policiais de San Diego disfarçadas). Misturado nos 400 quilos, estavam os mesmos saquinhos de *cajeta* que tínhamos acabado de apreender da gangue de Bugsy.

No dia do arranjo, de dentro de nosso carro do outro lado da baía, Diego e eu ficamos com os olhos grudados na tela da câmera de vigilância que tínhamos colocado no iate. No barco, Bugsy cortou e cheirou o mesmo saco que tinha visto na boca uma semana antes.

A miragem era tão convincente que Bugsy caiu de cabeça na armadilha, dizendo aos agentes secretos que precisava de mais 250 quilos para completar uma carga de caminhão que ia para Chicago. Alex explicou que a erva que ele estava vendo já tinha dono, estava a caminho de outro comprador em Los Angeles, então Bugsy teria de esperar uma semana.

\* \* \*

## A NOVA GERAÇÃO

ENQUANTO ISSO, DIEGO E eu trabalhamos para garantir denúncias da organização e decidimos rasgar o dinheiro de Bugsy quando ele viesse comprar os 250 quilos.

No estacionamento de um TGI Fridays, Bugsy, acompanhado de seu braço direito, encontrou Alex, o agente secreto, e rapidamente mostrou 250 mil dólares em dinheiro — maços presos com elástico dentro de uma bolsa marrom-chocolate da Gucci —, esperando que logo pegaria sua *cajeta* em outro local no fim da rua. Mas antes de Bugsy e Tweety poderem escapar com o dinheiro, eu e Diego atacamos.

Uma unidade marcada da polícia de San Diego chegou para fazer uma batida no Ford F150 preto. Bugsy e Tweety aceleraram e começaram a jogar bolos de 10 mil dólares pelas janelas do utilitário, espalhando-os por vários quilômetros das rodovias de San Diego.

Estávamos acompanhando a perseguição e parando para recuperar o máximo de dinheiro que conseguíssemos como prova — enquanto outros vários motoristas também paravam, rapidamente enchiam os bolsos com maços de notas de Bugsy, e depois pulavam de volta nos carros antes de Diego e eu conseguirmos interceptá-los.

A perseguição em alta velocidade continuou até a Interstate 5, até que Bugsy e Tweety finalmente ficaram sem dinheiro e pararam no meio da rodovia para se entregar à polícia, deixando atrás de si uma trilha de "confete de dinheiro", como noticiado pela CNN — notas de 50 e 100 dólares ainda voavam pela estrada, criando caos durante a hora do *rush* e chegando às manchetes nacionais.

# EL CANAL

· · · · · · · · · · · ·

### CIDADE DO PANAMÁ, PANAMÁ
### 14 de junho de 2009

A *JACUZZI* NA COBERTURA tinha formato de feijão, e a cerveja panamenha era Balboa — em homenagem ao conquistador. As palmeiras e a vista do horizonte de arranha-céus espelhados pareciam ter sido pintadas com pinceladas grossas de tinta tropical. A Cidade do Panamá brilhava como uma Dubai caribenha.

— *Salud!* — disse Diego, levantando seu copo de cerveja Balboa. — A *la nueva generación!*

— *Salud!* — respondi, levantando meu próprio copo.

A nova geração finalmente tinha chegado ao palco internacional.

Tínhamos prendido a gangue de Bugsy naquela noite em San Diego e Phoenix — derrubando sua organização inteira, apreendendo mais 400 quilos de maconha e mais de 450 mil dólares em bens, incluindo o iate de Bugsy, várias Mercedes-Benz, joias e dinheiro vivo.

Mas, com uma apreensão desse escopo, tinha de haver remanescentes de evidências — burocracias abrangentes e tentáculos criminosos ainda não explorados.

Uma dessas pontas soltas por acaso era o pai de Tweety, Gerardo, que, nos últimos 20 anos, estivera vendendo quilos de metanfetamina mexicana para nossa fonte confidencial.

Gerardo tinha boas conexões em Nogales, México, e casualmente mencionou que uma amiga precisava transportar algum dinheiro. Ela era de meia-idade, tinha pele de porcelana e usava o cabelo preto cacheado sempre em um rabo de cavalo. Além de contrabandear montes de metanfetamina e cocaína pela fronteira de Nogales em seu Toyota RAV4, Doña Guadalupe, como todos a chamavam, divulgou, por Gerardo, que estava ativamente procurando alguém que pudesse transportar dinheiro. Não apenas algumas centenas de milhares de dólares, mas dezenas de milhões.

Como agente secreto, Diego tinha feito dezenas de papéis ao longo dos anos e podia incorporar sem esforço vários personagens, mas nunca tinha posado antes como doleiro.

— É nossa chance de rastrear um bom dinheiro — eu disse a ele enquanto almoçávamos em nosso restaurante chinês favorito em Mesa. — Acha que conseguimos?

Eu conseguia ver as engrenagens funcionando na cabeça de Diego, contemplando formas de ganhar o contrato com Doña Guadalupe e começar a mover os números aos quais ela dizia ter acesso.

Dentro de uma semana, Diego tinha conseguido clandestinamente uma apresentação a Doña Guadalupe, e imediatamente ofereceu a ela os serviços de sua "empresa". Diego parecia exatamente o homem que ela buscava, mas acabou que Doña Guadalupe

## EL CANAL

era só uma intermediária de luxo, uma camada de proteção — a primeira de muitas, como logo descobriríamos.

E foi assim que nos vimos em uma *jacuzzi* na cobertura de um hotel panamenho, nossa primeira vez no exterior – para que Diego pudesse ser apresentado pessoalmente ao pessoal de Doña Guadalupe.

**APENAS ALGUMAS HORAS ANTES** de nossa primeira reunião sob disfarce, Diego agia como se não tivesse nada com que se preocupar. Como qualquer bom ator, ele era incrivelmente confiante em sua habilidade de negociar qualquer negócio. Mas essa confiança vinha também de uma preparação meticulosa. Tínhamos passado meses criando nossa história de disfarce: Diego faria o papel de executivo sênior, diretor de operações de uma empresa baseada nos Estados Unidos — supostamente, fachada para uma rede criminosa — operando uma transportadora que lidava com toneladas de drogas e dinheiro. Doña Guadalupe já tinha falado de Diego para seu pessoal, incluindo o chefe de uma sofisticada célula de corretagem e lavagem de dinheiro liderada por Mercedes Chávez Villalobos e vários associados dela, com bases na Cidade do México, em Guadalajara e em Bogotá, na Colômbia.

Na conversa de Diego com Mercedes, ela tinha sido agressiva, falado rápido e exigido muito. Diego me disse que ela era uma *chilanga* durona da Cidade do México.

Depois de fazer uma checagem internacional, descobri que havia uma ordem de prisão para ela em Amsterdã, por lavagem de dinheiro em 2008. E ela tinha conexões no mundo todo, pulando de país em país quase toda semana. Estava sempre buscando um negócio melhor, alguém confiável que pudesse transportar centenas de milhões de dólares rapidamente — e estritamente com base num contrato verbal.

— Você acredita mesmo que ela está sentada em cima de todo esse dinheiro? — Na noite antes da reunião, eu estava verificando uma série de dados no meu MacBook, e as quantias em dólar eram colossais. — Ela supostamente tem 100 milhões na Espanha. Cinquenta milhões no Canadá. Dez milhões na Austrália. E uns 2 milhões na Cidade do México?

— Olha, eu também estou cético — respondeu Diego —, mas que outra opção temos? Precisamos tentar para ver se ela entrega.

— O que precisamos saber — eu disse — é a quem pertence *mesmo* esse dinheiro.

— Concordo.


**NA VARANDA DO HOTEL,** olhei através da fina parede de vidro para a cidade lá embaixo. Mercedes estava hospedada em um dos poucos hotéis de luxo da cidade que tinham sido completamente finalizados. Boa parte da silhueta da cidade permanecia construída pela metade: guindastes e andaimes e vigas expostas. Prédios novinhos em folha tinham sido abandonados sem conclusão, enquanto muitos dos finalizados estavam vazios.

A Cidade do Panamá era a capital de lavagem de dinheiro do Hemisfério Ocidental. Bancos pipocavam por cada esquina como cactos nas calçadas de Phoenix. Citibank, Chase, RBC, Bank of Montreal... mas também bancos latino-americanos menos conhecidos: Balboa Bank & Trust, Banco General, Banco Mercantil e Centro Comercial de Los Andes... Havia muitos negócios bancários legítimos, mas alguns, como o HSBC, enfrentavam processos criminais por "deliberadamente falhar em manter um programa

## EL CANAL

eficaz antilavagem de dinheiro", em referência às centenas de milhões de dólares de dinheiro sujo de drogas pertencentes a chefes dos cartéis mexicanos.*

Durante os meses de convencimento pelo telefone, Mercedes tinha sugerido encontrar Diego pessoalmente na Cidade do México, mas as altas patentes do DEA consideraram perigoso demais, e nossos colegas da polícia mexicana jamais permitiriam. "El Canal" era perfeito: o Panamá era conhecido como zona neutra para traficantes de drogas de todo o mundo se encontrarem sem ameaças de disputas territoriais ou violência. Era também geograficamente conveniente se você quisesse se encontrar com contatos colombianos ou mexicanos. Muita gente no mundo das drogas se sentia à vontade nesse istmo reluzente.

Por fim, voltamos a nossos quartos de hotel. Eu tinha pelo menos uma hora de escrita à minha frente, digitando os "seis", e sem isso toda aquela operação da Cidade do Panamá não teria valor de evidência.**

Enquanto eu labutava nos relatórios, Diego sentou-se na beira da cama, me inteirando dos detalhes de suas conversas telefônicas mais recentes com Mercedes. Mas, como agente secreto, Diego precisava estar com a cabeça no lugar — se misturar com os locais, sentir a *vibe* da cidade —, então, quando terminou de me informar, desceu para o cassino do terceiro andar para mais uma rodada de drinques. Eu tomei uma Balboa gelada e continuei trabalhando no seis. Quinze minutos depois, a porta do quarto se abriu.

---

\* O HSBC admitiu a responsabilidade pela conduta alegada, entrando em um acordo de diferimento de processo com o governo norte-americano.

\** Os Relatórios de Investigação (DEA-6), aos quais os agentes do DEA quase sempre se referem apenas como "seis".

— A coisa está bem boa lá embaixo — disse Diego.

— Significa...?

— Cheio de gatas. — Ele sorriu. — Algumas estavam me secando. Uma delas estava me comendo com os olhos, cara.

— Porra, cara, eu tenho que finalizar essa merda desse seis — respondi, rindo, então Diego deslizou outra Balboa pela mesa. Respirei fundo e fechei meu MacBook, e nós dois descemos para o terceiro andar. Diego não estava exagerando. Quando as portas do elevador se abriram, o bar do cassino estava lotado de algumas das mulheres mais lindas que eu já tinha visto — algumas usando minissaias com fenda, tomara que caia, saltos finos e jeans apertados, exibindo o trabalho dos melhores cirurgiões plásticos da Colômbia.

Levei alguns minutos de papinho em espanhol para perceber que essas mulheres eram todas prostitutas de luxo com "vistos de trabalho", vindas de Medellín, Cali e Bogotá. Diego deu de ombros e decidimos curtir com elas mesmo assim, dançando enquanto uma banda ao vivo tocava, embora eu não tivesse ideia do que estava fazendo — os passos de merengue eram fáceis de fingir, mas, nos movimentos sofisticados da salsa, tive de deixar minha colombiana me guiar. Então, entramos todos num táxi e fomos para uma das boates mais badaladas da cidade. Mais alguns drinques, mais um pouco de dança. Depois outra boate...

Diego e eu conseguimos voltar para nossos quartos bem a tempo de dormir três horas antes do grande encontro. Mas a mente dele já estava preparada: Diego estava pronto para negociar com alguns dos corretores de dinheiro mais poderosos do Cartel de Sinaloa. Isso se tornou o padrão típico para nossa primeira noite em qualquer país estrangeiro: curtíamos até quase amanhecer, aproveitando a noite como os locais e conhecendo as ruas em

## EL CANAL

primeira mão, o que se provaria muito valioso quando entrávamos em reuniões disfarçados.

Quando eu estava prestes a dormir, vi um *flash* de um rosto infame na TV de meu quarto de hotel. Em espanhol, ouvi que, pela primeira vez, a *Forbes* tinha listado Joaquín "El Chapo" Guzmán como bilionário, um dos "empresários" mais ricos e poderosos do mundo.

TÍNHAMOS SELECIONADO UMA CHURRASCARIA popular de alto nível chamada La Rosita — localizada logo depois da entrada de um shopping de luxo — para a reunião secreta com Mercedes Chávez Villalobos.

O plano era o seguinte: Diego e Mercedes se sentariam a uma mesa externa para que eu pudesse ficar de olho em meu parceiro durante a reunião de dentro da cabine de uma picape Toyota Hilux, um veículo que pertencia a um dos agentes do DEA permanentemente lotados no Panamá.

Nem Diego, nem eu podíamos portar armas: a lei panamenha não permitia que nenhum de nós as levasse para dentro do país. Mas Diego estava armado com um dispositivo de alta tecnologia: uma câmera em formato de chaveiro que parecia um controle de carro normal, mas era capaz de gravar discretamente horas de áudio e vídeo.

Diego vestia um terno bem cortado cinza-escuro, uma camisa branca e uma gravata castanho-avermelhada com um nó tão apertado que fazia a base do pescoço parecer inchada contra o colarinho.

— Arrasa, cara — falei, me inclinando e o abraçando. Diego assentiu, com a boca apertada como se ele já estivesse passando cenários em sua mente.

Parei o veículo no estacionamento cheio tão perto quanto possível para ver Diego entrar no restaurante, discretamente, mas com uma linha de visão perfeita das mesas do terraço.

Mas, depois de dois minutos, ainda não havia sinal dele.

Três minutos se passaram. Depois, cinco. Depois, sete. Eu ainda não conseguia vê-lo no terraço. Digitei uma mensagem de texto em nosso código pré-combinado, para o caso de ele checar o telefone: gírias mexicanas inofensivas para "O que está rolando, cara?".

— *K onda, güey?*

Nenhuma resposta de Diego.

— *K onda?*

Minha perna começou a tremer de nervoso.

Continuei apertando reenviar no BlackBerry.

Nada.

Senti o suor escorrendo pela frente de minha camisa.

Era o pior cenário para uma reunião secreta: não tínhamos reforço dentro do restaurante com olhos no agente, e nenhum colega panamenho nos protegendo.

Eu não conseguia ficar sentado mais nenhum segundo. Pulei do Toyota e fui direto para a entrada do La Rosita.

E se Mercedes tivesse mudado o local no último minuto?

E se o pessoal dela tivesse sequestrado Diego para revistá-lo, garantir que ele não era policial?

No restaurante, a *hostess* sorriu e, com um inglês cheio de sotaque, perguntou:

— O senhor tem uma reserva?

Eu estava tão focado em procurar pelo terno cinza de Diego nas mesas do restaurante que mal ouvi minha própria resposta.

— Não, vou encontrar um amigo — respondi. — Ele já está sentado.

## EL CANAL

Vasculhei cada mesa, mas não o vi em lugar algum.

*Caralho! Será que já pegaram ele?*

Comecei a sentir todos os olhos em mim enquanto eu andava freneticamente pelas mesas.

*Tomara que ele não tenha sido comprometido.*

*Porra, cadê ele?*

Eu não tinha para onde ir. Girei em torno do corpo no centro do restaurante, as paredes ficando desfocadas. Rapidamente, peguei um ajudante de garçom pelo ombro.

— *El baño?* — perguntei, e assim que o garoto apontou para a esquerda vi que eu estava ao lado de Diego; na verdade, eu estava literalmente olhando para o topo da cabeça do meu parceiro.

Diego estava numa conversa intensa, mas discreta com Mercedes. E não só com Mercedes, mas com dois homens mexicanos mais velhos. Eram figurões, eu conseguia ver. Um parecia estar com um revólver fazendo volume por baixo do blazer marrom.

*Três* alvos? O encontro devia ser só com Mercedes. Eu sabia que Diego estava tentando se segurar, sem provas de sua história, mas, mesmo olhando de relance, senti que a reunião tinha ficado tensa. Mercedes e seus comparsas tinham o olhar sério; não estavam acreditando na história de Diego.

Antes que alguém notasse que eu estava olhando, corri para o banheiro. Um filete de suor corria de meu peito até meu umbigo. Eu me ouvia respirando alto. Logo antes de chegar ao banheiro, notei uma faca de carne em uma mesa pronta para ser retirada.

Será que eu conseguiria pegá-la sem ser visto? Não havia outra opção. Eu precisava de uma arma e tinha de arriscar.

O mais rápido que consegui, agarrei a faca, coloquei-a horizontalmente contra meu pulso e deslizei para o bolso.

No banheiro, liguei a torneira e joguei água fria no rosto, tentando acalmar meus nervos, esperando que um dos bandidos não entrasse de repente para mijar.

*Que diabos eu posso fazer se eles estiverem planejando sequestrar Diego? E se este encontro for só uma armadilha para pegá-lo como refém?*

A porta abriu repentinamente — me endireitei, com a água fria ainda pingando do rosto, mas era só um cliente normal do restaurante. Uma coisa eu sabia: era essencial fotografar Mercedes e os dois caras para poder identificá-los se levassem Diego à mão armada. Isso também seria fundamental para acusações futuras, e eu não podia confiar no chaveiro que Diego estava carregando.

Eu tinha a faca de carne em um bolso; no outro, uma pequena câmera digital Canon, que liguei no modo vídeo.

*Mantenha a câmera estável na mão. Não olhe diretamente. Eles não vão ver que está ligada — só passe por lá caminhando naturalmente...*

Passei lentamente ao lado de Diego, sem conseguir apontar as lentes da Canon, só esperando capturar os rostos de todo mundo na mesa enquanto andava na direção da porta. Eu sabia que não podia ficar no restaurante sozinho, então, encontrei um local discreto do lado de fora onde poderia observar Diego pela janela da porta de entrada. Sentei ali, com as mãos tremendo, e esperei que ele saísse.

DEPOIS DE MAIS UMA hora, Diego se levantou da mesa, apertou a mão de todo mundo e deu um meio abraço — no estilo mexicano — nos três, e então saiu do restaurante. Eu o segui a pé enquanto ele caminhava pelo shopping, me mantendo a 30 metros de distância e garantindo que não estivéssemos sendo seguidos por nenhum dos homens de Mercedes.

Finalmente, olhei por sobre o ombro três vezes e fui encontrá-lo num estacionamento dos fundos. Estávamos limpos. Pulamos na cabine da Hilux e saímos.

Diego ficou em silêncio por muito tempo, olhando pela janela e tentando compreender o que tinha acabado de acontecer. Sua expressão era de transe.

— Está tudo bem, cara? — Estiquei a mão e peguei seu ombro, tentando chacoalhá-lo de volta à realidade.

— Quê?

— Cara, você está bem?

— Foi intenso pra caralho — disse Diego, por fim. — Um interrogatório, mesmo. Ela me fez pergunta atrás de pergunta. "Qual é sua empresa? Com quem você trabalha?"

— O que você falou?

— Comecei a inventar um monte de merda, história atrás de história. Que estamos transportando milhões em caminhões articulados, na nossa frota de aviões particulares. Navios. Disse que a gente transporta coca às toneladas.

— E?

Diego deu um meio-sorriso.

— Ela acreditou, cara! — gritou ele. — Ela acreditou, porra! Coloquei os três para comer na palma da minha mão.

— Maravilha! Ela disse de quem é o dinheiro?

— Sim, e é dele — respondeu Diego.

— Dele?

— Ela disse que é *dele* — repetiu Diego.

Ele ficou quieto e sorriu.

— Dele? — perguntei de novo.

— Chapo.

— Chapo.

— Sim. Ela disse: "É tudo dinheiro do Chapo."

# TIME ESTADOS UNIDOS

• • • • • • • • • • •

### PHOENIX, ARIZONA
1º de julho de 2010

EU ME SENTIA COMO um milionário. E *era* — por algumas horas, pelo menos. Confiaram a mim 1,2 milhão em lucros de lavagem de drogas, recém-sacados de nossa conta-corrente em um banco local em Phoenix. Junto com três outros oficiais da Força-Tarefa, contei e recontei cuidadosamente aquele milhão em dinheiro e coloquei os maços em duas caixas brancas da FedEx.

O dinheiro parecia falso. Era uma sensação à qual eu tinha me acostumado durante o ano passado: sempre que lidava com moeda norte-americana usada em nossas operações secretas, sentia como se estivesse manipulando dinheiro de Banco Imobiliário. Um bom policial consegue se dissociar do assombro pelas verdinhas. Aquelas pilhas gordas de dinheiro em nossa grande mesa de reunião eram só mais uma ferramenta de investigação.

Contando as notas, pensei em quatro meses antes, quando Diego e eu tínhamos feito nossa primeira coleta. Depois de quase um ano só de conversa fiada — os "contratos de centenas de milhões de dólares em todo o globo" dela —, Mercedes finalmente cumprira, entregando uma quantia de dinheiro muito menor, 109 mil dólares, ironicamente em um balde de sabão de lavar roupas, para Diego e meu colega disfarçado em um estacionamento de uma loja Home Depot logo ao sul de Los Angeles. Naquela mesma tarde — seguindo as instruções detalhadas com precisão por Mercedes —, Diego e eu tínhamos levado o dinheiro correndo para o banco e depositado em uma conta do Deutsche Bank em Nova York. De lá, o dinheiro foi transferido para uma conta em um banco correspondente no México. De volta ao escritório, Diego enviou uma foto do comprovante de transferência para Mercedes através de seu BlackBerry, e colocou os pés em cima da escrivaninha.

— Somos peixe grande agora, cara — falei com uma risada sarcástica. Tinha sido um começo modesto, considerando alguns dos números enormes que Mercedes estivera mencionando aleatoriamente, mas logo Diego e eu fomos inundados com pedidos de coleta de dinheiro. Mercedes arranjou coletas sucessivas em Nova York, sacos de pano preto cheios de dinheiro sujo: 199.254 dólares em um dia, 543.972 no outro, e depois 560.048. Sempre com as mesmas instruções para transferência: encaminhar a um Deutsche Bank em Nova York.

Muitos dos mensageiros não tinham a cara típica da função. Certa vez, voamos para Nova York e seguimos um casal de 70 e poucos anos que tinha estacionado seu trailer com placa da Califórnia em uma rua paralela à Times Square e entregado duas malas cheias de notas para nosso agente secreto à sombra dos *outdoors*.

Depois, fomos para Vancouver, Canadá, para uma coleta de mais de 800 mil. Os dólares canadenses tiverem de ser rapidamente convertidos em moeda norte-americana antes de podermos

## TIME ESTADOS UNIDOS

transferi-los para Mercedes. Em menos de um mês, tínhamos lavado para ela mais de 2,2 milhões de Chapo.

A lavagem de dinheiro para a investigação estava autorizada por uma declaração de Operação Isenta do Procurador-Geral (AGEO, na sigla em inglês). A AGEO permitia que os agentes federais seguissem o dinheiro e explorassem melhor suas investigações, levando, no fim, ao desmantelamento de toda uma organização de tráfico de drogas, em vez de à prisão de alguns doleiros de baixa hierarquia. Levei meses escrevendo justificativas antes de ser autorizado a criar empresas de fachada e abrir contas bancárias secretas.

Tínhamos virado tantos membros da gangue de Bugsy, fazendo-os cooperar, que nosso procurador assistente dos Estados Unidos, antes de cada sentença, dizia aos réus:

— Agora que viu as provas que temos contra você, gostaria de vir para o nosso lado e se juntar ao Time Estados Unidos?

Batizamos nosso novo caso de "Operação Time Estados Unidos". Em junho de 2010, ficou óbvio que Mercedes estava ocupada demais e, no meio de tantas coletas de dinheiro pelo país, apresentou Diego a Ricardo Robles, um mexicano de 34 anos com um rosto jovem e cabelo preto volumoso. Ricardo era um corretor de dinheiro poderoso que tinha crescido no lucrativo mundo das *casas de cambio* mexicanas — chegando a ser proprietário de algumas.

Diego e eu rapidamente ficamos sabendo que todos os contratos de coleta tinham vindo de Ricardo. Mercedes era só mais uma camada de proteção, outro amortecedor, blindando os chefes verdadeiros enquanto também ganhava sua parte.

Ao longo das semanas, Diego e Ricardo formaram uma ligação próxima. Finalmente, Ricardo pediu um encontro pessoalmente no escritório de Phoenix de Diego. Só havia um problema: não *tínhamos* um escritório.

Ricardo estava chegando num voo naquela tarde. Marcamos para alguém pegá-lo na saída do Aeroporto Internacional Phoenix Sky Harbor com uma Mercedes CL 63 AMG. Nosso colega disfarçado, dirigindo a Mercedes, parecia um jovem traficante. Seguindo em um Cadillac Escalade preto com rodas também pretas aro 22 customizadas, usamos mais agentes secretos da Força-Tarefa, posando como o grupo de seguranças pessoais de Diego.

Enquanto Ricardo chegava do aeroporto, ainda estávamos fazendo os ajustes finais em um escritório de luxo em andar alto que tínhamos alugado. Era um espaço lindo de 110 metros quadrados, com vista para o centro de Phoenix.

— Merda, tem um problema sério — eu disse para Diego enquanto andávamos pelo conjunto admirando a vista.

— O lugar não parece ocupado — concordou Diego. — Parece que chegamos há cinco minutos.

Corri para o elevador, desci até a rua, entrei em meu carro da operação e fui até minha casa. Lá, peguei algumas obras de arte emolduradas das paredes de minha sala, algumas plantas, esculturas e quinquilharias que tinha colecionado em minhas viagens. Enquanto isso, Diego colocou no último minuto um porta-retratos com a foto de seus filhos em cima da mesa. Com minhas coisas mais as dele, a ilusão estava completa: Diego, usando um terno Armani prata, sentou-se confortavelmente em sua cadeira de escritório de couro, parecendo exatamente um executivo corporativo sórdido.

Nossos colegas me passaram um rádio dizendo que Ricardo tinha chegado e estava subindo no elevador. Diego rapidamente apertou sua gravata, enquanto eu dava um tapinha no ombro dele e saía correndo pela porta.

Estávamos cobrando no mínimo 7 por cento sobre cada coleta de dinheiro, uma comissão padrão. Depois, pegávamos a comissão

## TIME ESTADOS UNIDOS

e a guardávamos no Fundo Direto de Tráfico (TDF, na sigla em inglês), para ser usado para alugar escritórios, comprar os MacBooks mais recentes e dispositivos de gravação sofisticados — escondidos dentro de relógios de pulso caros —, além do iridescente terno Armani de Diego.

A confiança já tinha sido criada por meio da lavagem de alguns milhões em dinheiro de drogas, e agora era hora de Ricardo e Diego falarem sobre a outra ponta da equação: um contrato de transporte de duas toneladas de cocaína, levando produtos do Equador a Los Angeles.

— Ele quer me apresentar ao pessoal do Chapo — me contou Diego enquanto relatava os resultados da reunião e tomávamos café.

Tinha ficado óbvio que, como Doña Guadalupe e Mercedes, Ricardo era *mais um* amortecedor — outro corretor intermediário. E sabíamos que haveria muitas camadas mais para atravessar até chegarmos ao topo.

Mas antes das apresentações ao pessoal de Chapo serem feitas, havia uma prova final. Ricardo tinha várias coletas de dinheiro em Vancouver, Canadá. Mas, desta vez, ele queria que o dinheiro — 1,2 milhão de dólares — fosse entregue diretamente no México no *atacado*.

DIEGO JÁ TINHA TOMADO um avião para a Cidade do México para coordenar a operação com agentes do DEA lá, bem como com membros confiáveis da Polícia Federal Mexicana (PF). Sozinho, levei as caixas da FedEx para um Learjet — um jato usado pelo DEA só para operações secretas — em um hangar particular do Aeroporto Internacional Sky Harbor. Enquanto passávamos pelas nuvens, senti vontade de cochilar, mas não ousava tirar os olhos do par de caixas recheadas de dinheiro. Meus olhos ficaram grudados nelas durante o voo inteiro, como se fossem meus gêmeos recém-nascidos.

Os pilotos me levaram até Toluca, perto do Distrito Federal, onde o agente do DEA Kenny McKenzie, baseado na Cidade do México, me buscou em uma Ford Expedition branca blindada. Coloquei as caixas da FedEx no banco traseiro, olhando com desconfiança ao redor.

*Não devíamos ter o reforço de outro agente armado?*

Eu estava agitado, mas guardei meus pensamentos para mim mesmo enquanto saíamos do aeroporto. O caminho até a Cidade do México durava uma hora e passava por uma pequena cadeia de montanhas, uma rota na qual havia o perigo sempre presente de o carro ser sequestrado.

Dirigimos sem parar até uma garagem subterrânea em uma área de classe média chamada Satélite, na região norte da cidade. Fiquei aliviado de ver Diego, um segundo agente do DEA na Cidade do México e dois agentes da Polícia Federal Mexicana à paisana quando chegamos.

A PF tinha providenciado o "veículo da entrega", uma picape Chevy Tornado branca que me parecia um pouco como um pequeno El Camino. Era um utilitário apreendido de um traficante, que incluía um compartimento secreto — uma cavidade oca simples embaixo do forro —, nada nem de perto tão sofisticado como o que Bugsy e sua equipe de jovens traficantes usavam em Phoenix. A armadilha escondida — claramente usada para transportar contrabandos mais volumosos, como fardos de maconha comprimidos ou tijolos de cocaína — era acessada pelo para-choque traseiro, e o espaço aberto por baixo era da largura da plataforma. Diego e eu amarramos as caixas da FedEx, depois usamos o que restou

## TIME ESTADOS UNIDOS

da corda para prendê-las ao lado de fora da armadilha, para que não deslizassem demais e se tornassem invisível a nossos contatos.

Nossos colegas mexicanos também colocaram um pequeno rastreador GPS na picape, de modo que pudéssemos segui-la para onde quer que os alvos descarregassem o dinheiro, na esperança de indicar outro local, outra peça do quebra-cabeças, mais alvos para identificar e outra chance de seguir o dinheiro. Fiquei repetindo o mantra *Explorar, explorar, explorar,* que tinha sido martelado na minha cabeça na Academia do DEA.

A PF mexicana estava nos fazendo um grande favor ao nos permitir entregar 1,2 milhão e ir embora, mas achava que devia permanecer no perímetro e não colocar as mãos no dinheiro em si. O resultado foi que ninguém da Polícia Federal queria tocar na picape Chevy, quanto mais dirigi-la.

Agora que a picape estava carregada, Diego estava fazendo contato telefônico com os alvos, que concordaram em pegar o veículo no estacionamento superior de outro shopping chamado Plaza Satélite. Diego e outro agente da Cidade do México foram na frente com a Ford Expedition armada, enquanto Kenny e eu entramos no Tornado fodido, com câmbio manual. Kenny dirigia, saindo da garagem atrás da Expedition para a rua lotada, na direção norte. Minha mente ainda estava agitada:

*Nosso esquema de segurança é inútil: mais de 1 milhão em dinheiro, e temos um total de quatro agentes americanos? Só dois de nós temos Glocks — que não valem de nada se formos sequestrados por uns escrotos com AKs...*

Se a operação desse errado, não tinha maneira de esta picape nos tirar do perigo. O minúsculo Chevy levava um dia e meio para chegar a 65 quilômetros por hora. Sacudimos e chacoalhamos pelo trânsito enquanto Kenny sofria com a marcha que rangia.

Estava muito quente dentro da cabine, e o ar-condicionado estava quebrado. Carros, motos e caminhões zuniam, buzinavam, ziguezagueavam. Era o trânsito selvagem e caótico pelo qual a Cidade do México é famosa — e que eu passaria a conhecer bem nos anos seguintes. Kenny parecia estar passando por todos os buracos e parando em todos os faróis vermelhos também.

O maior risco à nossa segurança, de longe, eram os policiais locais. Havia policiais federais demais sabendo de nossa operação para o meu gosto. E se só *um* deles fosse corrupto, podia facilmente ligar para um de seus amigos, nos emboscar e dividir os lucros pela metade.

O Chevy continuou sacudindo em diante enquanto eu seguia falando com Diego no meu Nextel. De repente, a Expedition parou no acostamento e o motorista abriu a porta e começou a vomitar na rua. Ele tinha comido em uma barraca de *carnitas* de beira de estrada uma hora antes.

Quando chegamos ao Plaza Satélite, um dos maiores shoppings da cidade, comecei a pensar que devia haver algo de errado — como um shopping center tão popular podia estar tão deserto?

Diego e eu não sabíamos se os alvos estavam esperando no local. Estávamos 25 minutos adiantados, mas os bandidos também podiam chegar mais cedo. Kenny dirigiu até o estacionamento superior do lado norte e estacionou a picape ao lado de alguns carros esparsos. Sentei esperando pelo sinal de ok da equipe de vigilância para sair. Deixaríamos a picape ali com as chaves na ignição para a entrega combinada.

Eu estava prestes a descer do banco do passageiro quando olhei e vi um mexicano de 30 e poucos anos, 1,75 metro, musculoso, caminhando lentamente na frente do veículo. Senti meu estômago contrair — será que os bandidos já tinham chegado?

## TIME ESTADOS UNIDOS

O cara estava usando uma camisa de botões com colarinho preto, uma jaqueta cinza-escuro e jeans também escuros. Seus olhos eram de um castanho penetrante. Uma cicatriz saía de baixo de seu olho esquerdo por uns bons cinco centímetros, como se ele tivesse sido desfigurado por uma lágrima de ácido.

Não era só a cicatriz que me deixava nervoso. Como policial de rua, você desenvolve uma intuição para essas coisas. Estudei o caminhar: ele parecia estar levando uma arma do lado direito da cintura. O cara tinha o trejeito e a aparência de um mandante. Ele passou pela picape e olhou para trás mais uma vez, ameaçador.

Virei para Kenny:

— Quem é?

— Não faço ideia, cara.

— Kenny, a gente precisa vazar daqui antes de tomar um tiro.

Abrimos as portas do Tornado ao mesmo tempo.

Eu não podia passar nem mais um minuto sentado em um alvo de 1 milhão de dólares.


A ENTREGA DO TORNADO foi sem precedentes — nenhuma agência de segurança federal tinha entregue essa quantia de dinheiro e deixado correr, certamente não nas ruas da Cidade do México.

Diego e eu agora éramos vistos pelo pessoal de Chapo como protagonistas internacionais velozes: podíamos entregar mais de 1 milhão de dólares rapidamente — meras 48 horas depois de pegar os maços de notas a quase 5 mil quilômetros e duas fronteiras internacionais de distância.

Ricardo não tinha como suspeitar que estava lidando diretamente com policiais — quanto mais com o DEA. Ele tinha dito a Diego que o dinheiro estava indo para o sul para ser usado na compra de um enorme suprimento de cocaína com direção aos Estados Unidos. Tudo estava acontecendo tão rápido que Diego e eu tínhamos dificuldade de acompanhar o ritmo da logística. Estávamos passando mais tempo no ar e em hotéis do que no escritório da Força-Tarefa de Phoenix. Uma semana, estávamos num jato para o Caribe; na seguinte, de volta a nossas mesas em Phoenix; e novamente num avião na outra, para mais um encontro tropical.

Achar países neutros para encontrar os bandidos estava ficando cada vez mais desafiador, então encomendei um mapa de um metro e meio de largura e pendurei na parede do escritório. Por diversão, Diego e eu fechamos os olhos e apontamos um dedo às cegas para possíveis locais de nosso próximo encontro secreto. O dedo dele caiu na Islândia, o meu, em algum lugar no meio do oceano Pacífico.

Ficando sério, ele focou no istmo da América Central, ao norte do Panamá.

— San José — disse ele. — Vamos marcar o próximo encontro na Costa Rica.

— A Costa Rica parece bom — respondi.

A Costa Rica, como o Panamá, era considerada território neutro para os traficantes. *Más tranquilo* e bem menos arriscado do que uma reunião no México ou na Colômbia.


**NO DIA SEGUINTE, DIEGO** estava sentado à mesa em frente a dois operadores e Ricardo em um restaurante ao ar livre no coração da capital costa-riquenha.

Dessa vez, diferentemente do Panamá, eu o estava observando, estacionado do outro lado da rua em um Toyota Land Cruiser alugado. Se Diego tinha se sentido encurralado durante sua reunião com Mercedes no Panamá, dessa vez ele tinha a vantagem, intervindo com força, falando a maior parte do tempo, pressionando-os com perguntas — a entrega de dinheiro em volume tinha lhe dado o poder da credibilidade das ruas.

Diego pediu — não, *exigiu* — saber a quem pertenciam a coca e o dinheiro, quem realmente era o *jefe*, antes de colocar o plano em ação.

Levou cerca de 15 minutos, mas, por fim, um dos homens de Ricardo relutantemente liberou o nome do homem que antes chamavam de El Señor.

— Carlos Torres-Ramos.

O nome não significava nada para mim nem para Diego.

De volta à Força-Tarefa de Phoenix, rapidamente comecei a investigar Carlos nas bases de dados do DEA e encontrei a ficha dele: até agora, Carlos Torres-Ramos não tinha sido investigado pela DEA, mas seu histórico criminal era notável. Informantes confidenciais relataram que ele era conhecido por transportar toneladas de fardos de cocaína vindos da Colômbia, do Equador e do Peru. Estudei a foto em preto e branco. Ele tinha mais de 1,80 metro, cabelo preto ralo, um cavanhaque bem aparado e olhos escuros que o faziam parecer quase um professor. Mas outro detalhe imediatamente chamou minha atenção.

— Você não vai acreditar nisso — falei, ainda olhando para a tela do computador. — Diego, vem cá.

Mostrei a ele a ligação: a filha de Carlo, Jasmine Elena Torres-Leon, era casada com Jesús Alfredo Guzmán Salazar, um dos filhos em que Chapo mais confiava.

— Puta merda — disse Diego, baixinho. — Carlos e Chapo são *consuegros*.

EM BUSCA DE EL CHAPO

A palavra sem tradução precisa — "cossogros" — era uma conexão importante entre duas famílias mexicanas, especialmente no mundo dos traficantes de Sinaloa.

Achávamos que Carlos era uma figura importante, mas nunca imaginamos que fosse tanto.

Diego começou a falar diretamente com Carlos sobre arranjos de transporte, primeiro ao telefone, depois pelo Messenger do BlackBerry — o traficante considerava o BlackBerry o método de comunicação mais seguro. Embora nunca tivessem se encontrado — Diego estava em Phoenix e Carlos, em Sinaloa —, estavam estabelecendo uma relação de confiança.

— *Cero-cincuenta* — declarou Diego, sorrindo ao terminar uma sessão de mensagens trocadas com Carlos. — Acho que *peguei* esse cara.

— *Cero-cincuenta?*

— Ele acabou de me designar um número, como se me considerasse parte da organização. Ele me chama de *cero-cincuenta*.

Diego agora era "050" e fazia parte da lista de códigos secretos de Carlos. Todos os homens de confiança dele recebiam um número. As localizações também eram indicadas por dígitos: 039 representava o Canadá; 023 era a Cidade do México; 040, o Equador.

Carlos até mandou a Diego a fórmula usada por sua organização para decodificar números de telefone enviados por mensagem de texto. Traficantes sofisticados nunca davam seu telefone abertamente, então Diego tinha de multiplicar cada dígito por meio da fórmula para descobrir o novo celular de Carlos.

AS COLETAS DE DINHEIRO continuavam vindo do Canadá, agora aos milhões, e todas eram encaminhadas para Carlos comprar a carga

## TIME ESTADOS UNIDOS

de duas toneladas de cocaína no Equador. É claro que Diego e eu não estávamos trabalhando de graça; Diego sabia as regras do jogo do narcotráfico e convenceu Carlos a fazer um depósito para cobrir os custos iniciais de transporte. Carlos concordou, e no dia seguinte reuniu um total de 3 milhões de dólares, que distribuiu em vários locais de coleta em Montreal e Nova York.

Três milhões em dinheiro: tão bom quanto uma apreensão — e tinha a vantagem de não queimar nossa investigação secreta. Com o dinheiro depositado na conta TDF, Diego e eu pulamos no próximo avião para o Equador e começamos a nos preparar para entregar os dois quilos de cocaína.

Quando chegamos, Diego teve uma reunião rápida com vários homens de Carlos em uma das churrascarias de luxo de Guayaquil. Sentei-me a uma mesa do outro lado do restaurante, nas sombras. Dessa vez, eu tinha um pequeno exército como reforço: uma equipe à paisana da Polícia Nacional do Equador. Era a Unidade de Investigações Sensíveis em que o DEA mais confiava no país; cada um dos policiais tinha sido treinado pessoalmente em operações antinarcóticos em Quantico. Os agentes estavam espalhados por todo o restaurante — dentro e fora —, observando cada movimento dos homens de Carlos.

QUANDO DIEGO TERMINOU a reunião, os policiais, em carros não marcados, seguiram os homens até a periferia da cidade — os bandidos fizeram uma breve parada em uma loja para comprar fita adesiva marrom —, e de lá para uma *finca* (pequena fazenda) discreta. Vigiando disfarçadamente a *finca*, os policiais conseguiram obter a placa de um caminhão de entrega branco parado do lado de fora.

*Clássico cenário de Quantico.* Lembrei meus dias de exames práticos na academia. Os eventos que estavam se desenrolando eram métodos padrão do tráfico.

Os policiais equatorianos ficaram de olho no caminhão a noite toda e o viram sair da *finca* na manhã seguinte, com a traseira lotada de sacos de sal amarelo-claros. Diego e eu os tínhamos instruído a montar um posto de controle aparentemente de rotina no acostamento da estrada, e o caminhão passou bem por ali. Assim que o motorista viu as viaturas com luzes ligadas, freou com tudo, pulou do veículo e correu para um campo. Os policiais logo o perseguiram e algemaram. Revistando a traseira do caminhão, encontraram 2.513 quilos de tijolos de cocaína marcados com o número 777 — e embalados naquela fita adesiva marrom — e jogados dentro de 70 sacolas amarelas de sal.

Diego passou rapidamente a Carlos, via BlackBerry, a notícia de que a carga tinha sido apreendida pela polícia local, mas o chefe nem piscou. Ele tinha perdido 2 mil quilos em uma blitz aleatória, mas era o custo dos negócios. Não perdeu tempo antes de perguntar se Diego estava pronto para assumir a entrega de mais cocaína.

— Dá pra acreditar nesse cara? — perguntei a Diego. — Tem gelo correndo nas veias. Acabou de perder uma carga com valor de venda de quase 63 milhões e quer nos confiar mais.

Diego respondeu imediatamente à mensagem de Carlos: *"Estamos listos. A sus ordenes."*
Estamos prontos. Às suas ordens.

**DURANTE AS SEMANAS SEGUINTES,** o pessoal de Carlos no Equador entregou mais de oitocentos quilos de cocaína para policiais equatorianos disfarçados posando como funcionários de Diego, dando

# TIME ESTADOS UNIDOS

início a um desmantelamento global da organização de tráfico de Carlos Torres-Ramos.

O castelo de cartas caiu inteiro em questão de algumas horas — Carlos, Ricardo, Mercedes, Doña Guadalupe e mais 51 réus do Canadá à Colômbia. Também apreendemos diretamente mais de 6,3 milhões de dólares e 6,8 toneladas de cocaína.

Diego e eu levamos *meses* para dar conta do trabalho gerado por nosso enorme desmonte.

ASSIM QUE AS COISAS se acalmaram no escritório da Força-Tarefa, ficamos ansiosos para voltar à caça. Mas, dessa vez, só nos sobrava um lugar para ir. Dispusemos o diagrama da hierarquia do Cartel de Sinaloa e só vimos o nome de um alvo mais alto que Carlos. Era o daquele homem de rosto rechonchudo com bigode preto, usando, na foto, um colete tático e um boné de beisebol simples, segurando de leve um fuzil automático atravessado em seu tronco.

Joaquín Archivaldo Guzmán Loera — o próprio El Chapo.

# PARTE II

# LA FRONTERA

**EM JANEIRO DE 2011,** me candidatei a uma posição no escritório nacional do DEA na Cidade do México, há muito considerado um dos postos estrangeiros de maior importância para os agentes federais norte-americanos de repreensão a narcóticos que tinham como alvo os cartéis mexicanos. Se eu esperava ter sucesso na investigação de Chapo Guzmán, sabia que precisava trabalhar — e *viver* — permanentemente ao sul da fronteira. A violência no México estava decolando: mais de 13 mil pessoas tinham morrido nas mãos dos pistoleiros de Chapo ou de outros cartéis — notavelmente, o de ex-agentes das Forças Especiais mexicanas conhecido como Los Zetas — que brigavam pelo território-chave de contrabando ao longo da fronteira norte-americana.

Vários meses depois de termos derrubado a organização de Carlos Torres-Ramos, Diego e eu começamos a nos preparar para nos sobrepor a outras investigações sobre Guzmán. Certamente, haveria alguém — *alguma* equipe ou força-tarefa federal — investigando o chefão das drogas mais procurado do mundo. Diego e eu passamos por vários cenários possíveis enquanto saíamos da Procuradoria-Geral dos Estados Unidos no centro de Phoenix. Devia haver agentes em todas as agências federais de segurança com Chapo como alvo. Precisávamos encontrar esses agentes, reunir nossas informações e começar a coordenar.

Eu esperava descobrir um mundo secreto de forças-tarefas lideradas por agências norte-americanas, salas de guerra secretas alinhando seus alvos — mas, depois de dias de checagens, Diego e eu não achávamos nada.

Quem estava investigando Chapo?

A resposta chocante era: ninguém. Não havia equipe dedicada. Nenhuma força-tarefa de elite. Nem um único agente federal com informações substanciais sobre a localização do traficante.

Entre as pilhas de arquivos de casos fechados e inteligência velha — para não mencionar as dezenas de milhões de dólares gastas a cada ano na "guerra contra as drogas" —, Diego e eu não conseguimos encontrar um único policial de qualquer lado da fronteira que estivesse ativamente perseguindo o homem responsável por controlar mais de metade do comércio de drogas global.

ENTÃO, EM 15 DE fevereiro de 2011, Jaime Zapata e Víctor Ávila, dois agentes especiais do Departamento de Investigações de Segurança Nacional dos Estados Unidos (HSI, na sigla em inglês) em missão na Cidade do México, caíram numa emboscada no estado de San Luis Potosí, no norte, por homens do Cartel Los Zetas. Um veículo dos Zetas ultrapassou a Suburban blindada dos agentes, disparando fuzis automáticos e os empurrando para fora da pista. Os atiradores dos Zetas, então, abriram a porta do motorista e tentaram arrastar Zapata para fora, mas ele reagiu, tentando argumentar com os homens que cercavam o veículo:

— Somos americanos! Somos diplomatas!

## LA FRONTERA

A reação foi uma saraivada de tiros. Zapata foi morto no volante e Ávila ficou gravemente ferido.

O assassinato do agente especial Zapata fez minha vida de repente virar um turbilhão. Eu tinha sido selecionado para a posição na Cidade do México — mas agora tinha uma jovem família em quem pensar também. Era seguro me mudar com minha esposa e nossos filhos pequenos para o sul da fronteira? A maioria dos agentes do DEA nem consideraria se candidatar para um emprego no México, por medo de ser sequestrado ou morto.

— Caramba, com o assassinato do Zapata, agora, estou em dúvida — disse a Diego. — Estamos felizes aqui em Phoenix, mas sei lá... Parece o próximo passo.

Estávamos sentados a uma mesa do Mariscos Navolato, com as gravatas soltas, bebendo umas Pacificos depois de um longo dia organizando evidências para as acusações do Time Estados Unidos. Eu estava quase rouco de tentar falar com Diego por cima da banda ruidosa que tocava no palco em frente à nossa mesa.

— Você sabe no que está se metendo — respondeu Diego. — No fim das contas, precisa fazer o melhor para você e para sua família.

Na manhã seguinte, sentei com minha esposa e contei tudo a ela. Não havia nada a esconder; todos os riscos estavam evidentes. Eu a estava preparando há meses, mas o perigo da vida no México ainda me preocupava.

— O que seu instinto diz? — perguntou ela. — Vou apoiar qualquer que seja sua decisão.

Fiquei em silêncio no balcão da cozinha por muito tempo.

— Para ir — respondi, enfim. — Meu instinto me diz para ir. Aceitar essa posição no México.

Olhando em retrospectiva para minha vida protegida no Kansas, eu nunca teria imaginado aquelas palavras. Mas cada vez que enfrentava uma decisão capaz de mudar minha vida, eu me sentia desconfortável, e sabia que este era só mais um desses momentos. Pausei e respirei fundo; minhas preocupações com qualquer perigo à frente começaram a se dissipar: sim, afinal, era uma progressão natural da carreira — apenas a extensão das investigações que Diego e eu tínhamos começado tantos anos atrás.

Dali, parti para seis meses de imersão em espanhol na escola de idiomas do DEA no sul da Califórnia e, depois, para mais várias semanas de treinamento intensivo em Quantico.

Agentes federais selecionados para postos de trabalho de alto risco no exterior praticavam técnicas de "recuperação pessoal": manobras de direção evasiva, incluindo como assumir um carro em movimento quando seu parceiro é morto ao volante e como serrar algemas de plástico usando um fio de nylon. A isso, seguia-se o treinamento especializado em lidar com veículos fortemente blindados, que tinham se tornado obrigatórios depois do assassinato do agente especial Zapata.

**EM FEVEREIRO DE 2012,** enquanto eu estava na escola de idiomas, Diego tinha cooptado um membro do círculo interno de Chapo em viagem aos Estados Unidos.

Diego me ligou — estava andando a passos rápidos para algum lugar no fim da rua, no vento, e parecia estar sem fôlego.

— Cara, consegui o PIN do BlackBerry dele.

— O PIN de quem?

— Do C.

Como sempre, evitávamos falar o nome de Chapo quando possível.

— O Blackberry do C?

— Aham. Tenho o PIN pessoal *dele*.

— Puta que pariu. E para onde está direcionando?

— Cabo — disse Diego.

— Ele está em Cabo San Lucas?

— Sim. Só tem um problema — explicou Diego, frustrado. — Ninguém acredita em mim. Ficam me dizendo que essa porra não pode ser o número dele. Mas eu estou dizendo: é ele, cara.

Diego tinha passado o PIN para o DEA da Cidade do México, que começou sua checagem padrão para não se sobrepor a outras investigações. Várias horas depois, Diego foi contatado por um agente especial no México que lhe disse que o FBI em Nova York tinha milhares de interceptações com aquele mesmo PIN. A equipe, porém, estava cega e não tinha ideia de que era Chapo que o estava usando.

— Impressionante — respondi. — Os caras do FBI estão secretamente investigando o Chapo e nem sabem que merda de telefone ele usa.

O agente do DEA na Cidade do México contou a Diego que já estava preparando uma operação com a Polícia Federal mexicana e bruscamente o tirou da jogada.

— Eles não vão me colocar na operação — disse Diego. — Caralho, eu devia estar em Cabo liderando esse negócio.

Dava para ver que Diego estava sentindo a pressão de não me ter ao lado dele para trabalhar meus próprios agentes do DEA no México. Eu me sentia igualmente impotente sentado ali nas aulas de imersão em espanhol, mas sabia que não tinha como parar esse trem em movimento — não quando o escritório da Cidade do México já havia envolvido a Polícia Federal do país.

\* \* \*

**CABO SAN LUCAS**, na ponta da Baja Peninsula, era há muito considerado um dos locais mais seguros do México, destino de férias popular entre estrelas de Hollywood e milhares de turistas norte-americanos. A então secretária de Estado Hillary Clinton estivera na cidade ao mesmo tempo que Chapo — no Barceló Los Cabos Palace Deluxe, para uma reunião de ministros do Exterior do G20, durante a qual ela assinou o Acordo Transnacional Estados Unidos–México.

Chapo claramente se sentia seguro, até mesmo intocável. O DEA da Cidade do México organizou uma operação rápida que incluía trezentos policiais federais mexicanos e levou todos eles para Cabo durante a noite.

Mas a missão virou um desastre. A equipe de ataque entrou em um bairro chique de mansões à beira-mar, fez batidas em 12 casas... e saiu de mãos abanando. Só conseguiu irritar um monte de aposentados americanos ricos, pessoas de férias e famílias mexicanas de alta classe, emputecendo todo o bairro.

Depois do primeiro fracasso, a Polícia Federal, cansada de receber reclamações da comunidade, mandou a maioria de seu pessoal para casa. O DEA coordenou uma segunda operação de captura, mas agora não tinha homens suficientes — restavam apenas 30 oficiais da PF. Ainda assim, conseguiu delimitar que as mensagens do telefone de Chapo estavam saindo de uma de três lindas mansões à beira-mar em uma rua sem saída nos arredores de Cabo. Enquanto os policiais entravam nas duas primeiras casas, Chapo estava esperando na terceira e assistindo a tudo. Ele não tinha um destacamento de segurança pesado — as únicas pessoas com ele eram seu guarda-costas de confiança, que respondia por "Picudo", um piloto de Cessna, o cozinheiro, um jardineiro e uma namorada.

## LA FRONTERA

Enquanto o DEA e a PF atacavam a rua sem saída, Guzmán e Picudo escaparam pela porta dos fundos e correram pela costa, escapando por pouco da batida. Os dois conseguiram de alguma forma chegar até La Paz, e ali foram pegos em uma pista aérea clandestina — provavelmente, pelo piloto favorito de Chapo, Araña — e levados de Cessna de volta às serras.

Depois do desastre, a Associated Press relatou:

> As autoridades mexicanas chegaram perto de capturar o homem que os Estados Unidos chamam de mais poderoso traficante do mundo, que, como Osama bin Laden, estava aparentemente se escondendo em plena vista. Policiais federais quase agarraram Joaquín "El Chapo" Guzmán em uma mansão litorânea em Los Cabos há três semanas, praticamente um dia depois da secretária de Estado norte-americana Hillary Clinton ter se encontrado com dezenas de outros ministros do Exterior na mesma cidade de resorts ao sul da Baja Peninsula.*

Entre o povo mexicano, as batidas imediatamente se tornaram uma piada recorrente: a Polícia Federal conseguia reunir um pequeno exército para capturar Chapo em sua mansão, mas se esquecia de cobrir as portas dos fundos.

Ninguém do DEA México em campo tinha ideia de como essa oportunidade em Cabo tinha sido grande. Houve falhas tecnológicas na primeira batida e um esforço mal coordenado na segunda. Os mexicanos talvez não tivessem gente suficiente para cobrir a porta dos fundos, é verdade, mas onde diabos estavam os norte-americanos? Também não havia agentes do DEA cobrindo a porta dos fundos.

---

* *Associated Press*, 12 de março de 2012.

# EM BUSCA DE EL CHAPO

Um *narcocorrido* instantaneamente chegou às ruas, gravado pelo artista Calibre 50. "Se Quedaron a Tres Pasos" ("Ficaram três passos atrás") transformou a fuga em mais uma lenda estilo Dillinger, alegando que Chapo tinha saído de férias em Los Cabos e lá "sido mais esperto do que cem agentes do DEA".

*Ficaram três passos atrás de Guzmán*
*Procuraram por ele em Los Cabos*
*Mas ele já estava em Culiacán!*

O *corrido* acertou numa coisa: Chapo estava de volta à sua casa nas montanhas. Nos meses seguintes, o FBI continuou obtendo novos números de telefone de Chapo, que o DEA México localizava nas áreas rurais de Sinaloa e depois no estado próximo de Nayarit. O DEA México então passou a informação à Polícia Federal, que conduziu batidas adicionais, só para descobrir que o telefone-alvo não estava nas mãos de Chapo. Na verdade, estava sendo usado por algum funcionário de baixa hierarquia no cartel, que só encaminhava mensagens para o aparelho verdadeiro de Chapo.

E agora ninguém tinha esse número.

Isso era porque Guzmán estava usando uma técnica de "espelho". Era a primeira vez que Diego e eu ouvíamos falar de Chapo fazendo isso. Espelhar não era uma maneira complexa de fugir da vigilância das agências policiais, mas era altamente eficaz, se feita corretamente.

— Sempre um passo adiante — disse a Diego. — Chapo foi esperto de reestruturar suas comunicações assim que voltou com segurança a Sinaloa.

Depois de seguidas tentativas fracassadas nas quais só chegavam ao espelho, os números do FBI começaram a secar e o DEA

## LA FRONTERA

México, junto com a Polícia Federal, decidiu jogar a toalha. O DEA chegou a fechar o caso, e não parecia que reabririam uma investigação sobre Chapo Guzmán tão cedo.

**ANTES MESMO DE EU** me candidatar à posição, sabia que estaria terminando uma parceria única. Por mais que Diego amasse investigar os cartéis ao sul da fronteira, ele não era agente federal, e sim oficial de Força-Tarefa — um detetive local de Mesa, Arizona — e não podia residir em outro país. O convite para o meu bota-fora tinha uma foto minha e de Diego juntos vestindo coletes táticos, sorrindo, com as sombras cor de tangerina do pôr do sol do Arizona atrás de nós.

Ao longo dos anos, quando nossos casos nos levavam ao sul da Califórnia, Diego e eu frequentemente passávamos em Tijuana para absorver ainda mais da cultura mexicana que eu passara a amar. Ouvíamos *mariachi*, *banda* e *norteño*, depois íamos para clubes de *strip* até três da manhã, antes de pegar um punhado de *tacos* de rua e atravessar a fronteira de volta. Para mim, fazia parte de aprender a cultura, aprofundar minha compreensão de um mundo em que eu havia mergulhado desde aquela primeira noite no Mariscos Navolato quando ouvi "El Niño de La Tuna" e comecei a estudar os cartéis mexicanos.

Eu *nunca* teria ido a Tijuana sem Diego. Afinal, não éramos turistas — éramos um agente do DEA e um detetive de uma força-tarefa de elite contra narcóticos — e, se alguém soubesse quem éramos, especialmente com os casos peso-pesado de cartéis de drogas e lavagem de dinheiro em que estávamos trabalhando, teríamos sido alvos extremamente vulneráveis.

Para o bota-fora, vieram vários amigos da minha cidade natal: até meu antigo sargento do escritório do xerife. A comemoração começou em um dos bistrôs de cerveja artesanal de San Diego — uma noite de histórias da guerra, um *slide show* da minha época com o Time 3 e as placas e porta-retratos obrigatórios —, mas a festa não acabou quando os chefes foram para casa. Às duas da manhã, peguei meus melhores amigos e sugeri que déssemos um pulinho no México. Mas, quando estávamos prestes a partir, Diego olhou seu telefone que apitava.

— Merda. Emergência de família — disse, abruptamente, me abraçando. — Foi mal, cara. Hora de ir.

Meus amigos e eu entramos num táxi e corremos para a fronteira. Um carro cheio de gringos e sem Diego para nos guiar. Eu já tinha ouvido muitas vezes antes o clique frio dos portões de pedestre da fronteira fechando atrás de mim, mas agora eu era o responsável: teria de falar e orientar todos.

Acabando de sair da escola de idiomas, meu espanhol era bom o suficiente — minha professora era de Guadalajara, en-tão, meu sotaque era consistente com o dos locais. Mas meu vocabulário ainda era tão limitado que com frequência eu me enfiava em conversas das quais não conseguia sair, até terminar a interação de forma repentina com um meneio de cabeça e um *"gracias"*.

De alguma forma, consegui liderar meus amigos de Kansas pela noite, virando *shots* de Don Julio, indo até uma barraquinha de *tacos* na calçada, engolindo *al pastor* no espeto e andando de volta até a fronteira da Califórnia com o sol nascendo nas mon-tanhas a oeste. *Diego devia estar aqui para ver isso*, pensei, mas aí percebi que era quase um rito de passagem eu ser capaz de aguentar Tijuana sozinho.

## LA FRONTERA

\* \* \*

**NO DIA SEGUINTE, EU** estava no Aeroporto Internacional de San Diego com minha família, empurrando um carrinho cheio de nossas malas e bagagem de mão pelo terminal até o balcão de *check-in*. Eu era só mais um pai, com as mãos cheias de passaportes, cartões de embarque — e meus filhos me puxando pelos cotovelos.

Independentemente dos riscos que me aguardavam, eu tinha certeza de que tomara a decisão certa.

O avião atravessou as nuvens — meus filhos dormiram imediatamente nos meus ombros — e, durante pelo menos as poucas horas seguintes, caçar Chapo Guzmán foi a coisa mais distante dos meus pensamentos.

# DF

· · · · · · · · · · · ·

**MINHA FAMÍLIA E EU** tínhamos aterrissado no México na última semana de abril de 2012. Os locais raramente se referiam à metrópole espraiada — com 26 milhões de pessoas, a maior cidade do Hemisfério Ocidental — como "Ciudad de México". Para os nativos, era El Distrito Federal ("DF") ou, devido à sempre presente camada de poluição, El Humo ("A Fumaça").

Na embaixada, eu inicialmente fui enviado ao Grupo de Lavagem de Dinheiro. A mesa do Cartel de Sinaloa era liderada por um agente especial que estava exausto, especialmente depois do fiasco em Cabo. Após alguns meses, convenci a gerência a me transferir do Grupo de Lavagem de Dinheiro para o de Segurança. Na manhã seguinte, sentei para tomar café da manhã com meus novos colegas e o supervisor do grupo no Agave, um café conhecido por seu *machaca con huevo* e *pan dulce* saído do forno.

Antes da minha chegada, o sistema era ineficiente. A maioria dos agentes especiais do DEA estava trabalhando com pistas sobre múltiplos cartéis: Sinaloa, os Zetas, o Cartel do Golfo, os Beltrán Leyvas, os Cavaleiros Templários... O supervisor do meu grupo sabia que essa falta de foco era muitíssimo contraproducente. O

Escritório Nacional da Cidade do México era uma tal colmeia de atividades que nenhum agente especial podia se tornar especialista em um cartel em particular, porque estavam trabalhando constantemente em *todos* eles.

Assim, em uma de minhas primeiras reuniões com minha nova equipe, começamos uma reorganização. Fizemos uma rodada na mesa para focar nossas missões e, quando chegou na hora do Cartel de Sinaloa, o agente designado se manifestou imediatamente, apontando para mim.

— Pode ficar com o *desmadre* desse caso — disse ele. — Já *cansei*. Os mexicanos não conseguiriam pegar o Chapo nem se ele estivesse parado na porra do Starbucks em frente à embaixada.

— Claro, eu pego — respondi, tentando conter minha animação.

— *Adelante y suerte, amigo.* — "Vá em frente e boa sorte."

Naquele momento, minha mente foi para longe da reunião: tentei imaginar Chapo tomando café da manhã também, num esconderijo de montanha ou em algum rancho no coração de Sinaloa... *Em algum lugar* do México. Pelo menos, agora estávamos no mesmo solo.

A tarefa à minha frente era hercúlea. Depois de todas as operações fracassadas de captura, de todos os anos de quase acertar o alvo, eu sabia que Chapo devia ter aprendido com seus erros. Ele tinha os recursos, o dinheiro e a malandragem para se esconder tão profundamente no submundo que seria bastante difícil — talvez até impossível — pegá-lo desprevenido.

*Ele tem 11 anos de muito estudo a mais que eu*, pensei quando a reunião acabou. *Tenho muito tempo perdido a recuperar.*

\* \* \*

## DF

**ENQUANTO EU ME FAMILIARIZAVA** com meu trabalho na embaixada, encontrei com Thomas McAllister, diretor regional do DEA para as Américas do Norte e Central (NCAR, na sigla em inglês). Ele me lançou um olhar cortante.

— Hogan, me disseram que se alguém consegue pegar o Chapo, é você...

Era mais uma pergunta que uma afirmação, e senti meu rosto ficando vermelho. Eu sabia de onde tinha vindo aquilo: meu primeiro supervisor de grupo, ainda em Phoenix, tinha trabalhado com McAllister na sede do DEA e tinha exata noção do quanto eu era incansável e metódico quando estava perseguindo os alvos de minhas investigações.

— Vamos ver, senhor — respondi, sorrindo. — Vou dar o meu melhor.

Uma coisa, eu tinha jurado: não ia cair na armadilha de acreditar em todas as lendas e no alarde. Até alguns de meus colegas do DEA tinham perdido as esperanças, então, me desliguei emocionalmente da mitologia de Chapo, focando, em vez disso, na perspectiva mais básica de policiamento. Não havia criminoso *impossível* de prender, afinal, e a operação fracassada em Cabo provara que Chapo estava mais vulnerável agora do que nunca.

**EU MAL TINHA ME** instalado em minha mesa no Grupo de Segurança quando fui designado para ser o oficial de ligação do DEA em um caso que dominava todas as manchetes mexicanas: um assassinato relacionado ao tráfico de drogas em plena luz do dia dentro do terminal do Aeroporto Internacional da Cidade do México. O aeroporto era conhecido por estar entre os mais corruptos do mundo; voos chegando dos Andes, especialmente do Peru, quase sempre levavam cocaína no compartimento de cargas. O que tornou o incidente ainda mais chocante foi que os assassinatos envolviam policiais mexicanos uniformizados atirando em outros policiais mexicanos.

Dois oficiais da Polícia Federal designados para o aeroporto estavam saindo do turno, caminhando pelo Terminal 2. Tentavam contrabandear muitos quilos de cocaína embaixo da jaqueta azul-marinho de um deles — com POLICÍA FEDERAL escrito nas costas —, quando foram abordados por três policiais que estavam *começando* o turno e acharam o comportamento suspeito.

Seguiu-se uma rápida discussão entre os dois grupos, próximo da praça de alimentação. Os policiais corruptos sacaram seus revólveres e começaram a atirar nos policiais honestos. Um destes foi executado com um tiro na cabeça à queima-roupa; dois outros foram atingidos e morreram. Para quem estava de fora, a carnificina parecia um ataque terrorista; viajantes horrorizados gritavam e buscavam onde se esconder. Enquanto isso, os oficiais corruptos saíram correndo pelo terminal, pularam num caminhão e fugiram acelerando.

— Dá pra acreditar nessa merda? — Virei-me para um agente sênior no grupo. — Policial contra policial em plena luz do dia no meio de um aeroporto internacional? Quem são esses caras?

O agente não se abalou; ele nem tirou os olhos da tela do computador.

— *Bienvenidos* — disse ele. "Bem-vindo ao México."

Embora eu tenha tentado ajudar a Polícia Federal e o PGR — a Procuradoria-Geral da República do México — a rastrear os assassinos, logo me deparei com uma dura realidade: havia camadas demais de corrupção. A investigação sobre as mortes dos policiais perdeu força e, no fim, esfriou. Foi um começo duro

DF

para mim — vi em primeira mão, dentro de semanas de minha nova missão, por que menos de cinco por cento dos homicídios no México são resolvidos.

DE TODOS OS SURREAIS casos de corrupção e violência na América Latina, poucos perduravam tanto quanto o do agente do DEA Enrique "Kiki" Camarena, que desaparecera em uma rua movimentada em Guadalajara em 1985 enquanto caminhava ao encontro de sua esposa para almoçar. O corpo de Camarena só foi encontrado quase um mês depois. Então, descobriu-se que seu crânio, mandíbula, nariz, maçãs do rosto e traqueia tinham sido esmagados; suas costelas foram quebradas e ele foi brutalmente torturado; chegou a ser sodomizado com um cabo de vassoura. Talvez o pior de tudo tenha sido que sua cabeça foi perfurada com uma chave de fenda, e ele foi enterrado em uma cova rasa ainda respirando.

O desaparecimento de Kiki Camarena se tornou um enorme incidente internacional e prejudicou muito as relações entre Estados Unidos e México — o governo norte-americano ofereceu uma recompensa de 5 milhões de dólares pela prisão dos assassinos.

Quando cheguei ao Escritório Nacional do DEA na Cidade do México, mais de 25 anos depois, as circunstâncias da morte de Camarena não tinham sido esquecidas. Sua memória era mantida nitidamente viva. Ao longo do corredor principal da embaixada, uma sala de reuniões dedicada ao agente assassinado — à qual nos referíamos apenas como Sala Kiki — tinha um busto pequeno de Camarena e uma placa. O condenado pela tortura e pelo assassinato de Kiki era ninguém menos que Miguel Ángel Félix Gallardo, "El Padrino", ex-oficial da Polícia Federal que se transformou em padrinho do Cartel de Guadalajara — e mentor de Joaquín Guzmán no negócio dos narcóticos.*

**OLHANDO PARA ALÉM DA** história enraizada de violência no México, tentei dar à minha esposa e aos meus jovens filhos a melhor vida possível na capital, mesmo em condições de alto estresse. O DEA nos designou um apartamento espaçoso de três quartos em La Condesa, o bairro mais descolado do centro da cidade — acho que poderia ser comparado com o Quartier Latin, em Paris, e com o SoHo, em Manhattan —, que abrigava jovens empresários, artistas e estudantes. Também ficava perto da embaixada norte-americana, no Paseo de la Reforma; de carro, eu levava apenas 15 minutos para chegar ao trabalho.

Amávamos o bairro, cheio de ruas arborizadas fazendo sombra na arquitetura dos anos 1920: restaurantes, cafés, butiques, galerias e animados mercados ao ar livre aos domingos.

Mas era difícil desfrutar da vida vibrante da cidade: minha cabeça estava constantemente girando. *Modo policial de rua.* Era quase instintivo ficar olhando por cima dos ombros — eu fazia isso desde os 21 anos nas patrulhas do escritório do xerife —, mas, no México, nunca parecia haver um minuto de descanso. Eu estava sempre olhando para ver se estava sendo seguido ou vigiado por membros do cartel, ladrões de rua ou até pelo governo mexicano. Quando saía de nosso apartamento às sete da manhã e andava até meu Chevy Tahoe, estudava todos os outros veículos na rua.

---

* Miguel Ángel Félix Gallardo e dois outros chefões do Cartel de Guadalajara, Ernesto Fonseca Carrillo e Rafael Caro Quintero, acabaram sendo condenados pelo assassinato de Kiki Camarena.

Quais carros eram novos no quarteirão? Quais pareciam deslocados? Quais carros tinham alguém sentado dentro? Eu chegava a memorizar marcas, modelos e números de placa.

Sempre que íamos a um bairro novo, minha mulher sabia que nem adiantava falar comigo. Eu estaria ocupado demais examinando as ruas, olhando com atenção os rostos dos pedestres, motoristas de táxi, entregadores — qualquer um, na verdade, que estivesse à distância de um tiro.

Depois de apenas algumas semanas no DF, minha esposa também tinha aprendido as técnicas da avaliação de risco constante: olhe todo mundo na calçada nos olhos, rápido o suficiente para julgá-los, e decida: ameaça ou não? Ela e nossos filhos viviam na rua, no parque, fazendo compras ou encontrando amigos. O crime estava por toda a cidade, mas era de natureza aleatória: ouvíamos relatos de um funcionário da embaixada ficando na mira de um revólver por causa de seu relógio de ouro num restaurante em nosso bairro, ou de uma mulher empurrando o carrinho de bebê e tendo a bolsa roubada.

Também havia, por outro lado, muitas coisas maravilhosas em viver no México. Amávamos especialmente a comida de rua da cidade: *tacos de canasta, tlacoyos, elote* (milho doce em um copo com manteiga derretida e um punhado de maionese e *chili* em pó em cima). Mas o melhor de tudo eram as *camotes* — batatas-doces — de um ambulante que aparecia uma vez por semana no fim da tarde empurrando seu carrinho de metal barulhento.

O cara parecia que trabalhava no sol o dia inteiro, com o rosto moreno dourado coberto de gotas de suor de empurrar um forno a lenha para cima e para baixo. A pressão da fumaça e o calor do fogo soavam como um apito de trem a vapor, como uma velha locomotiva em um filme de faroeste. Dava para ouvir o som a quarteirões de distância, mesmo dentro de casa. Um dos meus filhos sempre gritava:

— Papai, o homem das *camotes*!

Colocávamos os sapatos e corríamos lá para fora. Às vezes, o homem das *camotes* já tinha desaparecido, perdido nas sombras das ruas laterais antes de seu apito soar de novo, nos direcionando. Quando o encontrávamos, ele abria uma gaveta cheia de batatas-doces grandes assadas no fogo a lenha e deixava meus filhos escolherem as que pareciam melhores, depois as cortava ao comprido e jogava leite condensado por cima, além de uma boa camada de canela e açúcar — pela barganha de 25 pesos.

Mesmo nesses momentos gostosos, embora tentasse de tudo para esconder dos meus filhos, eu estava com os nervos à flor da pele. Crianças eram sempre os alvos mais vulneráveis de sequestros — tínhamos até um vizinho, um "milionário que fizera sua fortuna sozinho", que levava a filha para a escola num helicóptero particular todos os dias de aula.

Não era estranho ver os últimos modelos de Ferraris e Porches correndo pelas ruas de nosso bairro — embora qualquer coisa opulenta e excessiva na capital cheirasse a conexão com narcóticos. Havia estimados 40 bilhões de dólares anuais de dinheiro de drogas fluindo na economia do país, e eles tinham de cair em algum lugar.

Eu era constantemente lembrado de um comentário que ouvira de um jornalista local no DF:

— Tudo está bem no México até que *de repente* não está mais. — A expressão capturava tudo com uma simplicidade assustadora. — Você está feliz vivendo sua vida e do nada, um dia, está morto.

\* \* \*

## DF

**CHAPO FINALMENTE TINHA SE** tornado um nome conhecido nos Estados Unidos, designado Inimigo Público Número Um pela Comissão de Crime de Chicago — o primeiro bandido a receber o título desde Al Capone. E, embora eu estivesse feliz de que esse rótulo chamasse mais atenção para o nome de Guzmán e suas atividades criminais, ele ajudava pouco, do ponto de vista investigativo, em uma captura.

Em minha mesa na embaixada, eu passava dia após dia filtrando informações sobre Guzmán, dissecando cada arquivo antigo que podia encontrar. As pistas mais frescas eram as que vinham de páginas de caderno, livros contábeis, cartões de visitas e até lixo de bolso deixado para trás após a batida em Cabo San Lucas. Era uma análise exaustiva — o tipo de trabalho que a maioria dos agentes do DEA desprezava —, mas eu achava valiosas até as menores variações de um apelido ou o assinante de uma linha de telefone, e encontrar algo me dava uma descarga de adrenalina.

*Explorar. Explorar. Explorar.*

Minha vida logo se tornou um borrão infinito de dígitos. Eu tinha ficado obcecado com números. Memorizava constantemente qualquer número de telefone, BlackBerry ou PIN que encontrasse. Não conseguia me lembrar do aniversário da minha avó, mas tinha o número de telefone do piloto de Chapo na ponta da língua. Os outros agentes do grupo perguntavam por que eu sempre estava embrenhado nas transcrições das mensagens de telefone e nos PINs.

Números, ao contrário de pessoas, nunca mentem.

Não só Chapo e Picudo tinham deixado migalhas para trás em Cabo San Lucas, eles saíram correndo tão às pressas que Chapo nunca tiveram tempo de pegar sua maleta tática que continha um colete blindado verde-musgo, um rifle AR-15 equipado com lança-granadas e seis granadas de mão.

Diego e eu confirmamos que Guzmán até se cortara em uma cerca, arrancando sangue, mas agora estava descansando confortavelmente do outro lado do mar de Cortez, em Sinaloa. Era o mais perto que Chapo já estivera de ser capturado desde sua fuga da penitenciária Puente Grande. Eu sabia que ele estava se tornando complacente se achava que podia passar um tempo em uma cidade turística tão popular, especialmente uma lotada de turistas estrangeiros. E ele não estava escoltado por centenas de guarda-costas dirigindo frotas de SUVs blindadas com janelas filmadas, como diziam as pessoas, uma informação em que muita gente ainda acreditava, incluindo a comunidade de inteligência norte-americana no México.

De vez em quando, eu compartilhava minhas descobertas com a equipe da Polícia Federal mexicana que tinha investigado as pistas depois da batida de fevereiro em Cabo, e a PF me dava os pedaços de informação que tinha colhido. Eu acabava divulgando muito mais coisa do que recebia, mas imaginava que *um pouco* de inteligência mexicana era melhor do que nada.

Aí, voltei a escavar os números de telefone ativos dos pilotos, da família, das namoradas de Chapo — muitas vezes sem levantar a cabeça da tela do computador até outro agente fazer um comentário sarcástico.

— Por que você está perdendo seu tempo, Hogan? Qual é o objetivo? Os mexicanos nunca vão pegar Chapo.

Até meus chefes ficaram céticos quando viam os enormes diagramas que eu tinha pregado na parede, ligando apreensões de múltiplas toneladas de cocaína no Equador diretamente a tenentes de Chapo.

— *Cuando? Cuando?* — gritava muitas vezes meu chefe ao passar pela minha mesa, exigindo saber quando eu ia mostrar que meu esforço tinha valido a pena. Se é que esse dia chegaria.

# DF

— *Paciencia, jefe, paciencia* — eu dizia. — Tenha alguma paciência, chefe.

QUANDO EU SAÍA DA embaixada à noite, minha cabeça voltava a girar. DF era um enxame constante de carros e pedestres, e eu sabia que a qualquer hora do dia ou da noite, alguém podia estar me vigiando.

Ou, pior, tentando me seguir.

Eu estava indo de carro para casa um dia ao anoitecer, saindo da embaixada por ruas laterais em meu Tahoe. Quando virei à primeira direita, decorei os veículos atrás de mim que também dobraram à direita.

*Chevy Malibu azul. Nissan Sentra branco.*

Virei à esquerda no semáforo seguinte; o Sentra branco fez o mesmo. Pelo retrovisor, eu conseguia distinguir as maçãs do rosto marcadas, os olhos escuros e as sobrancelhas grossas do motorista.

Será que era o mesmo cara com a cicatriz de faca na bochecha naquela entrega de dinheiro numa tarde quente na Plaza Satélite? Sem dúvida, parecia bastante com ele...

Eu não podia ter certeza, mas pisei fundo no acelerador — outra esquerda e depois uma direita rápida, garantindo ter fugido do rastro do Nissan.

Mas eu me sentia relativamente seguro em meu Chevy Tahoe, com seu vidro à prova de balas de 5 centímetros de grossura. Ficava tão pesado com aquela blindagem nível 3 que só um toque leve no pedal do acelerador fazia soar como se eu estivesse a 130 quilômetros por hora. Um agente experiente do DEA na embaixada dizia, em seu forte sotaque do oeste do Texas:

— Esses bebês parecem uns macacos escaldados.

Da forma como eu dirigia, seria quase impossível ser seguido pelo pessoal de Chapo — depois de apenas um mês no país, eu já conhecia todos os atalhos para casa, e mudava regularmente minha rota de ida e volta do trabalho.

ERA UMA TARDE ESCALDANTE de agosto de 2012, e Tom Greene, um agente do meu grupo — investigando a organização de narcotráfico Beltrán Leyva —, estava agitado, checando constantemente seu BlackBerry.

— Engraçado, ele não está respondendo — falou Tom.

Greene tinha acabado de voltar de uma reunião com seu informante El Potrillo ("O Potro"), que tinha 26 anos, uma constituição pesada e um rosto longo e magro, e era da periferia da Cidade do México. Tom e Potrillo tinham se encontrado alguns minutos antes em um pequeno café de livraria chamado El Tiempo, a apenas uma quadra da embaixada, no bairro de Zona Rosa.

— Eu mandei uma porrada de mensagens — disse Greene. — O menino sempre responde na hora.

Não parecia nada demais, então Tom e eu fomos almoçar no refeitório da embaixada. Enquanto estávamos na fila com nossas bandejas, ouvimos uma das caixas falando em espanhol:

— Você ficou sabendo? Horrível. Teve um tiroteio em Zona Rosa...

Logo a oeste do centro histórico da Cidade do México, a Zona Rosa era um lugar ideal para encontrar um informante confidencial, porque se tratava de um dos bairros mais animados e vibrantes da cidade, cheio de casas noturnas, bares de *happy hour* e boates gays. Depois de encontrar com El Potrillo, Greene tinha visto uns caras suspeitos na rua, um em um carro e outro andando lentamente pela calçada, mas não deu muita importância. Seu informante seguira o protocolo, esperando até Greene estar bem longe para sair do El Tiempo.

El Potrillo só tinha dado alguns passos pela calçada lotada quando uma moto parou ao lado dele. Havia dois motoqueiros com capacetes pretos que cobriam o rosto todo. O que estava na traseira desceu da Yamaha, andou calmamente atrás de El Potrillo e atirou na cabeça dele por trás seis vezes. Cinco das balas tinham sido supérfluas; El Potrillo provavelmente já tinha morte cerebral na hora que caiu no cimento. O matador pulou de volta na moto, que acelerou. Os assassinos tinham usado uma técnica clássica de sicários, importada para a capital mexicana por esquadrões da morte colombianos.

Passei pelo lugar alguns dias depois e ainda consegui ver as manchas de sangue — agora da cor de vinho seco — na calçada.

A investigação policial não deu em nada; nenhuma das testemunhas cooperava. A Yamaha dos assassinos não tinha placas. Na verdade, os policiais locais não tinham evidência nenhuma fora o local e o horário do assassinato. Rapidamente, virou outra estatística: um entre dezenas de milhares de homicídios ligados a drogas que permaneciam não inspecionados nem resolvidos.

**DEPOIS DE GREENE LIDAR** com o trauma por alguns dias no escritório do DEA, vi que a vida, estranhamente, voltou ao normal. A execução de El Potrillo era só mais um momento de pesadelo que a Cidade do México enfrentava diariamente, como as nuvens de fumaça que pairavam sobre a metrópole — e mais um lembrete constante de que eu também podia receber um tiro à queima-roupa na nuca a qualquer momento, se não permanecesse hipervigilante.

Se qualquer coisa vazasse para as pessoas erradas (traficantes, policiais corruptos, até algum civil ganancioso buscando uma recompensa), se alguém descobrisse quem eu realmente estava investigando ou qual era meu trabalho há mais de seis anos, eu não seria um informante sangrando nas ruas de Zona Rosa — seria outro Kiki Camarena.

Várias semanas depois, dois funcionários da CIA estavam no carro a caminho de uma instalação militar nos arredores da cidade em um Chevy Tahoe com placa de representação diplomática — um veículo blindado idêntico ao meu — quando foram cercados por dois veículos cheios de atiradores. O Tahoe recebeu uma saraivada de mais de cem cartuchos de metralhadora. Os bandidos — que se descobriu serem policiais federais mexicanos corruptos — abriram fogo numa sucessão tão rápida que as balas perfuraram a blindagem, atingindo os dois funcionários da CIA lá dentro. Mas, ao contrário do agente especial Zapata, eles sobreviveram — mantiveram o Tahoe se arrastando sobre as rodas de metal até não dar mais.

Estudei as fotos: aquele Tahoe parecia ter saído de um combate armado em Faluja.

Saí do escritório naquela noite, abri a porta do meu próprio Tahoe, com o olho esquerdo tremendo, e senti um calafrio, apesar do calor de alto verão, sabendo que eu — ou qualquer outro agente do DEA na embaixada — podia ser o próximo alvo de um assassinato.

# SEM DISTINTIVO

· · · · · · · · · · ·

**ELE NÃO ERA O** Diego. Mas, afinal, quem era? O agente especial de investigações de segurança nacional Brady Fallon contribuía com suas competências únicas, e minha parceria com ele era quase tão improvável quanto a que eu tinha formado com Diego. Não etnicamente — ambos éramos americanos descendentes de irlandeses; Brady tinha nascido em Baltimore, estudado finanças em uma universidade no exterior e se tornado agente federal imediatamente depois dos ataques terroristas de 11 de Setembro. O que tornava nossa ligação tão única era que agentes do DEA e do HSI em geral se *detestavam*.

A nível executivo, em Washington, DC, a comunicação entre as agências era feita por cartas — os agentes nem pegavam o telefone para se falar. Havia uma inimizade enraizada mesmo antes de o Escritório de Segurança Nacional, estabelecido depois do 11 de Setembro, se tornar o gabinete do Departamento de Segurança Nacional em 25 de novembro de 2002. Era muito parecido com a disfunção entre o FBI e a CIA — a competição e um desejo de crédito pessoal passavam por cima da cooperação e do bom senso.

Agentes especiais do DEA e do HSI costumavam entrar em batalhas idiotas por território... E aí, um procurador assistente com vontade de aparecer podia entrar na confusão em um caso como este — a potencial prisão e acusação do narcotraficante mais procurado do mundo —, e a investigação cairia por terra em questão de semanas. Era precisamente o motivo para ninguém ter colocado Chapo na mira nos 12 anos desde a fuga dele da prisão.

Meu relacionamento com Brady começou em abril de 2013, com o que achei que seria uma ocorrência de superposição, só mais um escritório do DEA ou agência federal investigando os mesmos PINs de BlackBerry que eu. Liguei para o agente cujo nome apareceu na minha tela: Brady Fallon, HSI — Escritório Local de El Paso.

— Então, me diga, seu cara "06" também é chamado de "Sixto"? E seu "El 81", alguém já chamou de "Araña"? — perguntei. Podia imaginar o que Brady estava pensando: *Ótimo — mais um caubói do DEA que quer chegar e levar nosso caso inteiro...*

Consegui ouvir uma voz abafada enquanto Brady gritava com alguns caras da Segurança Nacional no fundo, e aí ele voltou ao telefone e disse:

— Sim, temos os caras com esses nomes. O Araña aparece, e o Sixto também. Por quê?

— Olha — respondi —, não sei se seus homens já perceberam, mas você está em cima de dois dos pilotos em que Chapo Guzmán mais confia.

Não só Brady e eu estávamos investigando os mesmos PINs — de Sixto e Araña — como havia outro PIN que eu tinha encontrado enquanto procurava barcos de alta velocidade contrabandeando toneladas de cocaína na costa do Equador, em direção à costa ocidental do México. Brady tinha o nome de usuário daquele PIN listado como "Ofis-5", e disse que quem quer que estivesse do outro lado daquele aparelho estava fazendo pedidos grandes a traficantes na Guatemala, na Colômbia e no Equador. E os recipientes sempre confirmavam o recebimento da mensagem com as palavras *"Saludos a generente"*. Saudações ao gerente.

— Às vezes, esses caras direcionam a mensagem a "El Señor" também — disse Brady.

— É, El Señor — repeti.

Esse nível de respeito quase certamente era uma referência a Chapo.

Trabalhando sozinho na fronteira do Texas com a Ciudad Juárez — uma zona de guerra de tráfico e a cidade com a maior taxa de homicídios do mundo —, Brady havia tido sua cota de encontros desagradáveis com agentes do DEA.

A certo ponto, ele convidou um agente do DEA do escritório de El Paso, Texas, para ajudar com o caso; ouviu que o DEA só ia ajudar se pudesse liderar a investigação. Brady não ia deixar isso acontecer e bateu a porta. Então, ele também estava cético.

— Como eu sei que você não vai sair correndo com todas as minhas informações? — perguntou Brady.

Eu entendi a preocupação dele.

— Você ainda não me conhece, mas tenho orgulho de saber tudo o que é possível sobre meus alvos e dividir isso com caras que querem contribuir e trabalhar junto.

Eu tinha estudado profundamente a falha sistêmica do compartilhamento de informações entre o FBI e a CIA — a disfunção catastrófica entre as agências no período anterior ao 11 de Setembro — e prometido a mim mesmo nunca esconder informação de outra agência federal se aquilo fosse beneficiar a investigação. Tinha aprendido desde cedo — lá nos dias de Força-Tarefa com Diego — que eram as relações próximas que eu cultivava durante minha carreira que me ajudavam a ter sucesso em todos os casos que liderava. Ninguém podia chegar e me dizer que sabia mais que eu — porque, francamente, ninguém nunca cavava fundo o suficiente. Isso não era arrogância; era só meu método meticuloso de investigação.

Depois de dar o tom com Brady, imediatamente comecei a informá-lo de tudo o que eu sabia sobre os dois pilotos, Sixto e Araña, e como Ofis-5 estava conectado a apreensões no sul diretamente ligadas a Chapo.

— Essa merda pode ser uma mina de ouro — reagiu Brady.

BRADY E EU LOGO estávamos falando ao telefone duas vezes por semana, comparando impressões, números de telefones e interceptações das comunicações do Ofis-5.

Ríamos das histórias absurdas que enchiam os arquivos de várias agências governamentais. Chapo nunca tinha feito cirurgia plástica para se disfarçar; ele não estava se escondendo em Buenos Aires; ele não estava vivendo uma vida de luxo na selva venezuelana, bebendo chá e falando de política com Hugo Chávez. Ninguém na sopa de letrinhas do governo norte-americano — DEA, HSI, FBI, ATF ou CIA — tinha se dado ao trabalho de filtrar todas as histórias para determinar o que era fato e o que era fábula. Não havia coordenação nos esforços de investigação, e todo mundo começou lentamente a acreditar em todos os mitos, repetidos e redigitados com frequência suficiente para serem considerados verdade absoluta.

Com o tempo, atualizei Brady sobre o sucesso que eu e Diego havíamos tido em Phoenix, quão longe tínhamos chegado em nossa investigação do Time Estados Unidos e a operação fracassada em Cabo. Enviei a ele uma foto de Chapo, acompanhado de três mulheres e parecendo estar em boa saúde.

# SEM DISTINTIVO

Diego tinha me enviado a foto depois de ela ser encontrada em um BlackBerry abandonado tirado da mansão de Cabo. Era a fotografia mais atualizada que os governos norte-americano e mexicano tinham do fugitivo mais procurado do mundo, e nunca tinha sido vista pelo público.

De dentro da embaixada, comecei a testar *pings* de GPS para o Ofis-5.

*Boom.*

Em segundos, eu tinha localizado o aparelho em Durango, a leste de Sinaloa. Não conseguia acreditar que Guzmán estaria de novo no meio de uma cidade movimentada — mas quem podia saber? Com Chapo, tudo era possível.

Expliquei a Brady a forma como Chapo tinha reestruturado sua rede de comunicações depois de voltar com segurança de Baja para Sinaloa.

— Esse aparelho do Ofis-5 provavelmente é um espelho — falei. — Abreviação de *oficina*.

— *Oficinas* — repetiu Brady. — Faz sentido. Estão funcionando como escritórios.

— Exatamente. Chapo frequentemente se refere a suas localizações-espelho como escritórios.

Era algo que soava importante, mas Brady e eu depois ficamos sabendo que se tratava apenas de apartamentos de bloco de concreto — uns lugares de merda —, com o funcionário do "escritório" digitando milhares de mensagens sem nunca ver a luz do dia, sobrevivendo de uma panela de *frijoles refritos* e um esporádico Whopper do Burger King. Durante 16 horas por dia, o espelho recebia todas as comunicações e as enviava aos recipientes pretendidos: agia como uma central de distribuição telefônica para o cartel e também servia para limitar as comunicações diretas de Chapo com qualquer um.

# EM BUSCA DE EL CHAPO

— Então, você acha que ele ainda está se isolando? — perguntou Brady.

— Sim, ele está se isolando bem. Agora, é só uma questão de quantas camadas há entre nós e ele. Por enquanto, esses escritórios são nossa chave.

Isso me lembrava da antiga técnica de andar e falar da máfia americana — sempre isolar o chefe de comunicação direta.

Então, voltei ao trabalho, abrindo uma nova aba do México no Google Maps em meu MacBook e colocando meu primeiro marcador vermelho nas coordenadas do Ofis-5 em Durango.

NA NOITE DE 4 de abril, Brady e eu ficamos sabendo de um agente do DEA em Nova York — trabalhando com uma fonte confidencial — que Chapo ia comemorar seu 56º aniversário, cercado por família e amigos, em um rancho em sua cidade natal de La Tuna, na *hacienda* no alto de Sierra Madre, estado de Sinaloa. *Feliz cumple!* Mensagens de parabéns chegavam aos montes para El Señor. Era a primeira vez que sabíamos onde Chapo estava localizado desde a fuga dele de Cabo.

Mas não podíamos fazer nada com a informação.

— É cedo demais, e arriscado demais a este ponto, organizar uma operação de captura, e nem sei em quem de nossos colegas mexicanos poderíamos confiar — expliquei.

O mesmo cenário tinha sido testado, e falhado, inúmeras vezes. Há anos, agentes do DEA trabalhando com a polícia mexicana tinham agido em cima de informações viáveis vindas de fontes confidenciais reportando onde Chapo estaria. Às vezes, era uma grande *fiesta* nas montanhas, outras, uma reunião a portas fechadas no rancho de algum tenente confiável.

112

## SEM DISTINTIVO

Eu tinha estudado a história: as operações de captura sempre eram apressadas e reativas. Os agentes do DEA em geral eram avisados com um ou dois dias de antecedência, pegavam a primeira instituição mexicana disposta a arriscar sua unidade e montavam uma operação de captura às pressas. Invariavelmente, Chapo ficava sabendo do plano um dia ou algumas horas antes e desaparecia.

Ninguém sabia de onde vinham os vazamentos e as pistas, mas Chapo sempre era avisado com bastante antecedência. Cada vez que os mexicanos voltavam com as mãos vazias, o DEA culpava a corrupção sistêmica, enfiava o rabo entre as pernas e voltava para casa. Nunca havia operações persistentes e contínuas para seguir, porque ninguém tinha dedicado tempo e feito o trabalho de olhar o cenário mais amplo para saber de onde Chapo tinha vindo, quanto mais para onde ele estava indo depois.

Até este ponto, era tudo um jogo de sorte — aleatório e improvisado — com cada erro aumentando a reputação de Chapo como intocável.

— Então, além de você — disse Brady —, quem está investigando Chapo?

Eu sabia a resposta, mas deixei o silêncio perdurar na linha para criar um efeito.

— Ninguém.

— Você só pode estar me zoando.

— Sem brincadeira. — Ri. — Só eu.

— Inacreditável.

— Há muitos escritórios do DEA investigando o alto escalão do Cartel de Sinaloa. Todos estão tentando encontrar uma brecha para penetrar no círculo interno de Chapo. Eu estou trabalhando com todos eles. Claro, cada um tem um pedaço do quebra-cabeça, mas ainda não estão perto o suficiente. Somos só nós, cara, eu e você. Se alguém tem uma chance de pegar Chapo, somos nós.

Brady e eu sabíamos que os potenciais avanços estavam enterrados naquelas transcrições, naquelas mensagens.

— Temos que continuar cavando — comentei.

— Ter só um traficante como alvo até que é fácil — respondeu Brady. — Mas parece que não vai funcionar assim com Chapo.

— Não — falei. — Nunca funcionou. Precisamos explorar o círculo interno inteiro. Tenentes, mandantes, mensageiros, pilotos, advogados e contadores. Filhos, sobrinhos, primos, esposas, namoradas. Até os cozinheiros e as empregadas.

A principal estratégia investigativa seria explorar simultaneamente *múltiplas* avenidas que levavam a El Señor. Se uma falhasse, teríamos várias segundas opções, permitindo uma virada sem perder impulso.

— Chapo esteve um passo adiante desde que fugiu de Puente Grande — disse eu. — Ele entende quem o está caçando. Entende *como* nós operamos. Esse cara não é nenhum trouxa. Ele sempre está protegido.

Por anos, Chapo tinha sido mais esperto que alguns dos melhores agentes em ambos os lados da fronteira, mas Brady Fallon era um agente federal que compartilhava minha convicção e minha determinação. Juntos, eu esperava que pudéssemos ter o necessário para ser mais espertos que Chapo em seu próprio jogo.


EM MENOS DE UM mês, a equipe do HSI de Brady em El Paso estava interceptando mais dois BlackBerrys de *oficinas* que tínhamos identificado.

## SEM DISTINTIVO

Brady e eu determinamos que cada escritório estava em comunicação com cinco a dez membros do círculo interno de Chapo, e cada um era responsável por enviar as ordens de El Señor para os contatos designados.

Em uma lousa branca na embaixada, desenhei uma linha de cada escritório encarregado de comunicar ordens vindas de cima aos operadores principais do cartel — a maior mão de obra de Chapo, os homens que representavam sua autoridade no México e nos países das Américas Central e do Sul:

*Escritório-1* – Tocallo
*Escritório-3* – Lic-F, Lic Oro
*Escritório-5* – Chuy, Pepe, Fresa, Turbo

Pela primeira vez na vida, Brady e eu estávamos espiando por uma fechadura para o mundo interno de Chapo, testemunhando em primeira mão o volume de atividade que fluía de alguma forma — por todos os espelhos — de aparelhos dos escritórios até Chapo.

Brady e sua equipe já tinham feito boa parte do trabalho de campo durante vários meses e estávamos bem-informados sobre os vários atores-chaves.

Chuy era um operador baseado na Guatemala que coordenava várias cargas grandes de cocaína vindas da Colômbia e da Venezuela. Ele trabalhava com os pilotos de Chapo, como Sixto, para levar as cargas através da fronteira sul até o México.

Pepe trabalhava direto na fonte do fluxo de suprimento de cocaína — no fundo das selvas da Colômbia — tentando garantir milhares de quilos de pasta-base, que ele então mandava para o norte em barcos rápidos posicionados na costa perto da fronteira Colômbia-Equador. Nos arquivos, ficava evidente que Pepe era

EM BUSCA DE EL CHAPO

um bom trabalhador, confiável; ele sempre dava atualizações de seu progresso a El Señor, espelhado pelo Escritório-5.

Fresa era o operador-chefe baseado no Equador que tinha a responsabilidade de achar pistas aéreas clandestinas em áreas rurais para poder receber cargas de pasta-base de cocaína, que seriam levadas para fora do país em aviões particulares. Brady e eu víamos que Fresa não era nem de perto tão confiável quanto Pepe.

— Esse cara Fresa no Equador vive reclamando sobre não ser pago — disse Brady.

— É, estou vendo. E *el generente* não está lá muito impressionado com o trabalho dele. É melhor o Fresa ficar esperto.

Irritar o gerente do maior cartel de drogas do mundo em geral não acabava só numa advertência verbal.

TOCALLO? EU FICAVA ANALISANDO as transcrições do Escritório-1 até tarde da noite. Mas essa palavra sempre se destacava em meio ao borrão de idas e vindas diárias entre todos os aparelhos de escritórios.

Eu tinha ouvido pela primeira vez a palavra *tocayo* — "xará" — tempos atrás da boca de Diego, durante nossos anos de Força-Tarefa em Phoenix. Em muitas famílias mexicanas, me contou Diego, *Tocayo* — muitas vezes grafado erroneamente como Tocallo — era uma forma carinhosa de se referir a alguém que tem o mesmo nome que você.

— Tocallo no Escritório-1 — falei a Brady. — Aposto qualquer coisa que esse Tocallo vai acabar sendo o Iván.

— Iván? — perguntou ele.

— É, Iván Archivaldo Guzmán Salazar.

— Filho dele... Eu lembro.

## SEM DISTINTIVO

— Dá pra ver só pela forma como eles estão falando. Têm um nível de respeito um pelo outro. E é o primeiro aparelho de escritório a ser numerado. Por que Chapo não designaria o primeiro escritório a seu primeiro filho?

— O que você tem sobre ele?

— Iván é conhecido por estar transportando toneladas de maconha de Sinaloa por Sonora e de lá até Tijuana e Nogales. Chapo e Iván têm o mesmo nome do meio, Archivaldo. São xarás. *Tocallo*. Não pode ser coincidência — comentei. — Tem que ser Iván.

Iván era um dos filhos de Chapo com sua primeira mulher, María Alejandrina Salazar Hernández. Nascido em 1983, e frequentemente chamado de "Chapito" após o assassinato de Edgar, Iván acabou assumindo o lugar de herdeiro de Chapo. Agora, era o filho em quem ele mais confiava. Iván e seu irmão mais jovem, Jesús Alfredo Guzmán Salazar, passaram boa parte de seus primeiros anos entre Culiacán e Guadalajara, vivendo a vida de traficantes júnior: dando festas extravagantes e dirigindo carros esportivos europeus raros. Agora, Iván e Alfredo estavam no comando de sua organização semiautônoma, ajudando o pai quando ele precisava. Alfredo e Chapo foram processados federalmente juntos em Chicago em 2009, por tráfico de drogas e lavagem de dinheiro.

Enquanto o pai tentava se manter discreto, Iván e Alfredo aproveitavam ao máximo o estilo de vida do tráfico, comprando os carros mais exclusivos do mundo — Lamborghinis, Ferraris, Shelby Mustangs e até uma rara Mercedes-Benz SLR McLaren prata, com portas verticais, que era importada da Inglaterra e ia de 0 a 100km/h em 3,4 segundos —, todos encomendados nos Estados Unidos e na Europa por meio de compradores intermediários. Eles também compravam jatinhos particulares, embora nunca pagassem o preço cheio — como seu pai, os filhos sempre pechinchavam para conseguir o melhor negócio. Eles usavam relógios suíços enormes, carregavam revólveres incrustrados com pedras preciosas e tinham até gatos selvagens Savannah A1 como animais de estimação em Culiacán.

**AS MENSAGENS NÃO PARAVAM** de chegar no escritório do HSI em El Paso.

— Esses caras não param uma porra de um minuto — reclamou Brandy. — Meus tradutores quase não estão dando conta das transcrições das mensagens.

A cada dia no México, eu recebia um lote das últimas transcrições e passava o dia todo lendo e relendo, tentando decifrar nem que fosse um pedacinho das comunicações globais sobre drogas de Chapo. Com toda essa atividade frenética de cargas de cocaína pulando de país em país para o norte, era fácil se distrair, mas, agora que eu tinha acesso aos registros detalhados das ligações de múltiplos aparelhos de escritórios, podia fazer o que sabia fazer melhor.

*Temos que subir na hierarquia*, dizia a mim mesmo. *Explorar...*

Se os aparelhos de escritórios eram todos espelhos, então quem estava acima deles? Gerei um rápido relatório de frequência, que forneceu o PIN mais comum em contato com cada um deles, e notei um fio em comum. Sabia, por todos os meus anos analisando números, que o PIN em contato mais frequente com o alvo geralmente levava ao chefe. Com usuários de telefone normais, em geral se tratava de um cônjuge, parceiro ou familiar, mas, no negócio de drogas, o contato de PIN mais frequente era invariavelmente aquele que tomava as decisões, o chefe. Cem, duzentas ou até trezentas mensagens eram enviadas diariamente ao PIN mais usado.

## SEM DISTINTIVO

### 26B8473D

Peguei esse PIN mais frequentemente contatado e fiz um teste para ver se estava ativo e em quanto tempo o *ping* chegava.

Com base na localização, eu teria uma boa ideia de se era de fato o PIN pessoal de Chapo. Os resultados voltaram em segundos.

Bem no coração de Ciudad de Durango, a capital do estado de Durango, de novo.

— Merda — disse a Brady. — Parece só mais um espelho.

O nome de usuário do PIN era "Telcel". Brady e eu chamamos esse próximo nível de "segunda camada".

— Vocês já estão escrevendo para a segunda camada, certo? — perguntei a Brady.

— Sim, já me adiantei — respondeu ele. — Já coloquei meus caras nisso. Você já leu o que tem chegado ultimamente do Escritório-3?

— Comecei hoje de manhã — respondi.

Nas transcrições, vi que o Escritório-3 estava em contato regular com todos os "Lics" da organização. Lic era abreviação de *licenciado*. Eu sabia, pelos meus casos em Phoenix com Diego, que *licenciado* — literalmente, alguém que tem uma licenciatura — podia se referir a qualquer um com diploma de especialização: engenheiros, psicólogos, arquitetos. Mas, no uso comum mexicano, um *licenciado* em geral era um advogado ou alguém com qualquer ensino superior. Ninguém podia ter certeza, mas um dos principais conselheiros nas transcrições era chamado de Lic Oro.

Filtrando a mensagem pelo Escritório-3 até chegar a Lic Oro, El Señor perguntava o status de vários processos jurídicos envolvendo pesos-pesados importantes do Cartel de Sinaloa que tinham sido presos recentemente.

## EM BUSCA DE EL CHAPO

Um dos mais urgentes envolvia um integrante ao qual Lic Oro se referia como "El Suegro".

Continuei debruçado sobre aquelas transcrições, vendo referências ao caso que envolvia El Suegro (espanhol para "sogro").

Ao ir da embaixada para casa naquela noite, me lembrei, no carro, de um churrasco em família nos subúrbios de Phoenix, em que Diego tinha me apresentado ao pai de sua esposa usando aquele título: *"mi suegro"*. E, durante minha operação do Time Estados Unidos, eu tinha aprendido que Carlos Torres-Ramos e Chapo eram *consuegros...*

Então, de repente, entendi que esse El Suegro só podia ser um homem: Inés Coronel Barreras, pai de Emma Coronel Aispuro, a jovem miss esposa de Chapo.

Emma na verdade era cidadã norte-americana — ela nasceu na Califórnia em 1989 — e tinha sido criada em um remoto vilarejo de Durango chamado La Angostura. Ela casara com Guzmán quando tinha só 18 anos, e Chapo, mais de 50. Brady e eu conhecíamos bem a história dela — tinha chamado a atenção de Chapo depois de vencer um concurso de beleza local em La Gran Feria del Café y la Guayaba; o pai era um fazendeiro de gado e influente dentro do Cartel de Sinaloa. E, em 30 de abril, Inés Coronel Barreras tinha sido preso pela Polícia Federal mexicana na fronteira com os Estados Unidos — em Agua Prieta, Sonora — por coordenar uma célula de tráfico e distribuição de maconha e cocaína, responsável por contrabandear grandes quantidades de drogas para o Arizona.

*Tocallo*: xará.

Tinha de ser Iván.

*El Suegro*: sogro.

## SEM DISTINTIVO

Tinha de ser Inés.

Embora o sistema de isolamento de comunicações fosse bastante cuidadoso, os apelidos e pseudônimos eram pistas claras.

Os nomes deixavam pouca dúvida: Brady e eu estávamos quase certos de quem era El Señor, o homem no topo dessa cadeia de BlackBerrys. O chefe dando as ordens por meio dos aparelhos-espelhos — independentemente de quantas camadas houvesse, e ainda não tínhamos certeza sobre isso — tinha de ser o próprio Chapo Guzmán.

Quando cheguei a meu apartamento em Condesa naquela noite, me servi de uma dose dupla de uísque com gelo, relaxei em uma poltrona da sala e tirei o BlackBerry do bolso para escrever uma mensagem a Brady.

Iván – Tocallo.

Inés – El Suegro.

O cerco estava se fechando: uma série de nomes em espanhol estava nos levando para mais perto de El Señor.

Eu sabia que as mensagens de texto não eram seguras nas torres de celular mexicanas, então enviei a Brady uma mensagem pelo WhatsApp.

"Temos material agora", escrevi. "Tocallo. El Suegro. Estamos caminhando. Mas precisamos nos encontrar. Quando você consegue chegar aqui?"

FAZER TELECONFERÊNCIAS E TROCAR mensagens durante três meses só funcionava até certo ponto.

Tínhamos de nos encontrar pessoalmente.

Menos de uma semana depois, fui pegar Brady no aeroporto da Cidade do México, no Terminal 2, a não mais de 20 metros da praça de alimentação onde o tiroteio entre policiais federais tinha acontecido.

Reconheci-o imediatamente. Ele tinha 1,77 metro, a cabeça raspada e usava uma jaqueta cinza-escuro e Ray-Bans apoiados na testa. Estava andando em minha direção com uma careta de irritação, embora, no fim das contas, não estivesse nem um pouco bravo. Nós nos olhamos fixamente por um bom tempo — nos vendo não como agentes de instituições governamentais federais norte-americanas, mas como *homens* com uma visão em comum para nossa investigação.

— Sem distintivo — avisei.

Brady concordou com a cabeça.

— Sem distintivo.

Selamos o combinado com um aperto de mão, puxando um ao outro para um abraço apertado.

# A CAMADA MAIS ALTA

• • • • • • • • • • •

**NO VERÃO DE 2013**, eu era o ponto de contato no México para todos os escritórios do DEA que investigavam o Cartel de Sinaloa, coordenando-os com outros agentes do DEA e promotores públicos federais em San Diego, Los Angeles, Chicago, Nova York e Miami.

Agora, minha compreensão sobre a estrutura estilo guarda--chuva do cartel era muito melhor. Chapo podia ser *el jefe de jefes* — o chefe dos chefes —, mas havia outras DTOs, quase tão grandes quanto a organização pessoal de Chapo, que operavam sob as asas do Cartel de Sinaloa. Ismael Zambada García, também conhecido como "El Mayo", era parceiro sênior de longa data de Chapo, e o mais importante.

Qualquer traficante abaixo de Chapo e Mayo precisava das bênçãos diretas dos dois para trabalhar e compartilhar recursos dentro do território. Eu ligava regularmente para agentes do DEA no Canadá, na Guatemala, na Costa Rica, no Panamá, na Colômbia e no Equador, passando dicas e compartilhando informações sobre os movimentos dos incontáveis suprimentos de drogas de Chapo. Com todas as partes em movimento, percebi que precisava marcar uma reunião de coordenação de todos os agentes dispersos que só viam um pedaço das informações e dos caminhos da investigação.

Em agosto de 2013, chamei todos os agentes para a Cidade do México; era gente demais para caber na Sala Kiki, então, todos nos reunimos no auditório da embaixada. Cada escritório apresentava seu caso no PowerPoint; enquanto faziam isso, eu interrompia periodicamente, destacando as conexões que tinha feito com outros casos, dando a todos na sala uma noção mais ampla da escala da investigação.

— Se *nós* não estamos investigando Chapo — falei, para finalizar a reunião —, então quem está? O time de elite do governo americano somos nós. Aqui nessa sala. A única coisa que falta é autoconfiança. O Chapo não é nenhum supercriminoso. É um homem que está na lama em algum lugar desse país. Está respirando o mesmo ar que nós. Como qualquer outro chefão do tráfico, ele é vulnerável. Pode ser pego. Mas todos precisamos fazer a lição de casa.

Depois da reunião, eu estava ansioso para me encontrar com alguns dos membros da equipe principal de Brady que o tinham acompanhado ao México e que trabalhavam com ele nos bastidores.

O agente especial Joe Dawson era um cara corpulento de 30 e poucos anos com cabelo castanho e liso comprido o suficiente para amarrar num rabo de cavalo, e estava vestindo uma camisa cinza e uma gravata roxa afrouxada que o faziam parecer um jovem executivo da área de tecnologia do Vale do Silício. Joe, trabalhando de perto com Brady, tinha assumido o grosso da tarefa de escrever declarações juramentadas federais para todos os aparelhos de escritórios e operadores de cartel que considerávamos que valia a pena interceptar. Sempre que eu ligava para El Paso, Joe estava trabalhando até altas horas da noite, sentado sozinho em seu cubículo sob uma pequena luminária de mesa, ouvindo

## A CAMADA MAIS ALTA

Metallica e digitando e decifrando transcrições comigo pelo telefone. Joe tinha uma memória quase fotográfica e conseguia lembrar instantaneamente as atividades de Chapo depois de lê-las apenas uma vez.

Em nossa reunião, ele disse:

— Está vendo este cara chamado Vago nas transcrições do Escritório-5?

— Vago? Eu vi, sim.

— Parece que ele está se preparando para uma onda de violência. Sabe quem ele é?

— É outro apelido do Cholo Iván.

Eu já tinha buscado "Cholo Iván" em nossas bases de dados do DEA: o nome verdadeiro dele era Orso Iván Gastélum Cruz. Principal sicário e chefe de *plaza* de Chapo na cidade de Los Mochis, no norte do estado de Sinaloa, Cholo Iván era um traficante assustador até para os padrões dos cartéis mexicanos.

— E você viu que ele estava falando sobre um cara chamado Picudo? — perguntei.

Joe assentiu.

Depois de Carlos Adrián Guardado Salcido, conhecido como "El 50", ter morrido em um tiroteio com uma unidade local do Exército mexicano em agosto de 2013, Picudo tinha se voluntariado para ser o principal mandante de Chapo e o chefe da *plaza* de Culiacán.

— Você sabe o nome verdadeiro do Picudo? — perguntou Jon.

Balancei negativamente a cabeça e respondi:

— Picudo é "afiado" ou "espinhoso" em espanhol. No México, é uma gíria para um cara foda, que está sempre procurando briga. Ele também é chamado de "El 70". Ainda estou tentando conseguir o nome verdadeiro dele.

EM BUSCA DE EL CHAPO

Picudo e Cholo Iván: eram os dois matadores que davam a Chapo poder sobre o povo de Sinaloa e, por meio desses sicários, Guzmán podia reinar com violência.

Nos dias anteriores a minhas reuniões com colegas do DEA, Cholo Iván estivera falando sobre matar "Los Cochinos" — um grupo de um cartel rival — em retaliação ao assassinato do cunhado de Picudo.

Cholo Iván disse que precisavam atacar Los Cochinos imediatamente, porque integrantes do governo mexicano estavam se alinhando com o cartel rival. Por meio do espelho do Escritório-5, Cholo Iván pediu para *"miapa"* — gíria para "meu pai", um codinome de Chapo — enviar mais artilharia pesada a ele em Los Mochis.

Temíamos que um derramamento de sangue estivesse prestes a ocorrer.

O BURACO DE FECHADURA pelo qual espiávamos o mundo de Chapo estava expandindo rapidamente, mas a cada poucas semanas — em geral num cronograma de 30 dias — *los pobrecitos* ("os pobrezinhos"), como Brady e eu os chamávamos, que cuidavam de todos os espelhos do escritório em Durango, recebiam uma nova sacola cheia de BlackBerrys, livrando-se dos aparelhos velhos e instantaneamente criando uma dor de cabeça logística para nós e toda a nossa equipe.

Antes de podermos interceptar de novo, tínhamos de tentar identificar os novos aparelhos; aí, Joe começava a escrever suas declarações juramentadas. Era um processo árduo que levava semanas para ser finalizado até um procurador assistente revisar as declarações e Joe ou Brady irem até o tribunal federal em El

## A CAMADA MAIS ALTA

Paso para elas serem registradas por um magistrado. Mais alguns dias antes de o grupo de tecnologia do HSI poder "virar a chave". E tudo isso tinha de ser feito para 15 ou 20 aparelhos únicos.

Percebi que seria necessário um pequeno milagre para conseguirmos ficar em atividade tempo o suficiente para quebrar todas as camadas de espelhos na estrutura de comunicação de Chapo, quanto mais para conseguir decodificar as suas operações cotidianas.

Mas Brady e sua equipe escolhida a dedo não iam desistir. Nós dois sabíamos que toda aquela investigação estava inteiramente nas costas dele em El Paso e nas minhas na Cidade do México.

Por sorte, além do convicto procurador assistente que trabalhava com eles em El Paso, Brady tinha conseguido outra procuradora com *influência*: uma vice-chefe da Procuradoria-Geral em Washington, DC, Camila Defusio. Promotora veterana de 40 e poucos anos, Defusio não tinha medo de pegar enormes casos de cartéis, desde que eles produzissem resultados frutíferos. O caso de Chapo era bem a praia dela. Ela sabia o que precisava ser feito e apressava as declarações do HSI, mesmo que isso significasse que ela mesma precisava escrever algumas. Como nós, Camila via o quadro geral, e Brady a mantinha bem informada sobre nosso progresso.

As interceptações da segunda camada se mostraram nosso portal vital.

A segunda camada podia ser só mais um espelho, mas, assim que o BlackBerry era ligado, foi como se uma série de lâmpadas se acendesse e iluminasse uma rua até então escura. As informações cruciais nas transcrições cresceram exponencialmente. Não apenas os Escritórios 1, 3 e 5 estavam passando suas mensagens

EM BUSCA DE EL CHAPO

pela segunda camada como outros três escritórios — números 2, 4 e 6 — faziam exatamente a mesma coisa.

**AS MENSAGENS QUE CHEGAVAM** nas transcrições se tornaram um rio infinito e viciante. Brady me encaminhava pilhas delas — havia milhares. Eu podia passar seis horas sem me mexer nem levantar para fazer xixi. Cada frase dos escritórios expunha pistas que nos levavam para mais perto do covil secreto de Chapo. Descobri que podia ser mais produtivo quando os outros agentes iam embora da embaixada, das seis da tarde até a meia-noite, quando não tinha de apagar incêndios e fazer as danças diplomáticas que preenchem os dias da maioria dos agentes estrangeiros. Então, sozinho no escritório, eu submergia nas transcrições, procurando aquela pequena informação, aquela pista crítica em uma torrente de mensagens em espanhol grafadas erroneamente e muitas vezes quase ilegíveis. Minhas retinas queimavam enquanto eu mergulhava mais fundo no mundo de Chapo.

**TODO DIA, EM TORNO** de 11 da manhã, Brady e sua equipe em El Paso viam os tenentes principais, os escritórios e telefones da segunda camada renascer. Era o mesmo *modus operandi* que eu já tinha testemunhado entre os traficantes que investiguei nos Estados Unidos. Diego e eu brincávamos sobre o "horário dos chapados" — traficantes de drogas, independentemente de sua hierarquia na organização, são criaturas noturnas, que acordam e conduzem seus negócios só quando bem entendem.

Brady e eu estávamos testemunhando em primeira mão a extensão da exploração de Chapo em novos mercados. Guzmán

## A CAMADA MAIS ALTA

estava ansioso para encontrar armazéns refrigerados e colocar seus operadores na Inglaterra, na Holanda, nas Filipinas e até na Austrália.

Sabíamos, também, da rede de distribuição de Chapo nos Estados Unidos, mas fomos pegos de surpresa pelo quanto ele estava infiltrado no Canadá. Em termos de lucro, Chapo estava vendendo mais cocaína no Canadá do que nos Estados Unidos. Era uma questão simples de preço de venda: a cocaína nas ruas de Los Angeles ou Chicago era vendida no varejo a 25 mil dólares o quilo, enquanto, em grandes cidades canadenses, ela saía por mais de 35 mil dólares o quilo.

Seus principais tenentes de cartel podiam explorar a fraqueza no sistema canadense: a estrutura da Real Polícia Montada do Canadá, com oficiais demais no topo, atrapalhava os esforços das equipes de investigação até para as prisões e os processos mais rotineiros.[*]

Era a mescla perfeita para Chapo: investigações prejudicadas e um apetite insaciável por cocaína de alta qualidade. Durante os anos, o Cartel de Sinaloa tinha construído uma estrutura de distribuição descomunal, contrabandeando cargas de cocaína pela fronteira do Arizona e levando-as a esconderijos e armazéns em Tucson ou Phoenix, antes de serem transportadas de carro até a fronteira de Washington, onde eram colocadas em helicópteros particulares. As aeronaves passavam a fronteira e jogavam a cocaína entre os altos pinheiros da Colúmbia Britânica.

Os homens de Chapo tinham conexões com sofisticadas gangues iranianas de crime organizado no Canadá, que facilitavam as compras de aviões, tentando contrabandear toneladas de drogas

---

[*] Ao contrário dos Estados Unidos, cujo sistema de segurança e investigações é composto por várias agências especializadas — DEA, HSI, ATF e FBI —, o Canadá só tem a Real Polícia Montada, também conhecida como "Mounties".

usando paraquedas guiados por GPS enquanto mandavam caixas de *smartphones* com criptografia PGP para o México, a pedido de Chapo. Uma rede de motoqueiros fora da lei — principalmente Hell's Angels — também estavam transportando a cocaína dele por terra e vendendo para traficantes de varejo em todo o país.

Mas o Canadá não fora sempre tranquilo para Chapo. Em algum ponto, ele confiara em um jovem de 22 anos de Culiacán que falava um inglês decente — Jesus Herrera Esperanza, ou "Hondo" — e o enviou a Vancouver para cuidar da distribuição de drogas e da coleta de dinheiro por todo o Canadá. O disfarce de Hondo — uma vida ótima para um jovem de Sinaloa — foi se matricular em um curso de administração na Columbia College, no centro de Vancouver, perto de seu *loft* de luxo no trigésimo andar. Hondo só foi a algumas aulas, passando a maior parte de seu tempo em casas noturnas ou levando garotas para navegar pela costa da Colúmbia Britânica.

Mas Hondo era descuidado e se gabava abertamente de sua conexão com Guzmán. Brady e eu hackeamos a conta de Facebook dele uma noite e vimos uma atualização de status que dizia:

Puro #701!

— Que merda esse menino está postando? — perguntou Brady.

— Puro sete-zero-um? — E, de repente, fez sentido. — Não é um código, cara. É a *Forbes*. — Eu ri. — É o número do Chapo na *Forbes*.

Guzmán tinha recentemente sido listado pela revista como o 701º homem mais rico do planeta.

Hondo claramente era um elo fraco entre todos os operadores. Ele estava tão animado em viver a vida de um traficante júnior que descuidava de suas responsabilidades diárias para a organização de Chapo. A certo ponto, havia milhões de dólares não coletados em Vancouver, Calgary, Winnipeg, Toronto e Montreal — tudo das vendas da cocaína e heroína de Chapo.

Chapo, então, frustrado — espelhado pelo Escritório-5 — deu uma ordem direta a Hondo: "Quero um relatório toda noite às sete em ponto. Quanto você vendeu e quanto dinheiro pegou. Detalhe cidade a cidade."

Quando Hondo mandava os números, nós líamos os relatórios noturnos. Vancouver: 560 mil dólares e 95 quilos de cocaína. Winnipeg: 275 mil dólares e 48 quilos. Toronto: 2 milhões de dólares e 150 quilos...

TAMBÉM COMECEI A VER o quanto Guzmán podia ser apegado aos detalhes.

Em julho de 2013, um barquinho armado para uso temporário com quatro motores Yamaha 350 cavalos na parte externa e 130 contêineres plásticos cheios de combustível rumou para o Equador com dois jovens mexicanos no leme. Eles tinham estocado sua carga numa rede de pescaria: pesados sacos de lixo carregando 622 quilos de cocaína. Os homens saíram da costa do Equador, num caminho em ziguezague, evitando barcos de pescaria e patrulhas da guarda costeira, dormindo ao ar livre e comendo apenas vieiras enlatadas e bolachas de água e sal por uma semana no mar, enquanto aceleravam para o norte em direção a Mazatlán, em Sinaloa, México.

Eles nunca chegaram. Avisados de que um navio da Marinha mexicana estava indo interceptá-los, os dois jovens decidiram abandonar a carga. Algo similar tinha acontecido com alguns dos outros contrabandistas de Chapo vários meses antes; eles também quase tinham sido interceptados, e jogaram seus quilos de cocaína no oceano, depois incendiaram as latas remanescentes de gasolina, transformando seu barco em uma bola de fogo enquanto pulavam no Pacífico e quase se afogavam. Dessa vez, o aviso veio cedo o suficiente para os homens terem jogado no mar a rede de pescaria cheia de tijolos de cocaína à prova d'água com uma boia laranja amarrada nela, para que a carga pudesse ser vista do ar e recuperada.

Chapo ficou furioso: perder uma carga era ruim; perder duas era inaceitável. Seu tenente de contrabando marítimo baseado em Mazatlán, Turbo, mandou barco após barco para a área do despejo, a cem quilômetros da costa, numa tentativa desesperada de encontrar a carga perdida.

Mas vimos que Chapo estava a ponto de explodir quando mandou seu melhor piloto, Araña, num Cessna caindo aos pedaços para procurar aquela boia flutuante, fazendo vários voos ao dia, circulando acima do Pacífico.

"Essa merda já deve estar na *China* agora", reclamou Araña para outro piloto. "Não aguento mais um dia voando em cima do oceano. Estou assustado pra caralho. O chefe pode me pedir qualquer coisa e eu faço — mas isso, não. *Não vou* voar pra cá de novo."

Brady e eu mal acreditávamos no número de homens que Chapo estava colocando para recuperar uma carga de 622 quilos. Não fazia sentido que o chefão das drogas mais rico do mundo buscasse tanto por 622 quilos.

EU TINHA COMEÇADO A discernir um padrão psicológico em minha presa: Chapo era fixado nas minúcias, como o preço do combustível de avião ou o número preciso de pesos sendo pagos a seus

## A CAMADA MAIS ALTA

funcionários. E ele era pão-duro. Por exemplo, Guzmán só autorizava pagamentos mensais de 2 mil pesos mexicanos — cerca de 165 dólares — para vigias militares distribuídos pela fronteira da Colômbia com o Equador. Por que ele dava essa mixaria a uma peça tão fundamental da engrenagem de seu maquinário de suborno institucional?

Chapo Guzmán, aparentemente, era o CEO de uma organização de narcotráfico multibiliardária e ramificada, mas também passava horas por dia agindo como o departamento de recursos humanos. Brady e eu não conseguíamos evitar rir, alguns dias, lendo as mensagens de tenentes de Chapo reclamando de não serem valorizados — ou, pior, de não receber seus pagamentos mensais em dia.

EU TAMBÉM MUITAS VEZES ficava preso em minhas próprias obsessões, a ponto de ficar perigosamente inconsciente do que estava acontecendo ao meu redor no escritório.

Certa manhã, eu estava tão consumido pelas transcrições que as palavras começaram a se emaranhar na tela em minha frente — balançando para a frente e para trás. Será que eu estava tendo um ataque de pânico? Olhei para o cabideiro e percebi que um dos ganchos estava balançando forte de um lado para o outro.

*Terremoto.*

A Cidade do México frequentemente tinha pequenos tremores, mas este era o primeiro terremoto substancial que eu sentia. Depois de um tremor enorme em 1985 — responsável pela morte de mais de 10 mil pessoas —, muitos novos prédios tinham sido construídos para balançar com a terra. A embaixada norte-americana era feita de mármore e colocada sobre roletes antissísmicos para esse propósito.

## EM BUSCA DE EL CHAPO

\* \* \*

**FUI PARA CASA NAQUELA** noite pensando sobre um apelido novo que eu tinha lido no mundo de Chapo. "Naris" — "o Nariz" — era um mensageiro que era constantemente enviado pela segunda camada (de novo através do Escritório-6) para trocar de carros, pegar pessoas e levá-las a localizações específicas. Será que ele era o enviado pessoal de Chapo para pequenas tarefas?

Determinar a localização de Naris era agora minha nova prioridade.

Estacionei meu Tahoe na rua a uma quadra de meu apartamento — algo que eu fazia de vez em quando para mudar a rotina — e, no caminho para casa, percebi que era Día de los Muertos, o Dia dos Mortos, quando os mexicanos homenageiam os finados vestindo-se com fantasias elaboradas e pintando o rosto com caveiras extravagantes com flores e cores vivas. As ruas estavam cheias de gente desfilando para comemorar em cemitérios, e minha esposa estava dando uma festa em casa para todas as mulheres do bairro, decorando caveiras de açúcar que ela tinha feito do zero. Ela fizera amizade com uma extensa rede de expatriados e de pessoal da embaixada; havia encontros para as crianças brincarem e festas em todos os grandes feriados mexicanos, como aquele.

Sorri ao ver minha mulher aproveitando ao máximo nosso tempo no país, e caminhei para o quarto, que ficava nos fundos, para tirar meu terno e a gravata.

Infelizmente, não houve tempo para me unir às festividades.

Sentei-me a um canto da cama e comecei a ler uma série de mensagens de Brady.

"Quantas vezes Chapo foi casado?"

## A CAMADA MAIS ALTA

"Não tenho ideia", respondi. "Ele casou com pelo menos quatro ou cinco mulheres, que eu saiba. Mas ninguém tem certeza. Ele nunca se divorcia; só casa de novo. Para não falar das mulheres com quem ele não casa. O cara é obcecado por mulheres."

"Dá pra ver", Brady escreveu de volta. "Olha isso. Acabou de chegar na segunda camada. Alguém mandou um ensaio de fotos de garotas de lingerie. Parece que estão vindo de uma senhora que chamam de Lizzy. Ele recebe um cardápio e pode escolher qual ele quer naquela noite. Que puto escroto."

"Degenerado", respondi. "Doentio..."

A segunda camada, então, ordenou que Naris fosse às "Galerías" para pegar a garota de Lizzy que Chapo tinha escolhido pela seleção de fotos.

Mais tarde, determinei que "Galerías" era código para Centro Comercial Plaza Galerías San Miguel, um shopping no coração de Culiacán aonde Chapo mandava seus visitantes para se encontrarem com Naris ou outros mensageiros e serem levados aos esconderijos secretos dele.

ALÉM DE TER UMA fixação por virgens menores de idade, Chapo também tinha se tornado obcecado com a popular atriz mexicana Kate del Castillo, depois de se apaixonar pela novela de sucesso *La Reina del Sur*, na qual ela interpretava uma chefe de cartel nascida em Sinaloa que comandava seu império da Espanha. Eu tinha lido em uma transcrição que Chapo mandara Lic Oro conseguir o PIN pessoal de Kate para eles poderem conversar.

"As únicas motivações do cara na vida são transportar droga e comer o máximo de mulheres possível", escrevi para Brady. "Só. Ou ele está obcecado com o dia a dia da organização ou está fodendo."

## EM BUSCA DE EL CHAPO

O sexo era a única pausa na rotina *workaholic* de tráfico de drogas de Chapo. Ele mantinha uma porta giratória de mulheres; entre elas, convidava sua esposa para compartilhar a mesma cama; o sexo era quase constante.

Meu instinto de policial de rua entrou em ação: quanto maior a obsessão, mais provável era que ela resultasse numa fraqueza explorável, um possível calcanhar de aquiles. Cheguei a ouvir de uma fonte confidencial que Chapo e Mayo muitas vezes brincavam que as mulheres acabariam sendo seu fim.

**NA MANHÃ SEGUINTE À** festa de Día de los Muertos, caminhei até meu Tahoe blindado e descobri que o estepe tinha sido roubado. Havia um pequeno furo em meu para-brisa — uma marca de estilhaço circular, fazendo uma teia de aranha no vidro blindado perto do lado do motorista. Parecia um tiro dado com o revólver grudado ao carro.

Lentamente, caminhei para longe do Tahoe, com os olhos indo de um carro a outro, buscando alguém que pudesse estar me vigiando.

Foquei em alguém sentado dentro de um Lincoln Navigator preto do outro lado da rua. Imagens do homem com uma cicatriz no rosto que eu vira durante a entrega de dinheiro passaram por minha mente. Poderia ser o mesmo cara?

Eu não ia ficar lá para descobrir. Pulei rapidamente dentro do Chevy, onde pelo menos eu estava protegido pela blindagem. Liguei para minha esposa e disse para ela ficar dentro de casa durante o dia e saí lentamente, esperando o Navigator me seguir.

Pisei no acelerador, virei à direita de repente, depois à direita de novo, e logo perdi o carro no retrovisor.

## A CAMADA MAIS ALTA

\* \* \*

**PASSANDO EM FRENTE À** Sala Kiki na embaixada, meu telefone tocou.

— Ei, o Tocallo acabou de perguntar pro Inge se pode mandar matar um cara na prisão — disse Brady. — Ele sabe a localização exata do cara, a cela em que ele está e tudo.

Sabíamos que Inge era abreviação de *ingeniero* — "engenheiro" —, mais um apelido usado pelos tenentes e funcionários da organização para se referir a Chapo nas mensagens de BlackBerry.

— O que Chapo está dizendo?

— É estranho — respondeu Brady. — Ele está dizendo para Tocallo conseguir mais informações. Quer saber mais.

Soava como algo que Chapo faria. Apesar de sua reputação, criada pela mídia, de lorde das drogas assassino, eu já sabia que ele parecia ser bastante deliberativo, até circunspecto, na hora de autorizar o uso da violência. Em Sinaloa, a maioria dos traficantes não pensava duas vezes antes de matar alguém, especialmente no terreno montanhoso de Sierra Madre, onde Chapo tinha sido criado — disputas sanguinárias e tiroteios dignos de guerra lá eram simples fatos da vida.

Mas Chapo deve ter ficado mais sábio com o passar dos anos. Muitas vezes, quando os tenentes relatavam um problema sério — uma ofensa digna de morte —, Chapo conduzia sua versão de uma investigação policial, fazendo uma série de perguntas para obter mais fatos.

Minha mente voltou aos meus dias da Força-Tarefa de Phoenix, quando Diego e eu sentávamos por horas com nosso procurador assistente redigindo acusações, sendo martelados continuamente com perguntas, como se já estivéssemos sendo interrogados no banco das testemunhas:

— E *como* você sabe disso, Drew? Você *estava* lá? *Quem* te disse isso?

Chapo era exaustivo em seus interrogatórios. Em geral, ele contemplava o melhor caminho por um ou dois dias antes de tomar a decisão para resolver o problema — mesmo se o resultado final fosse uma sentença de morte.

Brady e eu confirmamos isso quando assistimos a um vídeo de Chapo feito vários anos antes, vestindo seu típico boné escuro e liso, casualmente andando para cima e para baixo sob uma palapa no alto de Sierra Madre, enquanto um homem não identificado está sentado no chão com as mãos amarradas em um poste. O comportamento de Chapo é calmo e frio enquanto ele caminha e interroga o prisioneiro.

AGORA QUE BRADY E eu estávamos decifrando uma boa porcentagem da vida de Chapo pela interceptação da segunda camada, precisávamos mais uma vez avançar na hierarquia de espelhos. O aparelho pessoal de Chapo não podia estar muito longe, a esse ponto.

— A segunda camada está passando tudo para um usuário nomeado MD-8 — me disse Brady certo dia.

— O MD-8 tem um nome?

— Sim — falou ele. — Os da segunda camada estão chamando-o de Condor.

Repeti o nome várias vezes mentalmente, tentando me lembrar se já o tinha ouvido antes. Nada soava familiar. Mas, ao contrário dos outros nomes de usuários dos principais operadores de Chapo, "Condor" parecia uma pessoa de verdade. Ou pelo menos o apelido de um traficante. Os condores passam a maior parte de seu tempo em regiões montanhosas, voando — será que o nome era uma

## A CAMADA MAIS ALTA

pista de que ele estava mais no alto da hierarquia do cartel? Eu não podia perder tempo especulando; precisava saber exatamente onde estavam caindo as mensagens para o Condor.

E, para isso, eu precisava de Don Dominguez. Don era coordenador de equipe na Divisão de Operações Especiais (SOD, na sigla em inglês) do DEA, em Chantilly, Virginia. A função principal dos coordenadores era ajudar os agentes que estavam trabalhando em casos importantes no campo, coordenando ações para evitar a superposição de investigações, fornecendo fundos para interceptações e agindo como intermediários com a comunidade de inteligência.

Embora fosse equivalente em posição à minha própria supervisora de grupo, em seu âmago, Dominguez era agente de rua.

— Ele não é igual aos outros funcionários de escritório em DC — falei a Brady. — O Don é um de nós. Ele *entende*. Ele acredita que a gente tem mesmo uma chance de capturar esse filho da puta.

Mandei o PIN do Condor para o Don testar. Ele tinha acesso a uma pequena equipe de tecnologia no DEA, onde cada um dos funcionários tinha construído uma excelente relação com as maiores operadoras de serviços de telecomunicação — até as canadenses como a BlackBerry.

Um pedido padrão para uma empresa de comunicação podia levar quase três semanas para dar resultados; nesse tempo, o Condor — e todos os outros usuários — estaria com um BlackBerry novinho, e teríamos que começar o processo do zero. Mas, quando Brady e sua equipe redigiram uma intimação administrativa para a BlackBerry pedindo o número de telefone correspondente ao Condor, eu estava confiante que Don trabalharia sem parar para conseguir os dados do assinante rapidamente.

# EM BUSCA DE EL CHAPO

\* \* \*

**COMO EU ESPERAVA,** em menos de 24 horas, Don Dominguez teve sucesso.

— Acabei de receber o número do Condor do Don — contei a Brady, ansioso para apertar o botão de *"ping"* no meu *laptop*.

— Onde ele está? — perguntou Brady.

Dentro de minutos, meus olhos brilharam quando recebi os resultados e enviei as coordenadas de volta a ele:

24.776, -107.415

— Está chegando em Colonia Libertad.

— Colonia Libertad?

— Sim — respondi. — Parece um bairro pequeno e decadente do sudoeste de Culiacán.

Agora, tínhamos um BlackBerry no coração da capital de Sinaloa. O cerco estava se fechando: era o primeiro *ping* que conseguíamos fora de Durango.


**"CONDOR" ESTAVA EM CULIACÁN.** Uma cidade média de 675 mil pessoas no centro de Sinaloa, logo a oeste de Sierra Madre, Culiacán é o local de origem de todo o tráfico mexicano, tendo derrubado Medellín, na Colômbia, como capital mundial dos narcóticos. Desde os dias de Miguel Ángel Félix Gallardo até o reino atual de Chapo, todos os principais líderes de cartel tinham vindo da cidade ou de pequenos municípios próximos.

Culiacán também era famosa pelo seu cemitério Jardines del Humaya — "o cemitério dos chefões das drogas" —, com seus mausoléus de 600 mil dólares com ar-condicionado, incluindo um de mármore, opulento, para o filho assassinado de Chapo, Edgar, e um grande templo a Jesús Malverde, santo padroeiro bigodudo do tráfico de drogas. Diz a lenda que Malverde era um bandido dos morros de Sinaloa que roubou dos ricos e deu para os pobres até morrer na forca em 1909.

**EU ME LEMBREI DE** Diego me contando sobre ter visitado o Jardines del Humaya certa vez, de férias em Culiacán. Ele disse ter ficado impressionado com quanto dinheiro os traficantes tinham colocado no templo para mantê-lo. Agora, Culiacán era conhecida como a cidade dos foras da lei, declaradamente excluída dos limites de autoridades que não fossem de Sinaloa, o que era um problema, porque a maioria dos policiais e militares locais tinham sido corrompidos pela organização de Chapo.

Na realidade, nenhuma força de segurança ou militar externa jamais ousara entrar em Culiacán para conduzir uma operação por medo de retaliação imediata.

Ainda assim, independentemente do quanto Culiacán me parecesse intocável, essa foi nossa primeira indicação de que Chapo podia estar na capital mexicana das drogas.

**RAPIDAMENTE, TOMEI O VOO** seguinte de DF a El Paso e me encontrei com Brady, Joe e Neil Miller, o outro membro da equipe principal de Brady no HSI.

— O Neil é nossa metralhadora — disse Brady, rindo. — Ele não pensa duas vezes antes de emputecer alguém, desde que o trabalho seja feito. Bem-vindo ao território dele.

Brady empurrou uma porta para revelar a recém-criada sala de guerra, uma área de conferências convertida e discretamente afastada de todos no Escritório de Campo El Paso do HSI. Eles recentemente tinham se apropriado do cômodo e o enchido com mais de uma dezena de computadores e pelo menos o mesmo número de tradutores, para cuidar de todas as interceptações dos aparelhos dos escritórios, dos tenentes de Chapo e, agora, da segunda camada.

Mas, apesar de todos os recursos, Brady ainda estava tenso.

— Como sabemos que não tem mais cem camadas iguais à pirâmide da segunda camada e dos escritórios? Acho que estamos fodidos. Os espelhos podem continuar infinitamente.

Pausei por um segundo antes de revelar a meu parceiro a reviravolta:

— Não, não tem *centenas*. Estive analisando as chamadas do Condor, verificando seu contato mais frequente. E descobri: duas. Só tem *duas* camadas.

O Condor não estava em contato com mais nenhum PIN — só com os da segunda camada.

— A coisa para logo aí — falei. — O Condor não está encaminhando nenhuma mensagem. Ele é o fim da linha.

Brady não acreditava.

— Ou o Condor está digitando na mão milhares de mensagens por dia em um novo BlackBerry e encaminhando, um trabalho quase inconcebível, ou ele está no mesmo cômodo que Chapo, recebendo ao vivo ordens ditadas diretamente pelo chefe — disse eu.

Brady correu até a sala das interceptações e voltou vários minutos depois com Neil.

— Nós o *pegamos*, cara — falou.

— O que você quer dizer?

— Estou vendo, bem aqui.

Brady me mostrou uma transcrição que tinha chegado naquela manhã da segunda camada para o Condor perguntando se *el generente* — o gerente — já estava acordado. Condor obviamente estava na mesma casa — ou até no mesmo quarto — que o chefe.

Ele tinha respondido:

"Não, ainda está dormindo..."

# ABRA LA PUERTA

• • • • • • • • • • • •

A CAMADA MAIS ALTA tinha se tornado a minha vida.

Enviar *pings* para aquele BlackBerry, o mais perto de Chapo, consumia todo o meu tempo. Enquanto eu conseguisse rastrear a camada mais alta — desde as seis da manhã até muitas vezes depois da meia-noite —, nada mais importava. Mesmo quando eu estava deitado na cama com minha esposa em La Condesa, minha cabeça nunca estava longe da caçada à camada mais alta.

Agora, eu sabia *como* Chapo administrava o dia a dia de seu império de drogas multibilionário; só precisava da localização do chefe. Não era tão simples quanto parecia, dada a tendência de Chapo de pular constantemente de esconderijo em esconderijo, do interior para a cidade, às vezes de hora em hora. Eu meticulosamente marcava o local de cada *ping* com uma tachinha amarela em meu Google Maps, colocando as coordenadas junto com a data e o horário indicando a localização do aparelho do Condor em Culiacán.

A *camada mais alta*.

Se o Condor estava ao lado do homem, cada novo *ping* me ajudava a começar a estabelecer o padrão de vida de Chapo.[*]

---

[*] "Padrão de vida" é o termo investigativo para o histórico da localização de um alvo até o presente momento.

Brady, Neil e Joe também estavam agora trabalhando sem descanso, interceptando todos os aparelhos-espelho que podiam identificar — Escritórios de 1 a 10, e a segunda camada —, bem como um novo espelho essencial cujo usuário era "Usacell". Rapidamente determinamos que Usacell — similar ao nome de outra grande operadora mexicana de serviços de telecomunicação, Iusacell — era uma duplicata: outro aparelho de segunda camada comandado pelo usuário Telcel, em Durango.

— É bastante óbvio que é o mesmo cara — disse Brady. — Ele só nomeou cada um dos seus BlackBerrys com a operadora correspondente para diferenciá-los.

O aparelho Usacell podia ser outro espelho, mas expunha mensagens ainda mais importantes que Chapo achava estarem escondidas. Se os aparelhos dos escritórios estavam mandando duzentas mensagens por dia para Telcel, na segunda camada, enviavam uma quantidade igual a Usacell. Brady e eu estimávamos estar interceptando cerca de 75 por cento de todas as comunicações da organização que vinham e iam para o chefe.

A janela para o mundo de Chapo agora estava ficando maior.

— Por enquanto, deveríamos nos concentrar na segunda camada — disse Brady.

Nesse nível, conseguíamos interceptar todos os pedidos vindos de Chapo e todas as comunicações chegando dos aparelhos dos escritórios.

— É, definitivamente é a mina de ouro — concordei.

Se o Condor e os escritórios se livrassem de seus BlackBerrys, Brady e eu podíamos identificar facilmente os novos PINs, desde que ainda estivéssemos interceptando os usuários da segunda camada, Telcel e Usacell.

## ABRA LA PUERTA

O Escritório-4 agora também estava começando a produzir informações valiosas, mas notei algo diferente nesse espelho: não só o Escritório-4 parecia estar mandando mensagens pela rede para Chapo pela segunda camada, mas também era responsável por transmitir mensagens de controle e comando — principalmente relacionadas às operações de Chapo no Canadá — para outra figura importante que atendia pelo usuário "Panchito".

— Você viu a sobreposição de investigações sobre o Panchito? — perguntei a Brady. — Ele está aparecendo em todo o FBI de Nova York.

— É — disse ele. — Eu vi.

— Nosso Panchito tem que ser Alex Cifuentes — falei.

O escritório do FBI em Nova York alegava ainda estar interessado em Chapo depois de começar a investigá-lo por meio do chefão colombiano Hildebrando Alexánder Cifuentes Villa, que tinha se mudado para Sinaloa por volta de 2008 — servindo como garantia humana de todos os envios de cocaína de Chapo gerados pela família Cifuentes-Villa em Medellín.

Após o fracasso da operação em Cabo, as informações mais novas do FBI lentamente pararam. Alex — como todos chamavam Cifuentes — era um dos braços direitos de Chapo.

De fato, meses antes de minha reunião de coordenação da Cidade do México, enquanto eu estava em Nova York, eu tinha sentado com o FBI e dito a eles sobre a ótima relação de trabalho que eu estava construindo com o HSI e a equipe de Brady.

— Estamos progredindo rapidamente — informei. — Esse trem não vai parar. Se vocês quiserem embarcar e compartilhar suas informações, agora é a hora.

Não era minha primeira tentativa de coordenar uma investigação conjunta com o FBI. Eu achava os agentes especiais deles profissionais e educados, mas também sabia que eram muito resistentes a compartilhar. Era típico do FBI não mostrar suas cartas: era assim que eles eram treinados em Quantico. O FBI acreditava ser a principal agência de segurança do mundo, mas, no que dizia respeito a trabalhar numa investigação de drogas — especialmente quando se deparavam com uma estrutura complexa como a dos cartéis mexicanos —, sua *expertise* não tinha comparação com a do DEA.

Não importava o quanto eu tentasse fazer todo mundo cooperar, eu sabia que seria difícil.

O arquivo do FBI era composto principalmente de inteligência histórica sobre Cifuentes, que agora era procurado pelo DEA e pelo FBI depois de terem sido abertas múltiplas acusações federais de tráfico de drogas e conspiração. Mas, em vez de compartilhar com o DEA, o FBI começou a dar suas informações para a CIA, na esperança de produzir algo que lhes desse vantagem.

Eu sabia que sempre que uma agência de segurança nacional passava informação para a CIA, a fonte instantaneamente perdia o controle de como essa informação seria classificada, divulgada e usada. Isso era um fato conhecido pelos agentes que trabalhavam na embaixada, e era precisamente por isso que Brady e eu tínhamos decidido que a CIA não tinha espaço em nossa investigação.

Quase todas as informações que conseguimos sobre Chapo derivava de interceptações autorizadas judicialmente, para que as provas coletadas pudessem ser usadas para processar Chapo e outros de sua organização em um tribunal federal norte-americano. Era exatamente assim que o DEA abalava e, no fim, desmontava as organizações de narcotráfico. A CIA, por outro lado, lidava extensivamente com material sigiloso e ultrassecreto que era difícil — quando não impossível — de apresentar em um tribunal.

ABRA LA PUERTA

Eu não precisava da CIA, mas também sabia que a agência estava ansiosa para se envolver, agora que eu e Brady estávamos caminhando rapidamente em direção à localização exata de Chapo.

— Os caras do FBI e os arapongas querem uma reunião — contei a Brady.

— Onde?

— Em Langley.

— Nem fodendo — reagiu Brady. — A gente não precisa deles.

— Precisamos pelo menos ter as mesmas informações no que diz respeito a Cifuentes. Precisamos mandar alguém se você ou eu não formos. Vou falar com Don.

Don Dominguez estava acompanhando os acontecimentos da Virginia e concordou em ir à reunião na sede da CIA em nosso nome. O resultado foi um acordo entre todas as agências para prender Cifuentes e removê-lo da organização de Chapo, mas *apenas* no momento certo. Era crucial que os esforços fossem coordenados. Confirmei com o FBI que o PIN de Panchito era, de fato, de Alex Cifuentes, e compartilhei várias coordenadas que eu tinha obtido do BlackBerry de Cifuentes, situando-o numa área rural logo ao sudoeste de Culiacán.

NO FIM DE NOVEMBRO de 2013, recebi uma mensagem de texto urgente de Brady em El Paso.

"Acabei de receber", escreveu Brady, citando as transcrições da tradução espanhola. Era a segunda camada transmitindo para todos os aparelhos do escritório:

"Panchito foi pego em uma batalha com soldados e Picudo foi resgatá-lo. Desliguem seus telefones porque eles vão pegar os PINs."

149

Liguei imediatamente para Brady.

— Puta que pariu! Os caras do FBI foderam com a gente! — gritou ele.

— Espera — falei. — Me deixa investigar e conseguir os fatos.

Procurei o DEA em Mazatlán, que, por sua vez, acionou seus contatos militares locais para ver se eles tinham ouvido falar de uma prisão recente nos arredores de Culiacán.

Inicialmente, os mexicanos nem sabiam *quem* tinham prendido. A Sedena* tinha pegado algum cara de meia-idade em um pequeno rancho, mas não achava que ele era colombiano, e o nome dele não era Cifuentes.

— Eles estão dizendo que pegaram um cara chamado Enrique García Rodríguez — contei a Brady. — Estão me mandando uma foto dele agora, junto com o passaporte.

Brady ficou na linha enquanto eu esperava que Mazatlán me enviasse o e-mail.

A foto que chegou mostrava um homem de 40 e poucos anos, com entradas no cabelo, barba grisalha e pele clara.

— É o Cifuentes, cara — comentei. — É um nome falso nesse passaporte mexicano. O Panchito já era.

— Fodam-se eles! — Brady estava furioso.

Ele sabia que era questão de tempo até tudo o que tínhamos construído na sala de guerra em El Paso ruir. E, de fato, dentro de minutos, os escritórios de Chapo já estavam falando sobre descartar seus BlackBerrys; a segunda camada não estaria muito atrás.

E depois, viria a camada mais alta: o Condor.

Brady e eu logo estaríamos mais uma vez no escuro.

---

\* O Exército mexicano — sigla para Secretaría de la Defensa Nacional.

## ABRA LA PUERTA

— Acabei de confirmar a foto com o FBI — falei. — Estão alegando que não tiveram nada a ver com isso.

— Mentira — disse Brady.

— Não tenho certeza. Mas posso prometer uma coisa: foi a CIA que deu a informação à Sedena — respondi. — Garanto.

Depois de desligar a ligação com Brady, contatei o grupo de combate aos narcóticos da CIA na Cidade do México para falar sobre a prisão de Cifuentes. No início, eles negaram qualquer conhecimento, mas, alguns dias depois, um gerente da CIA me disse a verdade: todas as localizações rurais dos *pings* que eu tinha compartilhado com o FBI tinham sido passadas pelos espiões para a Sedena. (A CIA alegava só ter dito à Sedena que havia uma "pessoa de interesse" naquela localização.) A CIA, por sua vez, lavou as mãos do negócio todo depois de passar para a frente — não supervisionou a operação nem coordenou de perto com seus pares mexicanos. Na verdade, a CIA nem sabia se a Sedena tinha capturado o cara certo, ou teria pegado os créditos imediatamente. Quando confirmei que era Alex Cifuentes, porém, a CIA ficou mais do que feliz em se apresentar e levar as glórias.

Fiquei enojado, mas também sabia que era a forma como a agência operava: coletando inteligência de seu próprio governo e compartilhando-a de forma negligente com os mexicanos.

— É isso que são as porras desses arapongas, cara — disse eu a Brady. — Eles contam para os mexicanos, e depois só ficam parados assistindo à merda bater no ventilador. A CIA está pouco se fodendo para desmontar organizações de narcotráfico internacionais. É só mais uma estatística. Se eles conseguem transformar a transmissão de informação-chave numa estatística, conseguem justificar a existência deles.

Era um exemplo clássico de uma falha na comunicação, se não de antagonismo direto, entre a comunidade de inteligência norte-americana e os organismos de segurança federal. Eu já sabia como funcionava: a maioria das atividades da CIA no México nunca era coordenada nem passava por análise de sobreposição com o DEA. Era uma verdade sobre a abordagem da agência no México, mas também dizia respeito a como a CIA operava no resto do mundo. Ela frequentemente causava grandes problemas em investigações altamente sensíveis e judicialmente autorizadas, como a nossa.

Independentemente do que tivesse acontecido, Alex Cifuentes tinha sido preso prematuramente pela Sedena, e agora tínhamos que arrumar a bagunça. Quase todos os BlackBerrys que estávamos interceptando foram descartados no dia seguinte à prisão de Cifuentes. Eu estava puto, mas segurei minhas emoções ao falar com Brady — não fazia sentido jogar mais lenha na fogueira. Isso não o fez parar, porém.

— Já chega com essa porra do FBI — disse Brady. — Não vamos nunca mais compartilhar uma única informação com eles.

— Eu entendo — falei. — Mas precisamos manter um equilíbrio. O problema é que eu não sei o que mais a CIA pode ter recebido do FBI para destruir mais ainda esse negócio. Temos de mantê-los por perto.

— Está bem, cara — respondeu Brady. — Fica aí brincando de ser neutro que nem a Suíça. É o que você faz melhor. Escuta, se eu estivesse no México agora, estaria enforcando uma galera.

— *ARGO* — FALEI. — Você viu esse filme? Com Ben Affleck?

— Sobre a operação de fachada de Hollywood com os iranianos?

## ABRA LA PUERTA

— Aham.

— Claro. *"Argo fuck yourself."** 

Eu ri.

— Acha que a gente conseguiria fazer uma coisa daquelas?

Durante anos, Alex Cifuentes estivera procurando produtores, roteiristas e autores — tudo a mando específico de Chapo.

Por mais estranho que parecesse — dadas as precauções dele para esconder sua locação e o segredo sobre suas comunicações —, Chapo tinha ficado obcecado por contar sua história de vida da pobreza à riqueza. Estava desesperado para ver na telona sua ascensão de garotinho pobre vendendo laranjas em La Tuna a chefão das drogas mais rico do mundo. Nas transcrições, às vezes líamos sobre como Chapo estava cogitando a ideia de um filme, uma novela ou um livro. Ele estava disposto a falar com *qualquer um* que estivesse interessado em ouvir sua história.

Portanto, Alex Cifuentes pegava recomendações, com seus contatos, de vários cineastas e roteiristas e os examinava para Chapo. Se eles passassem na investigação, Cifuentes marcava um encontro em pessoa com Guzmán num local seguro, em algum canto de Culiacán ou num rancho nas montanhas.

Brady e eu tínhamos ficado sabendo de pelo menos um aspirante a cineasta — que só conhecíamos como Carlino — que tinha voado de Cabo para lá. Carlino tinha conexões em Hollywood e alegava ter trabalhado com os produtores de *Cops*, série de sucesso da Fox.

Chapo conhecia *Cops* e estava muito interessado em seguir com aquilo.

— Precisamos ir atrás deles — disse Brady.

---

\* Frase usada no filme que é um trocadilho com o título e soa como *"Ah, go fuck yourself"*, ou "Ah, vá se foder". [N.T.]

EM BUSCA DE EL CHAPO

— Aposto que eles topariam — falei. — Já conversei com meus caras em Los Angeles. Eles têm alguns agentes do DEA que conheciam produtores que estariam dispostos a trabalhar com a gente.

— Criar nossa própria versão de *Argo*?

— Exatamente.

— E como funcionaria? — perguntou ele.

— Você podia se disfarçar de diretor — expliquei. — É só conseguir um operador de câmera para trabalhar conosco disfarçado. Você seria perfeito, cara. Manter sua postura indiferente. Nunca sorrir. Colocar uns óculos com aro de tartaruga e resmungar e xingar todo mundo.

— Consigo fazer isso — respondeu Brady.

— Vamos para Los Angeles ver quais são nossas opções — sugeri. — Com Cifuentes preso, encontrar o agente secreto certo para posar como produtor ou roteirista pode ser a única forma de a gente tirar esse *cabrón* de Culiacán.

— Podemos chamar o filme de *Saludos a Generente*! — falou Brady.

— Porra, não. Já li essa frase vezes demais.

Eu estava olhando para um mapa do México, examinando todas as possíveis cidades litorâneas de resorts para um encontro.

— O mais lindo — falei — é que Chapo nem teria de sair do país. Ele toparia voltar a Cabo se fosse para começar a rodar as filmagens de um filme baseado em sua vida. Vallarta? Até Cancún provavelmente funcionaria. Qualquer lugar na Riviera Maya. Ele já tem um histórico de ter viajado para lá. Ia se sentir seguro.

NÃO SÓ CHAPO ESTAVA conduzindo reuniões com produtores e escritores como eu tinha ficado sabendo de um *pen drive* em que ele tinha a primeira metade do roteiro de um filme sobre sua ascensão ao poder. Ele tinha deixado sua esposa Griselda López Pérez e sua filha Grisel Guzmán López revisarem, só para elas reclamarem que o roteiro não as mencionava o suficiente.

Griselda, segunda esposa de Chapo, recebia um nível especial de respeito — e até deferência — do chefão. Brady e eu interceptamos as reclamações de Griselda: ela frequentemente exigia mais dinheiro para seus filhos, e Chapo obedecia, entregando mais de 10 mil dólares a cada semana.

Apesar de não estarem mais juntos, eles claramente eram próximos. Guzmán e Griselda tinham três filhos sobreviventes — Joaquin, Grisel e Ovidio —, que estavam entre os favoritos de Chapo.

Por meses, Brady e eu interceptamos Joaquin e Ovidio. Os irmãos estavam usando os codinomes "Güero" e "Ratón".

Como ele tinha a pele clara, o uso do apelido "Güero" por Joaquin era uma escolha óbvia.

Lembrei a primeira vez que Diego me ensinou a palavra *güero*, anos antes, quando estávamos ouvindo *narcocorridos* durante nossos dias de Força-Tarefa em Phoenix: "Vem para o DF comigo", tinha dito Diego. "Aprender umas gírias, comer comida de rua... Eles não vão achar que você é gringo, cara. Todo mundo vai te chamar de *güero*..."

— E por que Ratón? — perguntou Brady.

Eu tinha estudado a única foto que havia de Ovidio.

— Ele parece um rato — expliquei, o que nos fez cair na gargalhada. O garoto tinha mesmo uns olhos pretos enormes e orelhas pontudas...

Güero e Ratón falavam constantemente com o pai pelo espelho do Escritório-1, como seu meio-irmão Iván.

# EM BUSCA DE EL CHAPO

Os dois conjuntos de irmãos operavam em pares, mas Güero e Ratón pareciam estar mais envolvidos no dia a dia do negócio de Chapo do que Iván e Alfredo. Segundo as mensagens que estávamos interceptando, todos os quatro filhos, porém, eram figuras importantes na dinastia de tráfico de Chapo, e mais próximos a ele do que qualquer outra pessoa na organização.

Esses caras não eram aspirantes novatos: a vida dura de um traficante estava em seu sangue — eles tinham seguido os passos do pai desde jovens. Só de assistir às comunicações cotidianas deles, eu sabia que os quatro garotos eram tudo para Chapo.

ALGUMAS SEMANAS DEPOIS DA prisão de Alex Cifuentes, Brady, Joe e Neil, com a ajuda da promotora principal, Camila Defusio, tinham finalmente endireitado as coisas em El Paso; eles conseguiram redigir as declarações juramentadas e estavam de novo ao vivo, mandando interceptações novas para mim às centenas.

O HSI estava se movendo na velocidade da luz — tudo porque a administração de El Paso tinha fornecido apoio total a Brady e sua equipe.

Brady me disse que era a maior investigação de drogas em que o HSI já tinha se envolvido. Eu sabia que os chefes de Brady estavam comprometidos com o sucesso e há meses facilitavam toda a logística de bastidores. Eu nunca vira nada como aquilo. As altas patentes do escritório de Brady nos mantinham funcionando sem a menor interrupção burocrática. Era impressionante.

Brady e sua equipe tinham trabalhado duro de novo, e agora estávamos interceptando um punhado de telefones de escritórios e um novo aparelho de segunda camada. Mas esses funcionários em Durango — ainda que as interceptações fossem valiosas —

## ABRA LA PUERTA

não nos levavam para mais perto do próprio Chapo. Só os *pings* da camada mais alta podiam fazer isso.

EU ESTIVERA ESPERANDO ENCONTRAR o novo aparelho da camada mais alta e, felizmente, não levou muito tempo. Dessa vez, o nome do usuário era MI-26 e, nas transcrições, todos o chamavam de "Chaneke".

— Quem é esse agora? — perguntou Brady. — O que aconteceu com o Condor?

— Cara, não tenho certeza.

— Quem diabos é Chaneke?

— Por enquanto — falei —, vamos supor que ele seja nosso novo Condor.

Fiz um *ping* para o telefone em meu *laptop*.

— Perfeito. O aparelho de Chaneke está aparecendo naquele mesmo bairro. Bem em Colonia Libertad. É onde estava o Condor.

Rapidamente dei um Google no nome Chaneke. Como muitas das palavras nas transcrições, acabou sendo um erro ortográfico. Os *chaneques*, na verdade, estavam entre as centenas de deuses e espíritos sagrados para os antigos astecas. Criaturas lendárias do folclore mexicano, eles são "as pessoas pequenas que roubam sua alma". As imagens de *chaneques* que encontrei — esculturas pré-colombianas e desenhos — lembravam pequenos *trolls* com olhos grandes. Segundo a tradição asteca, eram guardiões da floresta, atacando invasores e assustando-os tanto que sua alma abandonava o corpo.

Esse Chaneke da camada mais alta também era uma espécie de guardião: o intermediário direto de Chapo. Nas interceptações, os funcionários sempre se referiam a Chaneke como "Secre".

— Deve significar que ele é secretário de Chapo — sugeri.
— E esses usuários MD-8 e agora MI-26... Acho que são modelos de helicóptero.

— Talvez Chaneke seja um piloto de helicóptero? — sugeriu Brady.

O motivo, pelo menos por enquanto, permanecia um mistério, mas uma coisa era certa: Condor podia cuidar de tudo com rédea curta, mas Chaneke era detestado pelos funcionários da organização de Chapo.

— Todo mundo *odeia* o Chaneke — disse Brady. — A segunda camada e os escritórios vivem reclamando dele. Parece que ele está passando a perna nos caras. Eles estão sempre perguntando quando El Señor vai pagá-los. Um funcionário de escritório esteve reclamando de que precisa do dinheiro para comprar comida para o filho. E a segunda camada disse a ele: "Não se preocupa, o Condor vai cuidar de você quando voltar."

— Estou entendendo, agora. Dois *secretarios*, Condor e Chaneke. Mesmo trabalho, só estão fazendo turnos — falei.

Determinamos que cada secretário trabalhava de 15 a 30 dias direto — sem descanso. Provavelmente, comiam o que o chefe comia, dormiam quando ele dormia e digitavam cada ordem e desejo que Chapo precisasse enviar por BlackBerry através da camada mais alta.

— Isso é que é "padrão de vida". Dá pra imaginar o do Condor? — perguntei a Brady. — O cara não tem tempo nenhum para si. Vinte e quatro horas sendo escravo de Chapo.

Brady soltou uma risada curta:

— E o coitado tem que dormir no quarto ao lado do Chapo, ouvindo o chefe transar com as putas a noite toda.

## ABRA LA PUERTA

Tínhamos percebido que Chapo, ainda assustado depois de quase ser capturado em Cabo, já não usava um telefone. Ele agora estritamente ditava as ordens — seus dois secretários designados transmitiam todas as suas comunicações para que ele não tivesse de tocar nos BlackBerrys.

**BRADY E EU TÍNHAMOS** nossos próprios motivos para não gostar de Chaneke. Sempre que ele assumia, o protocolo de mudança de turno era seguido com precisão quase militar, o que significava que Chaneke, a segunda camada e os escritórios em Durango descartavam seus telefones quase imediatamente, ou jogando-os no lixo ou dando para um membro da família usar. Quaisquer telefones que estivéssemos interceptando — em geral, centenas — saíam do ar. Em um instante, nada mais de mensagens, e nada mais de transcrições para decifrar. O buraco de fechadura por onde olhávamos para o mundo de Chapo desaparecia, assim como o próprio lorde das drogas fantasmagórico.

Essa montanha-russa de emoções de estar, um dia, em cima, ouvindo, e no outro, embaixo, estava começando a dar nos nervos de todos nós.

— Não sei quanto mais minha equipe consegue aguentar — confessou Brady depois de Chaneke mais uma vez queimar instantaneamente todos os telefones.

— Estamos quase lá — respondi. — Segura firme, irmão. Esse último *ping* estava na mesma área de Culiacán.

**EU TINHA CERTEZA DE** que focar a atenção no aparelho de Condor ou de Chaneke nos levaria direto a Chapo, então, por 14 horas diretas, fiquei testando *pings*. A essa altura, eu tinha uma concentração de marcadores amarelos em meu Google Maps — somando-os a outras semanas de *pings* e formando o centro de um alvo em forma de redemoinho no coração da região urbana de Culiacán. Eu estava vendo um padrão de vida claro. Embora houvesse leve variação nos *pings*, parecia que Condor e Chaneke nunca se afastavam do bairro de Colonia Libertad.

— Você viu as imagens aéreas dali? — perguntei a Brady.

— Aquilo ali parece uma puta favela — disse Brady. — Ruas sujas. Carros decrépitos. Lonas montadas em quintais.

— É, o bairro de merda não faz muito sentido. Por que Chapo estaria enfiado ali? Sabemos que os secretários dele precisam estar frente a frente. Lá do lado dele. Talvez ele esteja mantendo a discrição.

— Espera aí; tem algo chegando agora — falou Brady. Ele tinha uma leva de transcrições recém-traduzidas. — Chaneke instruiu Naris a ir buscar o Turbo no Walmart 68. Naris está dirigindo um Jetta preto.

— O Turbo está na merda total — comentei.

— Aqueles seiscentos quilos já eram há muito tempo, e o Turbo é pessoalmente responsável — disse Brady.

— É, pode ficar feio. O Turbo vai ter sorte se sair vivo.

Várias horas antes, Chaneke — transmitindo ordens pela segunda camada para o Escritório-5 e dali para o coordenador marítimo de Chapo, baseado em Mazatlán — instruíra Turbo a se dirigir a "El 19".

O *tío* dele (outro codinome de Chapo) estava pronto para vê-lo. Então, Turbo recebeu a instrução de ir para o "Walmart 68 em Obregón", onde esperaria que um Jetta preto o buscasse.

## ABRA LA PUERTA

Brady e eu tínhamos estabelecido que El 19 era claramente o código da organização para Culiacán.

— E eu conheço esse Walmart — falei. — Fica logo a leste de todos os meus *pings* da camada mais alta, perto da avenida Álvaro Obregón. É perto. É o ponto de encontro perfeito. — Assisti aos movimentos de Naris enquanto continuava a rastreá-lo.

— Você localizou? — perguntou Brady.

— Sim, ele está lá no Walmart. Agora, está indo mais para oeste.

Fiquei de olho em Naris com *pings* regulares, chegando mais perto do fugidio chefe.

Abra la puerta. Abra la puerta!

Naris estava mandando mensagens para o Escritório-6, mas havia alguma falha no sistema. Seus pedidos de "abram a porta" não estavam sendo entregues à segunda camada, o que significava que não estavam sendo transmitidos a Chaneke.

— Ele está parado em frente a algum portão — comentou Brady. — Frustrado pra caralho.

Era uma virada bizarra nos acontecimentos. Eu sabia que Naris costumava ser cauteloso com todas as suas comunicações — quase sempre desligava o BlackBerry antes de chegar perto da localização de Chapo. Mas, agora, Naris estava preso do lado de fora da casa, sem ninguém para abrir o portão para ele, e decidiu arriscar, ligando o BlackBerry de volta para suas mensagens chegarem rápido.

Carnal, abra la puerta!

— É isso! — exclamei.

## EM BUSCA DE EL CHAPO

Naris agora estava aparecendo diretamente em cima de Chaneke.

— É, o Naris está no portão — confirmei. — Pegamos o cara, Brady. Não sei qual é a casa. Mas Chapo definitivamente está bem ali naquela porra daquele quarteirão.

# O REI DOS PATOS

· · · · · · · · · · ·

**HÁ MESES, BRADY ESTAVA** me perguntando em quem podíamos confiar entre os colegas mexicanos para lançar uma missão de captura a Chapo.

— Na Polícia Federal?

— Não, fora de questão.

— Alguma unidade da Sedena?

— Sem chance.

Mas, agora, com nossa quase certeza de que Chapo estava morando dentro daquele raio de um quarteirão em meu mapa, a resposta tinha se tornado clara.

— Só há uma opção real — falei.

Uma única instituição dentro do governo mexicano tinha a reputação de ser incorruptível: a Secretaría de Marina-Armada de México (Semar).

— A Marinha? — questionou Brady.

— Sim. Entre os pares, só temos a Semar...

— Dá para confiar neles?

— Não posso dizer que confio — falei. — Não posso dizer que confio em ninguém aqui. Nunca trabalhei com eles, mas sei que são rápidos e ágeis e estão sempre prontos a lutar.

EM BUSCA DE EL CHAPO

Eu tinha estudado o histórico da Semar em seus trabalhos com outros agentes do DEA na embaixada — eles tinham ajudado a dizimar o Cartel do Golfo e os Zetas, na costa leste do México.

— Parece promissor — comentou Brady.

— Há uma brigada especial aqui na Cidade do México. Pelo que ouço, são os menos corruptos de todos.

Desde que eu tinha começado a trabalhar com Brady e sua equipe, não havia compartilhado *nada* com nenhum de nossos pares mexicanos.

Em primeiro lugar, os mexicanos ainda não sabiam que a segurança nacional dos Estados Unidos era capaz de interceptar mensagens de PINs de BlackBerrys entre dois traficantes no México. Segundo, de jeito nenhum eu ia liberar uma informação prematuramente sem ter a localização de Chapo definida e blindada.

— Ainda é cedo demais para abordá-los — disse a Brady. — E os chefes aqui me avisaram que a Semar nem consideraria entrar em Culiacán. Perigoso demais.


ENQUANTO ISSO, UM NOVO nome tinha aparecido de repente nas transcrições.

— "Lic-F" — declarou Brady. — Você viu esse cara? Eu fico revendo as mensagens dele. Ele obviamente é muito próximo a Chapo. Parece que está ajudando a trazer e levar cargas de cocaína de Culiacán, e é muito amigo de Picudo.

— É — concordei. — Aparentemente, ele é o conjunto de olhos e ouvidos em que Chapo mais confia. É cauteloso e esperto. Mas não acho que ele seja advogado. Algumas dessas transcrições me fazem suspeitar que ele na verdade tem histórico como policial.

# O REI DOS PATOS

Pensar sobre Lic-F me levou de volta àquela fuga da prisão de Puente Grande — a Chapo corrompendo os guardas, e até às falhas da administração prisional. Lic-F? El Licenciado? Dámaso? O ex-policial da Procuradoria-Geral de Sinaloa que tinha se tornado amigo íntimo de Chapo durante sua temporada em Puente Grande?

— Acho que o Lic-F vai acabar sendo Dámaso López Nuñez — falei. — Mas não sei dizer ainda. A única coisa de que tenho certeza é que esse cara é esperto. E ele tem sérias ligações dentro do governo.

— Olhe isso — disse Brady. — Ele está dando a Chapo o status de um túnel.

Puxei a transcrição de Lic-F para a camada mais alta.

Lic-F estava fornecendo a Chapo uma descrição precisa de um túnel que estivera em construção havia mais de um ano. "Vai medir aproximadamente 1.100 metros, e eles já finalizaram mais de 600 metros", li na mensagem transcrita. E Lic-F disse que precisaria de menos de um "rolo" — 10 mil dólares — para finalizar a construção e continuar pagando o salário dos construtores do túnel.

— Merda. Esse túnel vai ter mais de um quilômetro — falei.

— Eles estão cavando até San Diego ou Nogales, um dos dois.

Trabalhando no escritório do HSI em El Paso, Brady tinha se tornado especialista em túneis na fronteira dos Estados Unidos com o México.

Chapo tinha sido o pioneiro na criação de túneis de drogas em seus principais corredores de contrabando. A técnica tinha começado quase um quarto de século antes, em 1990, quando o primeiro túnel cruzando a fronteira foi encontrado em Douglas,

Arizona. O túnel de Douglas, com custo estimado de 1,5 milhão de dólares aos traficantes, se originava dentro de uma casa na cidade de Agua Prieta, Sonora, e terminava uns cem metros adiante, em um armazém em Douglas. Usado para contrabandear cargas de maconha pelo Cartel de Sinaloa, tinha sido apelidado pela mídia de "Túnel James Bond", porque a única forma de acessar a passagem subterrânea era girar uma torneira d'água que ficava do lado de fora da casa de Agua Prieta, disparando um sistema hidráulico que levantava uma mesa de sinuca em uma sala de jogos, o que, por sua vez, expunha uma escada para descer.

Ninguém sabia exatamente quantos túneis Chapo tinha construído nos anos que se seguiram. Desde a primeira descoberta em Douglas, as autoridades norte-americanas tinham achado mais de 150, quase sempre com as mesmas características na construção: havia ventilação, iluminação, às vezes, trilhos e, frequentemente, sistemas hidráulicos sofisticados.

EU TAMBÉM TINHA DESCOBERTO uma figura importante na construção do túne: "Kava".

— O Kava pode ser um arquiteto — falei a Brady. — Possivelmente, um engenheiro. Ele sempre se reporta a Chapo, atualizando-o sobre o status de seus operários e dos vários projetos em que eles estão trabalhando. Um deles é em Tijuana, provavelmente o túnel de que o Lic-F está falando.

— Pode ser — disse Brady. — Tudo o que estou vendo relacionado ao túnel estou passando para meus caras em San Diego e Nogales.

Em 31 de outubro de 2013, a Força-Tarefa do Túnel de San Diego, composta por DEA, HSI e pelo Serviço de Alfândega e

## O REI DOS PATOS

Proteção de Fronteiras dos Estados Unidos, descobriu um grande túnel entre um armazém em Tijuana e outro em San Diego. Na embaixada, segui a cobertura ao vivo pela CNN.

O "supertúnel", como o chamaram as autoridades, tinha uma profundidade de dez metros e seguia em zigue-zague por cerca de 500 metros até a saída em um parque industrial a oeste do ponto de entrada em Otay Mesa. Carregar drogas lá embaixo deve ter sido um trabalho claustrofóbico; o túnel não era grande o suficiente para um homem ficar de pé — só tinha 1,2 metro de altura e 90 centímetros de largura —, mas tinha ventilação, iluminação, portas hidráulicas e um sistema de trilhos elétricos.

A Alfândega prendeu três suspeitos e fez uma captura considerável durante a descoberta do supertúnel — mais de oito toneladas de maconha e 150 quilos de cocaína.

Brady e eu suspeitávamos que o supertúnel era obra de Chapo — não por causa do falatório nas transcrições, mas porque, depois da descoberta, os BlackBerrys da organização ficaram em silêncio total sobre o assunto.

— Impressionante — disse Brady. — Todo mundo está quieto. São disciplinados. Eles perdem um túnel daquele tamanho e ninguém diz uma porra de uma palavra?

— Com o número de projetos de túnel em que Kava está trabalhando, Chapo já deve estar acostumado com essas coisas dando errado — comentei. — Porra, eles devem ter pelo menos mais outros cinco supertúneis sendo construídos.

ENQUANTO BRADY E EU estávamos no calor da criação de estratégias para nossa operação de alto risco para capturar Chapo, a embaixada da Cidade do México foi abalada por notícias chocantes. Em

# EM BUSCA DE EL CHAPO

meados de dezembro de 2013, uma operação de captura conjunta envolvendo unidades do DEA e da Polícia Federal mexicana no resort litorâneo de Puerto Peñasco, logo ao sul da fronteira do Arizona, teve uma virada selvagemente violenta.

Eu tinha acabado de terminar o café da manhã e estava arrumando o nó Windsor da minha gravata quando o telefone tocou.

— Vem pra cá *agora* — ordenou minha supervisora de grupo. — Marco e os caras estão presos em Sonora num tiroteio. Estão chamando reforço.

Rapidamente, peguei a mochila do *laptop* e me dirigi a meu carro oficial. Na maior parte dos dias, o agente especial do DEA Marco Perez sentava ao meu lado, mas, nessa manhã em particular, Perez, vários outros agentes do DEA e a Polícia Federal mexicana estavam montando uma operação secreta em Puerto Peñasco para prender Gonzalo Inzunza Inzunza ou "Macho Prieto", um líder da alta hierarquia no Cartel de Sinaloa. Macho Prieto cuidava de sua própria organização de narcotráfico sob o guarda-chuva do cartel. Pupilo de Ismael "Mayo" Zambada García, ele era considerado "extremamente violento".

Entrei correndo na embaixada esperando ouvir que ele estava fora de perigo, e rapidamente recebi um *briefing* sobre o que estava dando errado. A Polícia Federal tinha se aproximado da porta do condomínio de Macho na escuridão de logo antes do amanhecer, e ele reagira instantaneamente. Os policiais começaram a levar fogo de Macho e seus guarda-costas pela porta da frente e, dentro de segundos, havia um tiroteio no meio de um elegante bairro residencial cheio de turistas norte-americanos, a poucos passos da areia branca. Os homens de Macho — armados com AK-47s e metralhadoras automáticas alimentadas por fita — atiraram até ficarem sem munição.

## O REI DOS PATOS

Macho chamou reforços, e pistoleiros vieram correndo de outros condomínios, atirando nos policiais a partir de varandas e veículos. A "carroça de guerra" de Macho — um Ford F-150 branco blindado, com uma metralhadora automática calibre 50 montada na parta traseira, embaixo de uma lona — entrou cantando pneus pelos portões da frente do complexo, derrubando barricadas de carros da PF, enquanto atiradores disparavam bala atrás de bala pelo para-brisa, ferindo o motorista. A carroça de guerra perdeu o controle, vazando gasolina e óleo no pavimento. Pistoleiros pularam da frente e de trás da caminhonete e correram para se juntar à luta.

— Eles estão nos fundos do complexo, acuados — explicou meu supervisor, com o ouvido grudado ao telefone. — Consigo ouvir os tiros pelo telefone, ao fundo. Não param.

Perez e os outros dois agentes estavam nos fundos do complexo, se escondendo atrás de uma pequena parede de concreto. Os agentes norte-americanos estavam imobilizados na escuridão e não podiam sair de suas posições, porque a PF tinha dois helicópteros Black Hawk no ar, disparando granadas nos bandidos, transformando os veículos em bolas de fogo.

Até as viaturas da polícia local começaram a responder, mas não para se unir ao lado do bem — todos os policiais locais, na folha de pagamentos de Macho, estavam pegando os pistoleiros feridos do cartel e os levando embora, como um serviço de ambulância improvisado. A equipe da PF era pequena, atirava pior e agora corria o risco de ser cercada pelos homens de Macho.

No caos, os guarda-costas de Macho conseguiram arrastá-lo pela porta traseira até um carro e fugir, mas o traficante estava sangrando demais. Quando a PF finalmente conseguiu entrar no condomínio, viu poças de sangue e marcas de mão escarlate por

EM BUSCA DE EL CHAPO

todos os cantos. Macho tinha entrado numa *jacuzzi* para tentar controlar o sangramento, deixando a água que borbulhava grossa e vermelho-escura. As manchas continuavam pelos andares até a porta dos fundos. Macho Prieto tinha escapado do tiroteio, mas logo morreria em decorrência de suas feridas.

Dois policiais federais mexicanos também estavam gravemente feridos; a equipe do DEA os levou às pressas em um comboio pela fronteira dos Estados Unidos até Tucson. Eles não podiam arriscar ficar no México nem mais um minuto, por medo de serem atacados — não haveria lugar seguro em Sonora quando se espalhasse a notícia de que a PF tinha matado Macho.

Todos os membros feridos da PF se recuperaram em um hospital do Arizona; nenhum agente do DEA tinha se machucado; Macho estava morto — portanto, a operação foi classificada como um grande sucesso contra o Cartel de Sinaloa, mas também foi uma das operações internacionais com mais mortes já conduzidas pelo DEA.

CULIACÁN SEMPRE ME CAUSAVA preocupação, ainda mais depois da operação sangrenta para capturar Macho Prieto.

Da mesma forma que Macho tinha controlado seu território em Sonora com punhos de ferro, a cidade de Culiacán estava nas mãos de Chapo. Brady e eu sabíamos que seria quase impossível atacar em qualquer lugar de Culiacán: acabaríamos num tiroteio com a cidade inteira. Se Macho conseguia convocar aquele número de lutadores na pequena cidade costeira de Puerto Peñasco, quantos viriam correndo ao auxílio de Chapo se o atacássemos em Culiacán? Era precisamente por isso que Brady e eu estávamos trabalhando tanto para encontrar uma localização fora da cidade em que pudéssemos agarrá-lo de forma rápida, silenciosa e, quem sabe, sem uma luta armada.

— Quantos filhos tem o Chapo?

Era nossa quinta ligação do dia, e não era nem meio-dia.

— Com todas as mulheres que ele teve... Ninguém sabe de verdade — respondi.

— Centenas? Você pode estar morando ao lado de um. — Brady soltou uma risada alta.

— Mas, realmente — continuei —, só precisamos prestar atenção aos quatro filhos principais.

Com o Natal se aproximando, vi que Ratón e Güero estavam fazendo viagens regulares, saindo de Culiacán; Chapo dizia a eles onde se encontrar — algum lugar que ele chamava de "Pichis".

— Esse novo "Pichis", o tempo todo. Hoje, de novo: "Me encontre no Pichis" — leu Brady de uma transcrição recém-traduzida. Eu também estava dissecando aquelas transcrições.

— Sim, eu vi isso. Nem imagino o que significa Pichis. Mas ele está construindo uma piscina e umas palapas lá. Kava está mandando atualizações frequentes sobre a construção.

Ser hipervigilante com relação a referências a encontros entre os participantes era prioridade para mim, especialmente se essas reuniões fossem planejadas fora da cidade. Comecei a rastrear os telefones de Güero e Ratón simultaneamente enquanto eles iam de Culiacán para o sul; então, mais *pings*, até eu ter seis tachinhas vermelhas em meu Google Maps, traçando uma linha torta pela Rodovia Estadual 5 de Sinaloa.

Mas então, nada. Depois de cerca de 50 minutos, os telefones dos filhos pararam de funcionar. Talvez eles estivessem tão no meio do nada que estivessem sem sinal de celular? Ou tinham desligado os telefones, ou tirado as baterias, logo antes de um encontro?

Brady e eu não conseguíamos mais rastrear os garotos, mas podíamos analisar a linguagem de Chapo. Que diabos significava aquele nome, "Pichis"?

**24 DE DEZEMBRO DE 2013** — 22h34. Eu tinha acabado de me servir de uma taça de *eggnog* caseiro, ajudando minha esposa a terminar de embrulhar os presentes de Natal para os meninos, quando meu telefone apitou com uma mensagem de Brady em El Paso.

— Temos outra saída para Pichis.

Dessa vez, não eram só Güero e Ratón, mas Tocallo também. Chapo tinha instruído os três garotos a encontrarem o motorista dele no posto de gasolina em "Celis", e ele os levaria pelo resto do caminho. Minha esposa virou os olhos quando fui para o computador e comecei a mandar *pings*.

"Celis" era a pequena cidade de Sanchez Celis.

— Consigo ver um posto de gasolina na ponta sul, mas todos os *pings* param por ali — contei a Brady.

Era uma hora da manhã de Natal, e Brady e eu estávamos pesquisando o Google Earth, buscando aquela área desolada de terras agrícolas de Sinaloa, que mais próximo do Pacífico virava um pântano, por qualquer sinal da localização ultrassecreta de Chapo.

Então, tudo começou a se encaixar.

— Ele estava comprando aqueles aerobarcos há uns meses, certo? — disse Brady.

— Sim, depois falou sobre construir uma piscina perto de umas palapas em Pichis — respondi. — Então, ele vai para algum lugar na água, perto da Ensenada de Pabellones.

— Encontrei! — interrompeu Brad. — *Pichis*. Uma abreviação para o clube de caça a patos Pichiguila.

# O REI DOS PATOS

Brady já tinha aberto o site do clube. Fiz o mesmo, e encontrei uma página principal que anunciava "o melhor local para caçar patos na América do Norte". O site destacava inclusive que o presidente Dwight D. Eisenhower tinha caçado na área, embora antes de o clube ser criado.

Fui invadido por uma lembrança lúgubre de meu passado no Kansas. Chapo era caçador de *patos*? Guzmán não se encaixava exatamente no perfil de alguém que gosta de esportes ao ar livre, embora tenha sido criado nas remotas montanhas de Sierra Madre.

— Você consegue imaginá-lo parado no meio de um pântano usando botas de pescador até o joelho, esperando um bando de marrecas passar voando?

— Chapo não tem tempo pra essa merda. *Patos?* Lógico que não. Ele preferiria caçar garotas — falou Brady.

O clube ficava localizado no norte da Ensenada de Pabellones. Mas meus *pings* perto de Sanchez Celis estavam longe demais do clube; Chapo não podia estar descansando por ali. Brady e eu continuamos nossos voos virtuais, aproximando e afastando o zoom, buscando qualquer tipo de estrutura construída por homens. Pouco depois das três e meia da manhã, me vi pairando sobre dois círculos marrons granulados que lembravam velas palapas.

Bingo!

Lembrei meu pai me dando uma lição essencial quando eu tinha dez anos: sempre que for caçar patos, você deve ficar sentado no "X". O X é o local exato em que os patos costumam se alimentar ou relaxar. Não era diferente para Chapo.

Guzmán precisava sair de seus claustrofóbicos esconderijos em Culiacán para comer um pouco de *carne asada*, relaxar, sentar sob as estrelas no meio do nada e respirar ar fresco por algumas horas.

Um lugar isolado em que ele pudesse se encontrar com os filhos para discutir os negócios do cartel pessoalmente.

— Acabei de achar nosso X — disse. — É a melhor localização para o ataque.

Brady riu quando contei a ele o nome que eu tinha dado ao esconderijo secreto de Chapo na lagoa:

— O Rei dos Patos.

# LOS HOYOS

· · · · · · · · · · ·

**A SALA KIKI ESTAVA** cheia de homens de terno. Eu estava sentado ao centro da mesa, em frente à chefe do DEA. A administradora Michele Leonhart tinha voado até a embaixada para receber um *briefing* específico sobre todos os casos importantes em que os agentes da Cidade do México estavam trabalhando.

Leonhart esta bem familiarizada com histórias de agentes caçando chefões das drogas esquivos. Ela tinha começado sua carreira no DEA como agente de campo no sul da Califórnia e subido na hierarquia até ser nomeada administradora do DEA pelo presidente Obama em fevereiro de 2010. A última vez que eu a tinha visto fora em 2006, quando atravessei o palco ao me formar em Quantico. Antes de começar a informá-la sobre os últimos acontecimentos com Chapo, as palavras dela em minha cerimônia de formatura ecoaram novamente em minha cabeça:

*Vá lá e pegue grandes casos.*

Sorri, sabendo que agora, seis anos depois, eu estava prestes a cumprir a promessa que tinha feito com aquele aperto de mão.

Informei a Leonhart sobre a ótima relação que eu tinha construído com o HSI, e sobre o quanto tínhamos chegado longe, mostrando a ela meu Google Maps e a alta concentração de *pings* da camada mais alta no bairro de Colonia Libertad.

— Delimitamos a localização dele no raio de um quarteirão, senhora — expliquei. — E a cada semana, ou a cada semana e meia, ele sai de Culiacán.

— Você sabe para onde ele vai?

— Sim, para a costa — respondi. — Para um esconderijo particular que está construindo não muito longe da cidade.

Leonhart assentiu com a cabeça.

— Estamos finalizando todos os detalhes — contei a ela. — Quero ter informação suficiente para saber para onde ele vai fugir se escapar de novo. Estamos quase lá, senhora. Planejamos trazer a Semar em breve.

Depois da reunião, encontrei com o diretor regional Tom McAllister no corredor.

— Você falou com muita confiança lá dentro — disse Tom. — Fez umas promessas e tanto.

— É a verdade — respondi. — Só falei as coisas como elas são.

Eu não estava sendo arrogante. Simplesmente não tinha tempo para duvidar de mim mesmo.

Eu tinha estudado duro por muitos anos em Phoenix com Diego, e agora tinha cumprido todos esses meses sofridos na trincheira com Brady, Joe e Neil, decifrando o código do sistema de comunicações espelhado de Chapo. Podia honestamente dizer — sem arrogância nem bravatas — que ninguém na história jamais estivera em melhor condição de capturar Chapo Guzmán.

Eu conhecia a localização atual do criminoso mais procurado do mundo. Tinha me saturado de todos os mínimos detalhes da vida de Guzmán. Eu tinha mergulhado tão fundo no universo de

## LOS HOYOS

Chapo que conhecia praticamente cada movimento dele, e quase toda ordem que ele dava durante o dia.

**LENDO AS INTERCEPTAÇÕES DO** dia meticulosamente, linha a linha, eu podia ver uma obsessão paralela à minha: Chapo também ficava de olho em *tudo*, cada transação e decisão na esfera do tráfico. De sua própria maneira, o chefão era motivado por uma sede constante por conhecimento, como eu. Chapo precisava compreender cada detalhe de sua operação, até os mais aparentemente rotineiros e chatos. Essa necessidade de conhecimento total beirava a compulsão. Chapo era um chefe que exigia controle completo.

Eu também precisava de controle. Muitas noites — em que já deveria estar em casa com minha família —, eu me via rolando para baixo o sumário das transcrições traduzidas em meu MacBook, esperando achar algo — qualquer coisa — que tivesse perdido:

Chapo e Turbo, seu operador marítimo baseado em Mazatlán, discutem pagamentos para uma lancha de alta velocidade que precisa ser enviada a San Diego por vários meses para instalarem novos motores. Turbo pede para Chapo depositar o dinheiro na conta de sua esposa, e diz que ainda não recebeu seu pagamento bissemanal de 10 mil dólares para seus gastos. Turbo também diz a Chapo que está procurando adquirir boias equipadas com GPS — claramente resultado da recente perda de 622 quilos de cocaína no mar.

Maestro, um piloto baseado em Chiapas, pede para Chapo enviar um pagamento para alguns comandantes militares não nomeados. Chapo responde que enviará um total de 130 mil dólares no avião: 40 mil para pagar cada comandante por cada evento e 10 mil para o combustível.

# EM BUSCA DE EL CHAPO

Raul — operador no Panamá — notifica Chapo de que achou um lugar em um morro a cinco quilômetros da fronteira com um rancho e espaço para uma pista aérea clandestina, mas precisará de maquinário pesado para abri-la.

Ratón está pedindo "20 rolos" — 200 mil dólares — para a logística de transportar 20 toneladas de maconha em um caminhão articulado em direção à fronteira dos Estados Unidos. Chapo diz a ele que Picudo entregará.

Chapo lembra a Ratón que eles não deveriam planejar seu churrasco fora de Culiacán, porque há muita atividade militar e policial fora da casa. Chapo sugere fazer a reunião na casa de seu filho Güero e pedir comida chinesa.

Chapo instrui Ciento, um de seus faz-tudo em Culiacán, para buscar a prensa no rancho de Pinguino para poderem fazer os quadrados — quilos — e ter cuidado porque unidades militares e de segurança foram vistas na área dos ranchos.

Chapo pergunta a seu contador Oscar quanto dinheiro ele tem na mão. Oscar diz 1.233.940 dólares, sem incluir o que Güero lhe deu recentemente. Chapo instrui Oscar a fazer as seguintes transações: dar 200 mil dólares a Ciento e pede que Oscar lhe mande uma confirmação depois da transação no banco. Então, pede para Oscar dar a Pinto, outro funcionário em Culiacán, 4.190 dólares para consertar um carro.

Chapo diz a seu filho Tocallo que vai se encontrar com ele amanhã.

Chapo pergunta a Araña quantas cargas foram levadas de La Cienéga, uma pista aérea nos arredores de Culiacán. Araña repassa uma lista e relata que foram feitas dez viagens na semana passada, a 2 mil dólares cada.

## LOS HOYOS

Chapo diz para Kava se apressar com as escrituras de nove propriedades que eles receberam. Kava diz a ele que está indo para Tijuana avaliar um terreno, provavelmente o início de um novo supertúnel. Então, discute com Chapo a compra de uma *casa de cambio* que está falindo. Chapo está interessado. Kava também vai olhar algumas propriedades em Mexicali e San Luis.

Chapo fala com um conselheiro chamado Flaco, que o está atualizando sobre uma audiência na cidade portuária de Lázaro Cárdenas, relacionada a um dos barcos do cartel que foi apreendido.

Chapo manda flores e uma banda local de cinco pessoas chamada Los Alegres del Barranco para fazer uma serenata no aniversário de uma jovem de 28 anos de seu bairro.

**E, COMO UM RELÓGIO,** a cada manhã Chapo recebia um relatório de inteligência de um de seus conselheiros mais confiáveis; Brady e eu o conhecíamos só como "Sergio".

Lic-F podia ser os olhos e os ouvidos de Chapo em muitos aspectos da organização, mas reconhecíamos que Sergio era uma figura importante em relação à segurança pessoal de Chapo. Por meses, Brady e eu assistimos a Sergio relatar movimentos detalhados de operações do governo mexicano — militares e policiais — tanto dentro quanto fora de Sinaloa.

"Hoje, os voos de reconhecimento estão marcados para começar às 10:00 horas e seguir até as 14:00 horas. Um helicóptero para a zona de Cruz de Elota, outro para Jesús María e o final para a área de Navolato."

"Quatro *sapos*" — uma referência em código aos uniformes verdes das tropas da Sedena — "vão fazer patrulha nos bairros de Cañadas, Las Quintas, Loma Linda e Villa Ordaz hoje".

"A Polícia Federal está saindo do aeroporto nessa manhã e haverá movimento de Mazatlán a Los Mochis — estão procurando laboratórios de metanfetamina."

"Dois soldados vão escoltar uma van levando equipamento de monitoramento por Culiacán."

O nível de detalhes era tão preciso que parecia que Sergio estava copiando e colando diretamente dos planos operacionais diários do Exército mexicano.

— Sergio tem gente subornada em todos os lugares — falei a Brady.

— Sim — disse ele. — Chapo é avisado com antecedência de cada movimento em Sinaloa.

Brady e eu estávamos quase indiferentes aos vazamentos militares, depois de lê-los por meses. Esperávamos que Chapo também se sentisse assim.

— De jeito nenhum ele vai ter tempo de ficar ligado em toda essa inteligência — disse Brady. — Ocupado como ele é, cuidando da organização o dia todo.

— Mesmo assim, ele tem uma rede de segurança montada — falei. — Vai saber imediatamente se tiver um cheiro de operação contra ele.

Brady interrompeu nossa conversa com uma transcrição recém-traduzida.

— O Condor acabou de dizer a Naris que Chapo quer sushi. E que deve ser entregue em Los Hoyos — leu Brady.

— Rastreando agora — respondi.

— O Condor não dá um descanso — disse Brady. — Ele agora está mandando o coitado sair de novo para pegar colheres de plástico e umas sacolas de gelo.

## LOS HOYOS

Quando Chapo não estava trancado em seu quarto com a garota mais recente, só pensava em negócios 24 horas por dia, cuidando do dia a dia da organização sem folgar nem aos domingos.

— Naris está ficando cansado — disse Brady. — Olha isto: "Vou passar o dia com a minha família", diz Nariz. "Pode avisar El Señor que não vou fazer o trabalho de capacho dele hoje."

— "Não vou fazer o trabalho de capacho dele" — repeti, rindo tanto que esqueci de mandar as coordenadas a Brady.

Quando mandei o *ping* para Naris, rastreei-o com sucesso.

— Mesmo bairro, irmão. Colonia Libertad. Bem no mesmo quarteirão.

— O que é Los Hoyos? — perguntou Brady. — "Os Buracos". O nome de uma rua? Uma boca?

*Los Hoyos.*

Nós dois ficamos pensando. Silêncio na linha. Ambos com a cabeça martelando... Então, mais uma vez, o caça-palavras fez sentido. Brady e eu dissemos em uníssono perfeito:

— Túneis.

Certamente, combinava com o perfil de um homem conhecido como rei dos túneis.

— Lembra o que ouvi de uma das minhas fontes? Dentro de um de seus esconderijos, Chapo tem um túnel, com entrada embaixo de uma banheira.

— Sim, claro, lembro. O túnel embaixo da banheira.

— Aposto qualquer coisa que é por isso que estão chamando o lugar de Los Hoyos.

Independentemente do que Chapo quisesse dizer com Los Hoyos, continuei rastreando a camada mais alta e Naris, fechando ainda mais o cerco naquele quarteirão poeirento em Colonia Libertad.

— Meus *pings* estão próximos, cara. O padrão de vida dele está claro. Agora, só precisamos achar uma porta.

**EU SABIA EXATAMENTE PARA** quem ligar quando estivéssemos prontos para a operação.

O marechal norte-americano Leroy Johnson, do Mississippi, estava no Serviço Federal há anos e tinha a reputação de ser o maior especialista em rastrear telefones de fugitivos. Trabalhava principalmente baseado no Tennessee, mas tinha viajado por todos os Estados Unidos e ido a missões internacionais também. Leroy conduzira operações de captura de traficantes suficientes no México para ter recebido o apelido espanhol "El Roy". Seu sotaque do sul norte-americano era tão pesado quanto seu corpo — ele tinha mais de 1,80 metro e 90 quilos —, e ele compartilhava de minha paixão pela caçada.

— Esse cara é maluco — contei a Brady. — E destemido. Ele andaria pelo pior bairro de Juárez para algemar um bandido.

Eu sabia que, se fôssemos conduzir qualquer operação de captura, precisaríamos de Leroy e sua equipe de marechais conosco.

Nesse ponto, a pressão estava começando a aumentar, de Washington, DC, à Cidade do México. Rapidamente tinha corrido pelo DEA e o HSI a notícia de que Brady e eu havíamos determinado a localização de Chapo dentro de um raio de menos de um quarteirão. A chefia de ambos os lados insistia em uma reunião de coordenação. Eu podia sentir a tendência burocrática — como quando a embaixada tinha levemente mudado seu eixo durante o terremoto.

Agora, eu estava passando mais tempo tentando acalmar meus chefes e coordenar uma complexa reunião interagências do que

## LOS HOYOS

focando no plano para agir sobre nossas informações. Além de tudo isso, a equipe de combate a narcóticos da CIA começou a aparecer no andar do meu escritório, fornecendo pedacinhos de informações velhas e fazendo perguntas de sondagem, tudo na tentativa de coletar o que pudessem sobre meus planos.

**EM 16 DE JANEIRO** de 2014, às 18:53, recebi uma mensagem de Brady:

"Chapo está voltando para O Rei dos Patos. Parece que já está a caminho."

"Puta que pariu", mandei de volta. "Devíamos já ter a Semar com a gente. Não vamos ter mais muitas chances como esta."

Eu sabia que a vulnerabilidade de Chapo estava no ponto máximo quando ele saía de Los Hoyos, em Culiacán, viajando só com Condor e talvez Picudo ou algum outro guarda-costas. Eu também estivera estudando imagens do local do Rei dos Patos. As fotos revelavam várias palapas, uma piscina recém-construída — incluindo um bar molhado — e vários outros pequenos prédios externos. Um operário ou dois ainda podiam ser vistos na propriedade. Isso corroborava as transcrições: palapas, uma nova piscina, a necessidade de um aerobarco — tudo que tinha sido discutido aleatoriamente por Chapo durante meses agora fazia sentido.

**O REI DOS PATOS** ficava no meio do nada; o terreno era plano e facilmente acessível por todas as direções, então, era o lugar perfeito para iniciar uma operação de captura.

Mas o tempo estava correndo. A possibilidade de um vazamento chegar a Chapo era grande demais. A única coisa previsível sobre Chapo Guzmán era sua imprevisibilidade. Ele podia trocar de padrão a qualquer momento e simplesmente desaparecer em Sierra Madre por meses.

Eu sabia que não podíamos esperar mais — tínhamos toda a investigação embrulhada num pacote com um laço vermelho em cima.

— Acha que dá para arriscar? — perguntou Brady.

— Foda-se — respondi. — Sim, vamos chamar a Semar agora mesmo. Estou cancelando a reunião com a chefia.

Não tínhamos outra opção: era hora de agir.

**MINHA PRIMEIRA LIGAÇÃO FOI** para o marechal Leroy Johnson, no Tennessee.

— Está de pé — anunciei.

— A operação de captura?

— Venha pra cá.

— A caminho — disse Leroy.

Na noite seguinte, sentei com Leroy para tomar algumas garrafas de Negra Modelo num bar tranquilo em frente à embaixada, abri meu MacBook e mostrei a ele a grande concentração de marcadores em meu Google Maps.

Agora, já havia tantos que quase não dava para distinguir a cidade de Culiacán: ela estava completamente coberta de marcadores coloridos. Dei zoom, descrevendo o significado de cada cor e símbolo.

— Os marcadores amarelos são meus *pings* da camada mais alta — expliquei. — Os vermelhos são para os filhos e também todos os outros operadores de Chapo. Os azuis são pontos de interesse, ou seja, qualquer localização importante mencionada nas transcrições. Os símbolos de torre são torres de telefonia celular.

## LOS HOYOS

— Ótimo — declarou Leroy.

— E "P" é para pontos de encontro ou locais de coleta frequentados por seus mensageiros. Os círculos vermelhos são onde acreditamos que ele tenha outros esconderijos. Os pequenos aviões marcam pistas aéreas clandestinas. Há centenas delas.

— E as estrelas amarelas? — perguntou Leroy.

— São meus *pings* mais próximos, que têm o menor raio.

Dei mais zoom no bairro de Colonia Libertad.

— Chapo está bem aqui nesse quarteirão.

— Inacreditável — falou Leroy. — Você mapeou o mundo dele inteiro, Drew. Esconderijos, locais de coleta, torres de celular. Caramba, nunca vi um padrão de vida tão determinado. Você o enquadrou.

— Ainda não exatamente — respondi. — Temos bastante coisa com que trabalhar, mas ainda não temos uma porta.

— Ah, vamos encontrar — disse Leroy, com confiança. — Vamos pegar esse filho da puta.


TUDO O QUE BRADY e eu tínhamos trabalhado tanto para manter em segredo — até gente das nossas próprias equipes no DEA e no HSI não sabiam sobre muitos dos detalhes — estava prestes a ser exposto aos nossos pares mexicanos.

O almirante Raul Reyes Aragones, comandante de mais alto posto da Semar no DF, conhecido pelo apelido "La Furia" (a Fúria, por causa da forma como ele e sua brigada de elite arrasavam e destruíam organizações de tráfico mexicanas), chegou à embaixada norte-americana em um sedã Mercedes blindado, seguido por seus capitães e vários tenentes.

EM BUSCA DE EL CHAPO

Furia era um personagem impressionante: 60 e poucos anos, mas extremamente em boa forma — parecia que ainda era capaz de fazer 50 flexões num piscar de olhos. A careca de Aragones era bronzeada e tão brilhante que parecia ter sido polida. Ele usava uma camisa naval de colarinho branco bem-passada, engomada e sem um único amassado. As mãos dele eram suaves e com as unhas bem-feitas; quando ele sorria, seus dentes brilhavam, de tão brancos — brancos *demais*, pensei, como se o dentista tivesse exagerado no clareamento. Era o sorriso de um vendedor.

— *Quieres Chapo?* — perguntei imediatamente, enquanto o almirante se recostava na cadeira giratória de couro na Sala Kiki.

— *Pues, claro que sí* — respondeu o almirante. — Claro que queremos Chapo! Me diga quando e onde.

Expliquei que Chapo e toda sua organização temiam a Semar, que chamavam de *las rápidas*. Enquanto eu falava, senti um aperto no peito, como se tivesse acabado de correr dez quilômetros naquele ar rarefeito de montanha da capital: eu tinha tanta coisa para dizer, mas estava quase nervoso demais para colocar meus pensamentos em palavras...

Passei anos antecipando esse momento — como podia de repente abrir mão de tudo? Como podia começar a revelar todos os segredos e as técnicas que eu tinha demorado tanto para aperfeiçoar? Ninguém sabia do quadro *completo* — ninguém na Terra sabia tudo o que eu sabia — e agora eu devia jogar tudo no colo de um almirante engomadinho que tinha acabado de conhecer?

Percebendo que para conseguir capturar Chapo precisaríamos de ajuda militar, respirei fundo e olhei nos olhos do almirante — esse cara com o sorriso brilhante e uniforme imaculado era a chave para colocar a operação em ação.

## LOS HOYOS

— Chapo às vezes deixa a segurança de sua fortaleza em Culiacán para ir a um retiro à beira de uma lagoa com uma piscina e um bar molhado.

— Por que essa localização? — perguntou o almirante Furia.

— A proximidade de Culiacán — respondi, dando de ombros.

— É um caminho curto de carro, e é remoto, escondido de olhos curiosos. Chapo gosta de encontrar seus filhos e fazer negócio pessoalmente. Algumas questões simplesmente não podem ser resolvidas pelo telefone. É um clube de caça a patos abandonado chamado Pichiguila. Chapo se refere a ele como "Pichis". Ele pegou as antigas palapas, reformou e transformou num lugar bem legal. Eu chamo de Rei dos Patos.

Houve algumas risadinhas ao redor da mesa.

— Seguimos os filhos dele, ou, bem, seguimos os *pings* nos telefones dos filhos, e eles nos levaram direto para perto das palapas. Os *pings* dos aparelhos da camada mais alta também.

— Como você sabe que Guzmán está por trás do telefone que você está rastreando?

— Ele está usando *espejos*, espelhos, um sistema com vários níveis, que conseguimos quebrar e infiltrar — disse. — Chamamos de camadas. Nos termos dele, são *secretarios*, e ele é o gerente — *el generente*. Mas um dos dois secretários — Condor ou Chaneke; chamamos simplesmente de camada mais alta — sempre está ao lado de Chapo.

— Tá bom — disse o almirante Furia, rude. — Ele vem para esse clube de caça Pichiguila, na lagoa. Ele não viaja com um monte de guarda-costas? Nossos relatos dizem que Guzmán sempre tem vários apoios armados com ele. Podem ser até cem...

— Essa informação é *histórica* — interrompi. — Está desatualizada. A certo ponto, sim, Chapo pode ter viajado pelas montanhas com esse tanto de guarda-costas armados. Anos atrás, talvez. Não agora. Ele está se movendo rápido e com pouca gente. Tem um grupo principal de guarda-costas leais: vai provavelmente armado, usando um colete a prova de balas, talvez em um carro blindado. Mas, não, esses relatórios de centenas de homens armados do cartel dirigindo num comboio de Suburbans preto o tempo todo? Já não são válidos. Nesse momento, posso garantir que, quando Chapo vai para aquelas palapas que construiu perto do clube Pichiguila, é só com alguns de seus homens de mais confiança.

Eu podia ver que o almirante estava interessado — e, de fato, no fim de minha apresentação, ele estava pronto para colocar todos os seus homens e recursos a nosso dispor. Esboçamos um plano ambicioso: ataques simultâneos pelo ar e por terra no complexo de Chapo na lagoa.

O elemento surpresa seria essencial: precisaríamos colocar a Semar nas posições do perímetro no meio da noite para capturar o chefão das drogas em um ataque antes do nascer do sol. Eles colocariam quatro dos principais helicópteros da Semar na base em La Paz, perto do sul da Baja Peninsula; as brigadas de elite da Cidade do México seriam colocadas nas bases da Semar dentro de Sinaloa, cercando a área do Rei dos Patos.

— Quando os helicópteros e meus homens estiverem em posição, esperaremos até receber o sinal verde de vocês — disse o almirante. — Não vamos nos mover até você nos dizer que o aparelho da camada mais alta está lá.

— Exatamente — confirmei. — Quando nossos *pings* indicarem que ele está no Rei dos Patos, vamos informá-lo imediatamente.

— E sua equipe de marechais se unirá a nós em La Paz, correto?

## LOS HOYOS

— Sim, senhor. Eles estarão com vocês caso precisemos seguir o telefone. Se Chapo sair dali inesperadamente, não tem ninguém melhor que El Roy e os caras dele para rastreá-los. Também vou mandar Nico Gutierrez com você para ser minha ligação do DEA no chão.

**O AGENTE ESPECIAL NICOLÁS** Gutierrez era um falante nativo de espanhol que se sentava ao meu lado na embaixada e me ajudava a rastrear telefones e decifrar algumas das gírias mais ininteligíveis e os erros de ortografia nas transcrições. Nico, ex-fuzileiro naval dos Estados Unidos que tinha o porte de um atacante de futebol americano, era o cara perfeito para ser meus olhos e ouvidos em campo.

Gutierrez vivia para operações de captura como esta. Ele já tinha o uniforme tático preparado e estava pronto para entrar com a Semar. Do lado de fora da Sala Kiki, encontrei novamente o diretor regional McAllister.

— Bem, Drew, é aqui que seu mundo começa a girar? — disse Tom, com um sorriso.

— *Girar?* Senhor, ele parece que está prestes a desmoronar.

Tom era um executivo-sênior e experiente do DEA que tinha liderado casos importantes na América Latina, Europa e Oriente Médio. Ele compreendia melhor que qualquer um quanto eu tinha trabalhado para chegar até aquele lugar.

— Enviei uma ordem de proibição de divulgação para o chefe de estação aqui — informou Tom. — A CIA não está autorizada a falar sobre esta operação com ninguém.

Fiquei extremamente grato por Tom e meus outros chefes me deixarem trabalhar sem interrupções ou dramas políticos que com frequência estragavam uma investigação com um escopo como aquela.

Todos eles estavam trabalhando diligentemente nos bastidores, garantindo que apenas aqueles que precisavam saber fossem atualizados.

Com o volume de informações que chegava todos os dias, Brady precisaria permanecer na sala de guerra em El Paso, enquanto eu estabeleceria um centro de comando na embaixada com um grupo de analistas de inteligência, junto com toda a minha chefia principal. Tanto Brady quanto eu queríamos estar em campo com a Semar, mas sabíamos que, para manter o trem nos trilhos, precisávamos estar em nossas posições fazendo o que fazíamos quase o tempo todo havia nove meses.

— A Semar está pronta. Agora, Chapo só precisa sair de sua toca para um encontro pela última vez — eu disse a Brady.

— No momento em que chegar ao Rei dos Patos, ele está fodido — respondeu ele. — Naquela lagoa, não tem para onde correr.


**AGORA, NÃO DAVA PARA** voltar atrás — eu tinha dito à Semar tudo o que eles precisavam saber e, em 19 de janeiro, os fuzileiros navais começaram a fazer seus primeiros movimentos, voando para a base em La Paz e colocando tropas nas bases locais de Sinaloa, em El Castillo, La Puente e Chilango.

Naquela mesma noite, às dez horas, Brady me ligou.

— Puta que pariu — xingou ele.

— O que aconteceu?

— Você precisa ver isso. Acabou de chegar.

Era uma transcrição novinha. De Lic-F para Chapo.

"Oscar acabou de encontrar com um das águas que tem a equipe especial no MEX. Está dando a ele dez rolos por mês."

Senti um soco me atingir no estômago. "Um das águas" — código para os fuzileiros navais. E a "equipe especial na Cidade

## LOS HOYOS

do México" — possivelmente, a brigada de Furia. Será que toda a nossa operação tinha sido comprometida? Dez rolos. Isso significava que o contato estava recebendo 100 mil dólares por mês para dar informações. Tentei colocar minha raiva em palavras, mas não conseguia.

— Espera. Fica pior — disse Brady.

Eu já tinha puxado as transcrições e a tradução em meu próprio *laptop*.

Lic-F: Ahorita llegaron 3 rapidas del agua al castillo, puros encapuchados (son fuerzas especiales del agua) como que quieren operar en culiacan. Al rato nos avisa el comandante ya que platique con ellos a ver que logra saber.

"Três rápidos da água chegaram a El Castillo, todos encapuzados (são forças especiais da água). Como se quisessem fazer uma operação em Culiacán. O comandante vai nos informar depois que falar com eles."

Lic-F: Estan reportando 4 trillas grandes en la calma. Hay que estar pendientes pues no vayan ha querer cruzar el charco.

"Estão relatando quatro helicópteros em La Paz. Precisamos ficar alertas caso queiram cruzar El Charco."

— Eles sabem tudo da gente — falou Brady.

— "Caso queiram cruzar El Charco" — repeti alto.

*El charco* — o lago. Eu sabia que era código para o mar de Cortez, que separava a parte continental do México, incluindo Sinaloa, da longa e fina península onde se localizava a base de La Paz.

## EM BUSCA DE EL CHAPO

\* \* \*

**VAZAMENTOS. CARALHOS DE VAZAMENTOS.** A goteira contínua agora tinha se transformado num dilúvio.

— Meu Deus — sussurrei.

— Ele sabe todos os nossos movimentos — falou Brady.

Reli as mensagens mais duas vezes, e então mirei o redemoinho multicolorido de marcadores em meu Google Maps.

Os da água.
Encapuzados.
Ficar alertas.
Cruzar o lago.

Lic-F estava relatando cada movimento militar imediatamente a Chapo. Mirei novamente aquela longa península, a base de La Paz, depois voltei ao coração de Culiacán. Meu padrão de marcadores se transformou num caleidoscópio de fogo.

— Drew?

O silêncio pesou entre nós por muito tempo. Então, ouvi minha voz repetindo, como num transe.

— Sim. Ele sabe todos os nossos movimentos.

Chapo Guzmán após sua primeira prisão, em junho de 1993.
(AP Photo/Damian Dovarganes)

Todas as fotografias são cortesia do autor, exceto quando dito o contrário.

▲ Embarcando no Learjet da DEA em direção à Cidade do México, em junho de 2010, carregando um milhão e duzentos mil dólares em dinheiro dentro de caixas da FedEx.

▼ Diego sentado com Mercedes Chavez-Villalobos e seus associados no restaurante La Rosita, no Panamá, em junho de 2009. Eu tirei esta foto clandestinamente durante a operação secreta.

▲ Com dois mil quinhentos e treze quilos de cocaína apreendidos em Guayaquil, Equador, em novembro de 2010.

▼ Chapo usando seu boné de beisebol característico, segurando uma AR-15 em frente a uma fazenda no México, muitos anos após sua primeira fuga da prisão em 2001. (Fonte desconhecida)

▲ A foto encontrada em um BlackBerry apreendido na mansão de Chapo em Cabo San Lucas após sua fuga das autoridades mexicanas e do DEA em fevereiro de 2012.

▼ O cartão – que começa com suas iniciais, J.G.L. – que Chapo enviava com flores às suas inúmeras namoradas de Culiacán no Día del Amor y la Amistad (Dia dos Namorados).

▲ A Comissão de Crime de Chicago nomeia El Chapo o Inimigo Público Número 1, substituindo Al Capone, em fevereiro de 2013. (AP Photo/M. Spencer Green)

▼ Um diagrama que criei para mostrar a estrutura de comunicação dos aparelhos-espelhos de Chapo.

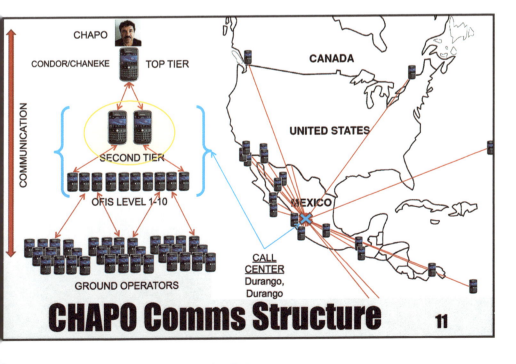

▲ Vídeo de Chapo interrogando um homem amarrado num poste embaixo de uma palapa. (Fonte desconhecida)

▼ Uma imagem aérea d'O rei dos patos mostrando construções adicionais: várias palapas, uma casa e uma piscina. (Imagery © 2017, Digital Globe; map data © 2017 Google, INEGI)

Pacotes de cocaína estocados no túnel do Esconderijo 3, junto a bananas falsas de plástico usadas para transportar as drogas.

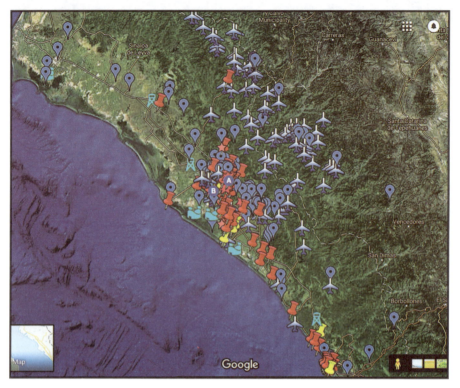

▲ Meu mapa do Google mostrando localidades pertinentes em Sinaloa, incluindo pistas de pouso e decolagem ao longo da cordilheira de Sierra Madre, marcadas pelos ícones azuis de avião.
(Imagery © 2017, Digital Globe; map data © 2017 Google, INEGI)

▼ Meu mapa do Google mostrando os pings dos aparelhos da camada mais alta (em amarelo) e outros alvos e localizações importantes. (Imagery © 2017, Digital Globe; map data © 2017 Google, INEGI)

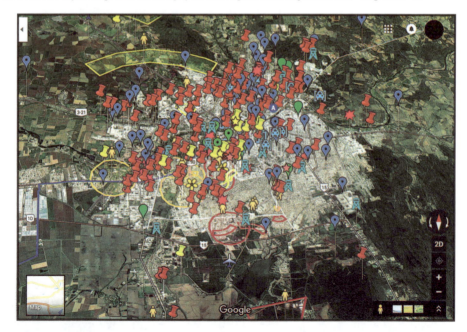

▲ Telas utilizadas para monitorar os vídeos de segurança de todos os esconderijos de Chapo – localizadas na garagem do Esconderijo 1.

▼ Deitado pela primeira vez na minha cama de saco de batatas, no "quartel" improvisado da S<small>EMAR</small> em Culiacán.

SEMAR chegando ao Esconderijo 2, entrando na manhã de 17 de fevereiro de 2014. Tirada com o meu iPhone.

▲ Brady e eu sentados na garagem do Esconderijo 3 de Chapo, tirando um rápido descanso antes da próxima busca.

▼ Alguns sujeitos pesadamente armados foram detidos dentro da casa de Picudo.

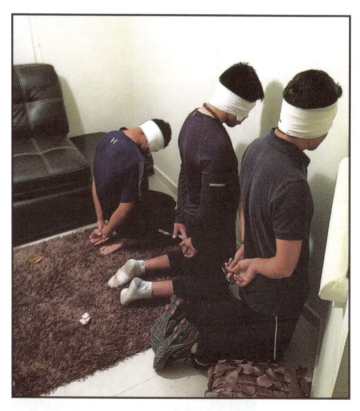

◀ Abaixo do Esconderijo 3, em um túnel iluminado por lâmpadas fluorescentes, altas quantidades de cocaína eram armazenadas em prateleiras improvisadas.

▶ Brady saindo do túnel abaixo da banheira no Esconderijo 3.

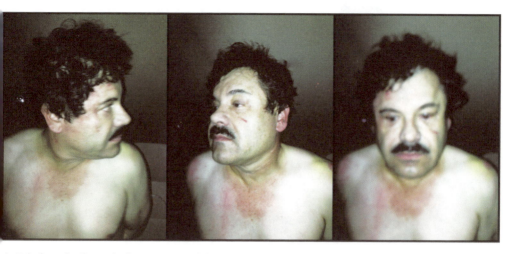

▲ Três fotos de Chapo tiradas com meu celular dentro do meu carro blindado no estacionamento subterrâneo do Hotel Miramar, em 22 de fevereiro de 2014.

▼ Brady e eu momentos depois da captura no Hotel Miramar; eu estou usando o boné preto de beisebol de Chapo e carregando a AR-15 encontrada no quarto de hotel com Guzmán.

▲ Brady e eu com Chapo em custódia: O traficante mais procurado do mundo durante a interrogação na base da Semar em Mazatlán.

▼ Chapo colocado em frente à imprensa mundial depois de ter chegado de Mazatlán no Aeroporto Internacional da Cidade do México, em 22 de fevereiro de 2014. (AP Photo/Eduardo Verdugo)

▲ O túnel de 1,5km pelo qual Chapo escapou da prisão de Altiplano em 11 de julho de 2015. Canos de PVC distribuíam ar fresco pela passagem, e um trilho de metal foi colocado para que Chapo pudesse escapar em um vagão atrelado ao chassi de uma motocicleta modificada. (AP Photo/Eduardo Verdugo)

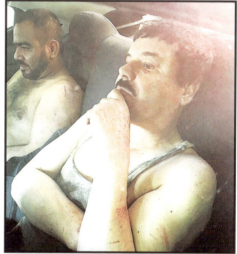

▶ Chapo e Cholo Iván sentados no banco traseiro de um veículo após sua captura em 8 de janeiro de 2016, em Los Mochis, Sinaloa. (Fonte desconhecida)

▲ Chapo sentado dentro da prisão *Cefereso* nº 9 em Ciudad Juárez, no México. (Twitter oficial do Secretário de Interior Miguel Ángel Osorio Chong (México))

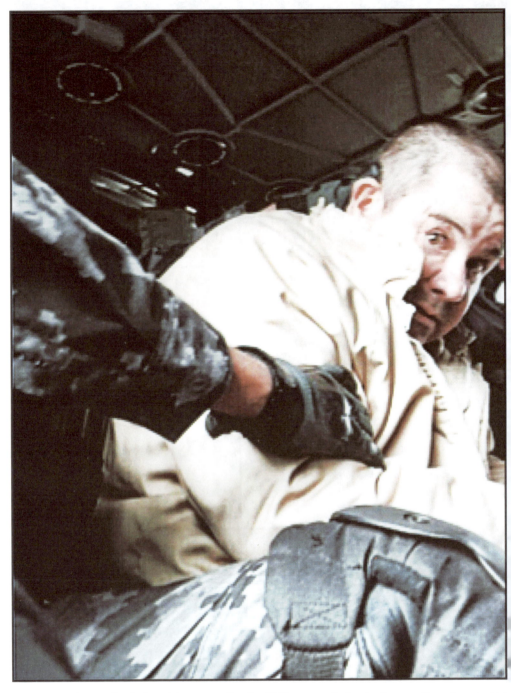
▲ Chapo sendo extraditado do México para os Estados Unidos em 19 de janeiro de 2017. (Fonte desconhecida)

# PARTE III

# LA PAZ

· · · · · · · · · · ·

— **DREW?**

Ouvi Brady, mas não consegui me forçar a responder.

Pela janela, eu podia sentir o calor subindo em meu peito — meu pescoço e meu rosto estavam queimando de frustração e ira.

Eu sempre tentava fazer o diplomata — "a Suíça", como tinha dito Brady. Eu era bom em criar relacionamentos sem rusgas e colaboração entre agências; quando havia problemas, parecia que eu estava sempre convencendo as pessoas a não desistirem. Nunca perdi a calma. Ficar irritado nunca era bom para o propósito de avançar a investigação.

Mas, agora, eu estava prestes a explodir.

Segurei o BlackBerry mais firme na palma da mão.

— Alguém naquela sala pode estar sujo — disse Brady.

Chapo tinha um contato de alta hierarquia na Cidade do México recebendo 100 mil dólares por mês? O nível de corrupção — o grau em que Guzmán tinha comprometido as altas patentes militares e policiais, não só em Sinaloa, mas até na capital da nação — de repente parecia insuperável.

Os rostos do almirante, do capitão e dos tenentes rapidamente passaram por minha mente. Apenas horas antes, tínhamos detalhado tudo para eles na Sala Kiki, e um deles podia ser corrupto?

Quem?

Eu estava no escuro da minha sala de estar em La Condesa, com o telefone no ouvido, observando os carros estacionados na rua escura abaixo. Parado ali, olhando pela janela, vendo a silhueta fantasmagórica de meu rosto no vidro frio, senti de repente que estava sendo observado.

Quem estava sentado naqueles carros estacionados lá embaixo?

O Charger novo.

O Toyota antigo.

O *telefone* – será que ele era seguro?

Alguém podia estar ouvindo cada palavra.

— O que você quer fazer? — perguntou Brady.

Respirei fundo antes de responder.

— Não temos outra opção — falei. — Temos de confrontar o almirante. Agora. Venha pra cá.


NA MANHÃ SEGUINTE, DIRIGI meu Tahoe blindado para o Aeroporto Internacional da Cidade do México e peguei Brady na calçada.

— Vamos parar tudo? — perguntou Brady. — Não vamos trabalhar mais com a Semar?

— Não. Sem os fuzileiros navais, sejamos honestos, não tem como fazer. Temos que ver o almirante pessoalmente, no escritório dele.

— Eles ainda estão avisando o Chapo nas linhas — comentou Brady, me entregando seu BlackBerry para ler.

"Temos de ficar muito alertas, como uma mulher grávida, cara", escreveu Cholo Iván, o sicário feroz que cuidava da cidade de Los Mochis.

"Nunca vimos tantas tropas nessa base — nunca."

## LA PAZ

"Algo estranho está acontecendo — fique alerta."

"As velozes, senhor. As velozes."

**DIRIGI ATÉ A EXTREMIDADE** sul do DF, desviando, enfiando o Tahoe nos vãos do trânsito congestionado o caminho todo. Na base da Semar, passamos por um único portão — vigiado por dois jovens fuzileiros navais armados com fuzis automáticos — e fomos escoltados até uma grande sala de reuniões no andar de cima. Enquanto nos aproximávamos do topo das escadas, percebi que não havia dormido ou comido nada nas últimas 24 horas. Estava nervoso demais só de pensar em enfrentar o almirante; ainda não tinha ideia de quem poderia ser a fonte dos vazamentos.

A sala estava cercada de ambos os lados por escritórios. A reunião devia ser particular — só eu, Brady e o almirante Furia —, mas havia fuzileiros por toda a parte, indo e vindo de todos os escritórios. Todo mundo estava vestido em uniformes de batalha, até o jovem que nos servia café e biscoitos de café da manhã, e em uma grande tela estavam projetadas todas as informações que eu tinha fornecido no dia anterior. O almirante Furia estava sentado em uma ponta da longa mesa de carvalho, parecendo calmo, em mais uma de suas impecáveis camisas brancas. Brady e eu sentamos na extremidade próxima a ele.

Trocamos olhares de preocupação quando outros oficiais entraram na sala. Havia, agora, duas vezes mais oficiais em torno da mesa do que no primeiro encontro na embaixada norte-americana. Não reconheci ninguém dessa patente da Semar. Não era uma reunião particular.

— Olha essa merda — sussurrou Brady para mim. — Esse lugar pode estar cheio de vazamentos...

## EM BUSCA DE EL CHAPO

Estávamos ali para discutir uma operação altamente secreta para capturar o criminoso mais procurado do mundo, mas a sala estava tão lotada quanto o mercado de pulgas em Reforma ao qual eu e minha esposa levávamos nossos filhos todas as manhãs de domingo.

— É, tem olhos e ouvidos demais nessa porcaria — sussurrei de volta.

O almirante estava gesticulando impacientemente para seguirmos em frente.

— Estamos aqui para discutir o comprometimento das informações — comecei. — Recebemos mensagens que mostram que o alvo — evitei usar o nome Chapo em voz alta — está vendo tudo o que acontece com sua equipe em Sinaloa e La Paz. Basicamente, ele está recebendo atualizações em tempo real. Alguém de um grupo de elite da Semar na Cidade do México está fornecendo as informações.

Mostrei ao almirante Furia as mensagens.

Os encapuzados.
Os velozes.
Os helicópteros.
Caso eles cruzem o lago.

Furia admitiu saber que a Semar tinha vazamentos. Disse que não era ninguém do departamento *dele*, mas não estava surpreso de Chapo saber tudo o que estava acontecendo na costa do Pacífico. Garantiu-me que faria tudo o que pudesse para encontrar imediatamente a fonte dos vazamentos.

— A segurança é minha prioridade — disse Furia. — Para essa operação ter sucesso, precisamos de todo o segredo com essa informação.

## LA PAZ

Tive de conter um sorriso. Olhar ao redor da sala — o número de rostos estranhos, os oficiais da Marinha indo e vindo — tornava essa afirmação risível. Eu sabia que se o Rei dos Patos estava comprometido, e se Chapo abortasse seus planos de ir à Ensenada de Pabellones, não teríamos escolha a não ser tentar entrar em Culiacán.

Uma operação de captura em Culiacán — só falar isso em voz alta evocava imagens de um banho de sangue. Ninguém queria isso. A troca de tiros fatal com Macho Prieto e seus atiradores estava fresca demais na mente de todos. Mas, naquele momento, não havia como voltar atrás — eu teria de informar ao almirante.

— O que mais você sabe sobre os planos do alvo para a viagem? Sabe de onde ele estará vindo? — perguntou ele, bebericando seu café com leite.

— Nesse momento, sim — respondi. — Temos a localização dele bastante precisa. Ele está dentro de um raio de um quarteirão em Culiacán.

— Culiacán? Você sabe onde ele está agora mesmo?

— Bem, sim. Não tenho um endereço exato da rua, mas sei o bairro. Temos certeza de que é a localização de um de seus principais esconderijos.

O almirante explodiu, gritando que estávamos mantendo segredos dele.

— *No me cambias mi pañal!* Não troque minha fralda! E não me dê mamadeira! — Furia bateu com sua mão bem-cuidada na mesa de carvalho. — Precisamos imediatamente estabelecer confiança.

Expliquei que não era uma questão de *confiança*. Eu queria dar à Semar as melhores informações que tínhamos. Fiz o diplomata, pedi desculpas e disse ao almirante que forneceria a ele todas as nossas informações, expondo a rede de esconderijos em Culiacán onde Chapo parecia passar a maior parte de seu tempo.

O almirante Furia respirou fundo, ouvindo atentamente. Brady completou que não queríamos ofender e não estávamos acusando ninguém.

— *Mira* — disse Brady —, sabemos que temos gente suja trabalhando nas nossas agências também. Até nos Estados Unidos.

— Ninguém quer Chapo mais do que *nós* — falou o almirante Furia. — Quero capturá-lo mais do que *qualquer um* nessa sala. Vocês, americanos, podem não entender isso, mas a captura dele é mais importante para o México que para os Estados Unidos. Ele é uma mancha em todo o nosso país.

Fiquei impressionado pela sinceridade de sua explosão emocional. A atmosfera na sala, por fim, se acalmou. Tínhamos falado sobre os vazamentos, e Brady e eu fizemos exatamente o que o almirante queria: *"abra las cartas"* (pôr as cartas na mesa). Revelamos anos de inteligência, informando o almirante meticulosamente sobre cada detalhe do mundo secreto de Chapo.

Logo antes de sairmos da sala, chamei a atenção do almirante uma última vez.

— *Señor* — disse. — Só tem uma coisa que pode foder esta operação inteira.

— E o que é?

— *Los primos* — respondi.

Os primos — um eufemismo bastante conhecido para a CIA. Eu sabia que o almirante tinha alguns caras da inteligência da Semar na folha de pagamentos da CIA, e às vezes eles forneciam informações do DEA diretamente de volta aos espiões. A CIA podia alegar que a informação era original e agir sobre ela, sem coordenar com ninguém.

## LA PAZ

O almirante chamou dois oficiais — um capitão e um tenente — e disse a eles, de forma bastante teatral, como se para eu e Brady ouvirmos:

— Nada vai a *los primos*. Entendem? É uma ordem direta.

DIRIGINDO DE VOLTA À embaixada depois da reunião, liguei para Nico para fazer contato.

— Como está indo por aí, cara?

— *Todo bien, mijo* — respondeu Nico. — Esses caras estão prontos para abalar. Vou voar no helicóptero principal, e El Roy e alguns caras deles vão estar no de trás.

— Ok, você viu os vazamentos, certo? O almirante vai fazer de tudo para achar o cara que está passando informações lá, e vai pensar em outro plano.

Enquanto esperávamos os movimentos de Chapo, era crucial que a Semar criasse uma história de contrainteligência plausível: havia simplesmente *halcónes* (falcões) demais — Chapo tinha uma rede vasta de vigias espiando para ele em Sinaloa. E, assim, a Semar começou a espalhar a notícia de que estava conduzindo extensas missões de treinamento com helicópteros, equipes de terra e brigadas extras na costa do Pacífico, para que sua nova presença militar pesada não causasse ainda mais alarme aos funcionários de Chapo.

A Semar também tinha coordenado com aeronaves do governo em La Paz para delimitar melhor a localização do aparelho de BlackBerry da camada mais alta no momento em que Chapo decidisse se libertar de seu refúgio em Culiacán e ir para a lagoa de caça a patos.

\* \* \*

EM BUSCA DE EL CHAPO

**BRADY VOOU DIRETO PARA** El Paso para trabalhar na sala de guerra do HSI.

Uma semana inteira se passou sem movimento dos *secretarios*.

— Alguma coisa? — perguntou Brady.

— Nada — respondi. — A camada mais alta não saiu daquele maldito quarteirão.

— Eu estaria enlouquecendo. Mais do que ensandecido. Imagine não sair da sua casa, não ver a luz do sol, por uma semana inteira?

Mas se havia alguém acostumado a ficar enfiado em um esconderijo qualquer, era Guzmán. Chapo parecia estar satisfeito em ficar num local por semanas a fio. Suas operações diárias de drogas aparentemente não eram afetadas pelos movimentos da Semar.

Mais uma semana se passou.

— Ele não vai sair — falei. — Nosso tempo com a Semar está acabando. Nico me disse que eles estão conduzindo "missões de treinamento", voando helicópteros por Cabo, mas até isso está cansando. Os fuzileiros navais estão ansiosos.

— Espera, tem algo chegando agora — disse Brady, lendo uma interceptação recém-traduzida. — Chapo está enviando Naris para o Rei dos Patos para observar qualquer atividade da Marinha nas estradas.

Depois de verificar a localização do telefone dele, pude ver Naris investigando, fazendo o próprio trabalho de detetive. Várias horas depois, ele voltou ao esconderijo de Chapo. Brady e eu ficamos sabendo que Naris tinha falado com algum fazendeiro de meia-idade que vivia perto do clube Pichiguila; o vizinho disse que ele e seus filhos ouviam diariamente um barulho de motor no céu. Mas, sempre que olhavam para cima, não viam nada. Havia atividade pesada sendo reportada em La Paz. Agora, Chapo tinha

## LA PAZ

certeza de que algo grande estava acontecendo — o pobre Naris foi postado ao lado da estrada, com os olhos grudados no céu, esperando pelo zumbido, como uma espécie de marechal do ar londrino durante os ataques aéreos da Segunda Guerra.

— Chapo pode saber *todos* os movimentos dos fuzileiros navais — falei. — A única coisa que ainda temos como vantagem é que parece que ele não sabe *quem* é o alvo.

— Tem razão — comentou Brady. — Se soubesse, já teria ido embora há muito tempo.

— E, por enquanto, não tem menção, nas transcrições, sobre "*gringos*", certo? — perguntei.

— Nenhuma.

— **FAÇA AS MALAS** — disse eu. — Precisamos criar uma nova estratégia e motivar as tropas. Vamos encontrar com Nico e El Roy.

— Está bem — respondeu Brady. — Consigo chegar em alguns dias.

A esposa dele tinha acabado de dar à luz um filho, e eu sabia que não era um momento ideal para ele dizer a ela que tinha que ir embora de El Paso.

— Desculpa — falei. — Não, eu quero dizer *agora* agora. Temos que manter o impulso. A brigada está lá há tempo demais. Todo mundo está ficando impaciente pra caralho.

Os fuzileiros navais estavam em alerta na base há duas semanas inteiras, só limpando as armas e checando o equipamento, enquanto tudo o que queriam era destruir Chapo e a organização dele.

— Vamos encontrar o almirante pessoalmente. Estou indo hoje à noite. De quarta a sexta. Três dias, bem rápido. A gente cria uma nova estratégia para esse negócio. Só voe para Cabo San Lucas; eu pego você lá e vamos para La Paz.

O nome da base da força aérea levou um sorriso a meu rosto. Era oficialmente conhecida como Base Aérea Militar Nº 9, La Paz, Baja California Sur, mas todo mundo chamava de La Paz. Eu não sabia o que me aguardava, mas tinha certeza de que provavelmente não teria um minuto dessa paz por um tempo...

CORRI PARA CASA EM La Condesa para me despedir de minha esposa e meus filhos. Naquela noite, sentei na beira da cama de meu filho, confortando-o em relação a sua festa de aniversário no fim de semana seguinte.

— Promete?

— Prometo, carinha. Eu não vou perder.

De jeito nenhum eu ficaria uma semana fora. Beijei a testa do meu filho e disse a ele que voltaria bem antes da festa. Sim, uma viagem curta, garanti a minha esposa. Três dias, no máximo. Nem Brady, nem eu estávamos levando equipamento tático ou armas. Coloquei umas camisas, um par de jeans e algumas cuecas em minha mala de mão, desci as escadas e entrei no Tahoe preto.

BRADY E EU SÓ precisávamos criar um plano B com as altas patentes da Semar no caso de Chapo nunca colocar o pé para fora de seu esconderijo em Culiacán.

Mas havia atividades incomuns demais em Sinaloa. Voo após voo saía da base BAM-9 La Paz, circulando Culiacán, tentando delimitar o diâmetro de um quarteirão que eu tinha fornecido. Imagens aéreas eram ok, mas precisávamos de informações práticas

# LA PAZ

sobre *endereços* — algumas casas que a Semar pudesse atacar em batidas-relâmpago.

Enquanto isso, eu estava recebendo imagens atuais do Rei dos Patos em meu MacBook. Pelas fotos, podia ver uma colmeia de atividade nas cabanas recém-reformadas: funcionários estavam construindo uma ponte até uma ilha artificial com uma grande palapa e trabalhando num salão de festas especialmente desenhado. A água lamacenta do pântano que tornava a lagoa tão perfeita para caçar patos obviamente não era algo em que Chapo e seu harém de garotas gostariam de nadar pelados.

O AEROPORTO INTERNACIONAL DE Cabo San Lucas estava tomado por turistas norte-americanos, bandos de loiras universitárias vestindo sarongues e sandálias de dedo, ansiosas para chegar à praia. Os caras usavam bonés, shorts de surfista e óculos escuros, provavelmente já curtindo ressacas.

Andando apressado pelo terminal, pensei na última vez em que estive numa praia. Apenas seis meses antes, eu estava vendo meus filhos fazerem castelos de areia na costa da Flórida, com os dedos dos pés na água, quando meu BlackBerry, apoiado em uma toalha listrada, começou a vibrar — nem aquele pacífico momento em família, Chapo pôde deixar de interromper. Eu tinha decifrado as mensagens ali mesmo na praia, reconstituindo uma trama de assassinato com as informações colhidas pelo DEA e o HSI.

Chapo estava se preparando para matar seu próprio primo, um homem de 43 anos chamado Luis, que todo mundo chamava de Lucho. Guzmán foi ardiloso; não seria uma execução pública — nada de matadores em motocicletas, carregando AKs e usando capuzes pretos. Na verdade, ninguém conseguiria conectar a morte a Chapo.

Em vez disso, Guzmán planejava mandar Lucho para Honduras, do outro lado da fronteira, numa tarefa de negociação. Os corruptos policiais hondurenhos na folha de pagamento de Chapo parariam o carro numa blitz de rotina — como eu tinha feito tantas vezes como auxiliar de xerife em Kansas —, mas plantariam uma arma ilegal e cocaína na picape Toyota de Lucho, o prenderiam e o levariam a uma prisão hondurenha, onde Chapo tinha arranjado para o cara ser esfaqueado com uma faca improvisada, fazendo parecer que Lucho tinha estado no lugar errado, na hora errada.

Eu tinha levantado da toalha, andado pela praia e, sem que minha esposa e meus filhos pudessem ouvir, ligado para o DEA em Honduras. E, como previsto, Lucho tinha sido preso algumas horas antes. Colocamos o cara numa unidade de segregação administrativa e conseguimos impedir a trama de assassinato. (Quando decidi ser policial, nunca imaginei que iria salvar a vida de membros da alta hierarquia do Cartel de Sinaloa.)

Passando correndo pelos turistas no aeroporto de Cabo, fui pego por Nico num Suburban blindado seguido por um pequeno comboio de *rápidas* — as picapes customizadas da Semar, com metralhadoras montadas na plataforma — e seguimos para a base BAM-9, em La Paz. Joguei minha mala num beliche vazio, depois explorei por uns minutos, montando um centro de comunicação móvel num cômodo do tamanho de um armário ao lado dos quartéis, uma sala que apelidei de Central Nerd: MacBooks, vários iPhones e BlackBerrys, cabos e carregadores estavam espalhados por todo lado.

Brady chegou em Cabo, vindo de El Paso, algumas horas depois; o pegamos e levamos para La Paz. Imediatamente, nos sentamos e fizemos um *briefing* para o comandante de campo

## LA PAZ

da brigada da Semar, o almirante de duas estrelas Antonio Reyna Marques, ou "Garra".

Garra se reportava diretamente ao almirante Furia, que tinha permanecido na Cidade do México. Eu não tinha certeza de como esse oficial tinha ganhado o apelido de Garra, mas caía perfeitamente bem. Ele tinha um cabelo eriçado cortado curto e muito preto, uma testa enrugada pelo sol, um nariz de falcão e maçãs do rosto altas que indicavam uma antiga linhagem asteca. Era prático, calmo e direto. Garra imediatamente exigiu saber se ainda podíamos garantir que Chapo iria para o sul em algum momento próximo, de Culiacán ao Rei dos Patos.

— Gostaria de poder dar uma resposta definitiva, senhor — respondi. — Nosso maior problema continua sendo o vazamento de informações. Tiveram sorte em achar a fonte?

— Não — respondeu o almirante Garra. — Ainda estamos investigando.

DENTRO DE UM DIA, Brady e eu tínhamos ficado amigos da brigada. Éramos os únicos brancos usando roupas civis na base — e nos destacávamos de forma óbvia —, mas aí o capitão Julio Diaz dobrou a esquina com uniformes de batalha da Marinha e botas de combate cor de areia.

— Vocês precisam tirar essas roupas e se misturar — disse o capitão. — Tem olhos demais por aqui.

Lembrei que conheci Diaz na reunião — todo mundo o chamava de El Toro. Eu tinha gostado dele desde o momento em que nos conhecemos na Cidade do México.

— *El me cae bien* — eu tinha dito a Brady. Era uma expressão que eu tinha aprendido no México e significava que você tinha uma boa impressão de alguém. — Olhe para ele. El Toro está sempre tão animado, pronto para o ataque. Ele mal consegue ficar parado.

As camas eram apertadas, mas, felizmente, a Semar tinha nos colocado nos quartéis dos oficiais, com ar-condicionado e chuveiros decentes.

Brady e eu nos juntamos a Leroy e Nico para o jantar — todo mundo, incluindo os 80 fuzileiros navais do DF, comia no mesmo refeitório apertado.

— Temos que ir para lá — disse Leroy, tomando algumas colheradas de um suspeito ensopado de peixe. — Foda-se essa espera toda. Ele não vai sair.

— Porra — falou Rico, rindo. — Qual é a pressa? Eu dou algumas corridas pela base todos os dias. Pego uma carona no helicóptero e sobrevoo as praias com esses caras. A vida está boa.

DE VOLTA AOS QUARTÉIS, descobrimos que não estávamos sozinhos. Dois jovens agentes do DEA tinham chegado e estavam desfazendo as malas. Eram dois agentes líderes das investigações sobre Mayo Zambada e Rafael Caro Quintero (ou "RCQ"). Um juiz tinha recentemente concedido uma saída antecipada de uma prisão mexicana a Caro Quintero, depois de ele servir 28 anos de uma pena de 40 por seu envolvimento com o assassinato do agente especial Kiki Camarena. Agora, ele era procurado de novo, e acreditava-se estar escondido ao norte de Culiacán, no alto de Sierra Madre.

Desde que eu tinha começado a coordenação com a Semar para a operação de captura de Chapo, havia conversas na embaixada sobre compartilhar recursos com outras investigações viáveis no DEA. Era o protocolo oficial — não tinha como evitar. Brady tinha ficado irado quando eu o preparara, semanas antes, para a possibilidade de dividir a Semar com outra investigação.

— Você só pode estar brincando — disse ele. — Dividir a Semar? Com quem?

— Outros agentes estão alegando ter informações práticas sobre seus alvos também — falei. — Agora que alinhamos tudo com a Semar, eles estão dizendo que vão estar tão prontos quanto nós para agir.

— Papo furado — reagiu Brady, espumando.

— Eu sei — concordei. — Mas não há nada a fazer. A decisão foi tomada acima de mim. — Eu tinha entrado num acordo de cavalheiros com os outros agentes: quem tivesse a informação mais oportuna no momento em que a Semar estivesse pronta em La Paz tinha a autorização de dar sinal verde para lançar sua operação. Felizmente, eu sabia que as informações sobre Mayo e RCQ desses agentes não estavam nem remotamente perto do que eu e Brady já tínhamos reunido nos últimos nove meses sobre Chapo.

— Só podemos esperar que a Semar não se distraia com tantos alvos diferentes na mesa. Temos de manter os fuzileiros focados — falei.

Eu sabia que Mayo frequentava a área montanhosa logo a leste do Rei dos Patos; uma tentativa de capturá-lo primeiro mataria imediatamente qualquer chance de que Chapo saísse de Culiacán. Ele nunca arriscaria, sabendo que os fuzileiros navais estavam fazendo batidas logo ao sul da cidade.

Enquanto desfaziam as malas no quartel, abordei os dois agentes.

# EM BUSCA DE EL CHAPO

— Vocês sabem que, se iniciarem a captura de Mayo ou RCQ primeiro, nossa operação Rei dos Patos está acabada — comentei. — Completamente queimada.

Eles assentiram, mas estava claro que não importava para eles. Dava para ver que estavam animados só de estar no meio de toda a ação na base.

**DEPOIS DE ALGUNS DIAS** em La Paz, percebi que de jeito nenhum Brady ou eu conseguiríamos ir embora logo. A Central Nerd era nosso centro de comando, e tínhamos a Semar à mão caso precisássemos lançar a operação.

Nico levou Brady e eu ao Walmart local, onde estocamos alimentos e alguns pares extras de cuecas. Uma data de volta ao DF era a coisa mais longe de minha mente.

Liguei para minha esposa do estacionamento do Walmart.

— Amor, não posso ir embora — avisei. — Não sei quanto tempo vai levar. Talvez mais alguns dias. Explico depois.

— Está bem. Por favor, tome cuidado — disse ela.

— Amo você.

Minha esposa tinha sido uma rocha durante minha carreira do DEA. Se ficava preocupada, nunca me dizia. Éramos uma combinação perfeita, nesse sentido: sempre aceitando e abraçando os momentos preciosos da vida — até os assustadores — como uma equipe.

Nos dias seguintes, Brady e eu ficamos grudados nas cadeiras de madeira dentro da Central Nerd, lendo pilhas de transcrições novas e fazendo *pings* da camada mais alta até a madrugada, depois de todos os fuzileiros navais irem dormir. Na maioria das noites,

# LA PAZ

éramos os únicos que sobravam na sala, com as luzes apagadas, trabalhando só com o brilho das telas de computadores.

Lic-F continuou atualizando Chapo sobre os movimentos de Semar, mas dessa vez, não havia atraso nas informações — quase zero demora. Brady e eu assistimos a quatro helicópteros da Semar — dois Black Hawks e dois MI-17s russos — decolar de BAM-9 para mais uma missão de treinamento.

— Aqui está — disse Brady, lendo de seu BlackBerry segundos depois. — Lic-F acabou de dizer a Chapo que quatro helicópteros saíram da base em La Paz, e que parece que conduzirão uma missão de treinamento próximo a Cabo.

— Na mira — falei. Era muito intimidante. Eu não me sentia seguro na base. Ainda achava que estávamos todos sendo constantemente vigiados.

Tinha de haver alguém na base que estava sujo. Mas quem?

NO MEIO DO JANTAR de nossa quinta noite, recebi uma ligação de minha supervisora de grupo na Cidade do México, pedindo uma atualização, embora rapidamente tenha se tornado claro o que ela queria. Ela estava me avisando — não tão sutilmente — que estava sendo pressionada por oficiais dentro do "G.D.M." (governo do México).

— Drew, o G.D.M. está me perturbando — disse ela. — Qual é a situação de vocês? Não temos tempo *ilimitado* para essa operação.

Ela explicou que a Semar estava sendo chamada imediatamente para lutar contra Los Caballeros Templarios — o Cartel dos Cavaleiros Templários — em Michoacán. Os Cavaleiros Templários eram uma ameaça violenta — fundados por Nazario Moreno, um traficante comumente chamado de El Más Loco ("o mais louco") —, mas a ideia de que fossem um alvo mais prioritário para o DEA ou a Semar do que Chapo Guzmán era ridícula.

— Cavaleiros Templários? — respondi. — Desculpa, mas o G.D.M. está falando merda. Estamos lidando com Chapo. Tenho esconderijos dentro de Culiacán; localizações definidas. Nunca houve um alvo de drogas mais prioritário na história do México. Desde que comecei a operação com a Semar, com o *almirante*, ninguém disse uma palavra sobre Michoac...

— A coisa ficou, bom, política — disse ela. — Só consigo pressionar de volta até certo ponto, Drew. A Semar está falando de tirar todo o pessoal de La Paz.

Desliguei e olhei para Brady.

— Minha supervisora — expliquei. — Estão falando em fechar nossa operação. Tirar a Semar de La Paz.

— Fala sério, porra — respondeu Brady, terminando sua última colherada de *lentejas* (uma sopa de feijão aguada).

— Não estou brincando. "A coisa ficou política", diz ela.

Respirei fundo. Típico — os chefes dizem uma coisa e as tropas em campo relatam outra. Nenhum daqueles soldados fuzileiros navais tinha a menor intenção de sair de La Paz para ir atrás dos Cavaleiros Templários.

Ainda assim, senti que todo o plano operacional estava correndo perigo de desandar. As conversas paralelas já eram ruins; mais potencialmente prejudicial era o número de políticos, chefes e burocratas em ambos os governos que sabiam sobre a operação iminente. Empurrei minha tigela de sopa, fiz uma contagem mental e perdi a conta: o administrador do DEA, o diretor do HSI e descendo a cadeia por seus vários subalternos e agentes de supervisão em Washington, Arizona, Califórnia, Texas, Illinois.

## LA PAZ

E *los primos* sabiam, claro, provavelmente chegando até o próprio diretor da CIA.

*Línguas demais*, pensei. *E egos demais.*

Eu não conhecia a fonte precisa dos vazamentos, mas o efeito sobre nosso alvo era claríssimo. Caramba, *Chapo* sabia mais sobre os detalhes precisos a cada momento do que acontecia no chão — mais sobre os movimentos operacionais exatos dos fuzileiros — do que qualquer um no governo norte-americano fora Brady e eu.

— O AVIÃO ENCONTROU o mensageiro de Mayo — disse Leroy Johnson, animado. — Estão seguindo o cara. Sudeste de Culiacán. Acho que vamos lançar a operação.

Ele sabia de nossa informação sobre Chapo. Mas Leroy não aguentava mais ficar sentado nos quartéis. Ele assistia a filmes no quarto coletivo até quatro da manhã, e sua mente parecia estar sempre acelerada. Estava animado e pronto para ir a campo com os fuzileiros e perseguir uns bandidos, independentemente de quem fossem.

Virei para Brady e falei:

— Estão dizendo que tem uma chance de 50 por cento de esse mensageiro estar levando comida para Mayo nas montanhas. Vão começar.

— Puta que o pariu.

Brady e eu assistimos a Nico, Leroy e sua equipe vestirem o equipamento tático pendurado em seus beliches e se juntar às equipes de fuzileiros que embarcavam nos quatro helicópteros na pista de decolagem. Segui-os até lá fora, sentindo-me impotente em só ficar ali parado, com a brisa do oceano e a poeira levantada pela hélice batendo na minha cara. Agora, não havia como parar essa operação.

Vi os helicópteros decolarem e, por fim, desaparecerem no horizonte do mar de Cortez.

**NO FIM DO DIA** seguinte, as aeronaves voltaram à base, e observei as fileiras de fuzileiros navais exaustos encherem o refeitório.

Já tinham me informado dos resultados.

Não conseguiram capturar Mayo, mas prenderam alguns dos homens dele e apreenderam um depósito de AK-47s, M-16s e escopetas enterrados em barris de 55 galões em um rancho perto da localização inicial do alvo.

— Nada bom — me disse Brady. — Vários telefones de escritórios em Durango já foram abandonados, e as linhas estão quietas.

Nós dois sabíamos que isso aconteceria — fora o mesmo que ocorrera após a prisão prematura de Alex Cifuentes. Se todos os espelhos fossem abandonados, estávamos à beira de ficar mais uma vez no escuro.

Vi o agente do caso Mayo fazendo as malas no quartel, acenando com a cabeça ao sair.

— Bem, ele parece perfeitamente feliz — comentei com Brady.

— Tudo isso por uma chance de 50 por cento? Já vai tarde. Pelo menos ele está fora daqui, para a Semar poder focar em Chapo.

Enquanto saíamos de nossos quartéis de volta ao centro de comando, Brady parou, olhando para seu telefone. Uma novíssima mensagem — interceptada e traduzida na sala de guerra do HSI em El Paso — tinha chegado.

— Caralho, ainda estamos vivos.

— O que você tem aí?

## LA PAZ

— Chapo acabou de dizer para Naris sair e comprar uns lençóis de cetim vermelho e levá-los a um dos esconderijos — disse Brady.

Chapo estava seguindo com seu dia a dia — assustado ou não. E quaisquer medos que ele tivesse sobre os movimentos da Semar logo ao sul de Culiacán e nos céus não tinham atrapalhado sua vida amorosa, certamente não no Dia dos Namorados — conhecido no México como El Día del Amor y la Amistad, o "dia do amor e da amizade".

— Ele mandou Naris comprar dúzias de rosas para todas as suas mulheres e escrever a mesma mensagem em todos os cartões — disse Brady. — Quer até que Naris assine suas iniciais por ele: J.G.L.

— J.G.L. — repeti. — Não dá para ser mais pessoal que isso.

Agora, eu não tinha mais dúvida. Chapo ainda estava dentro daquele esconderijo, naquele quarteirão decadente de Colonia Libertad.

Não havia um momento de paz em La Paz. Eu ainda estava nervoso depois dos acontecimentos recentes com a Semar indo atrás de Mayo.

Brady e eu sabíamos que precisávamos fazê-los se concentrar novamente na caça a El Chapo, então fomos diretamente ao encontro do almirante Garra em seu escritório. Dava para ver que Garra estava cansado, com os olhos escuros e inchados; ele claramente estava decepcionado com os resultados da batida a Mayo.

O almirante pareceu irritado com nossa presença já na porta. Não disse uma palavra; apenas levantou as sobrancelhas como indicativo para irmos direto ao ponto.

— *Señor* — comecei. — A camada mais alta não parou.

— Vocês ainda têm os caras dentro daquele quarteirão?

— Sim, surpreendentemente, os *pings* ainda estão no mesmo lugar — falei. — Chapo parece confortável em Culiacán. Podemos usar isso como vantagem. Ele deve achar que toda a atividade militar em La Paz era para a missão lançada contra Mayo. Ainda está cuidando de seus negócios. Acabou de mandar flores para todas as suas garotas por El Día del Amor y la Amistad, mas de jeito nenhum vai sair. Não agora.

— Então, você está sugerindo...?

— Que entremos em campo — concordei.

— Em Culiacán?

O nome da fortaleza do cartel — frequentemente chamada de Cidade das Cruzes, por seus templos improvisados em homenagem às centenas de traficantes mortos — pesou entre nós por um longo tempo no quartel do centro de comando.

Um desfile de fotos de bandidos cruzou minha mente: Ernesto Fonseca Carrillo, Miguel Ángel Félix Gallardo, Rafael Caro Quintero, Héctor Luis "El Güero" Palma, Amado Carrillo Fuentes, Mayo Zambada, Manuel Salcido Uzeta (ou "Cochiloco"), os irmãos Arellano Félix, Chapo Guzmán... Praticamente todos os mais infames traficantes do México tinham feito de Culiacán sua casa. Entrar na capital de Sinaloa era um pensamento assustador, como tentar tirar o controle de Chicago das mãos de Al Capone durante o auge da Lei Seca.

Olhei para Garra, e ele para mim. Ambos parecíamos admitir que era a única opção, mas sabíamos do imenso perigo à frente.

Nada do tipo jamais tinha sido *considerado*, quanto mais tentado. A Semar e dois agentes norte-americanos liderarem uma operação de captura em Culiacán seria como andar na Lua.

\* \* \*

## LA PAZ

**GARRA PEGOU SEU TELEFONE** e fez uma rápida ligação ao almirante Furia na Cidade do México. Virou-se para olhar Brady e eu.

— Arrumem seus equipamentos hoje — disse Garra. — Saímos às zero-oitocentos amanhã.

Naquela noite, os fuzileiros navais fizeram uma rápida festa de despedida num canto arenoso remoto da base, entre os *cardónes* — cactos gigantes — e as palmeiras-azuis mexicanas. Acenderam uma fogueira, e a Semar tinha sua própria versão de um *food truck*, com pratos de *carnitas*, *tacos de barbacoa* e os favoritos dos fuzileiros, *tacos de sangre* — tortilhas recheadas com chouriço.

Sentado em volta do fogo, pensei sobre quando tinha 18 anos, naquelas noites de quinta-feira com nosso time de futebol americano em Pattonville em que nos reuníamos ao redor da fogueira e contávamos histórias nos preparando para o grande jogo sob as luzes de sexta-feira à noite.

Senti uma camaradagem similar se formando em La Paz — piadas feitas em espanhol, *tacos de sangre* devorados, latas geladas de Tecate viradas uma após a outra. Todos os fuzileiros navais estavam animados, sabendo que, pela manhã, sairiam de vez de La Paz.

Acenei para Brady. Estávamos prestes a dar o grande salto.

Cruzaríamos El Charco e entraríamos no coração de Sinaloa.

**NA MANHÃ SEGUINTE**, 15 de fevereiro de 2014, acordei antes do nascer do sol e fiquei deitado em meu beliche, olhando para o teto. Quanto mais pensava sobre entrar em Sinaloa, mais sentia minha barriga gelar. Peguei meu iPhone e mandei uma mensagem para meu pai:

"Nem consigo começar a explicar o que aconteceu na última semana, pai. Vamos ter que arrancar ele do buraco, e não vai ser bonito. Mas é nossa única opção."

"Quando vocês vão?", dizia a mensagem que meu pai enviou de volta.

"Estamos nos arrumando agora. Mudando as bases e o centro de comando para o território inimigo. Levantamos a bandeira verde na segunda-feira", escrevi. "Vamos queimar aquela cidade."

# SIGA O NARIZ

· · · · · · · · · · ·

JOGUEI MINHA MALA PELA porta do King Air do DEA e peguei um lugar do lado esquerdo da aeronave; Brady, Nico e Leroy vieram logo atrás.

Eu podia sentir o ímpeto crescendo; a Semar tinha recuperado sua energia. Vi pela minha janela os MI-17s cheios de fuzileiros navais começarem a decolar. Mas a Semar não ia nos seguir — estava indo direto à base militar do Batallón de Infanteria Marina Nº 10 (BIM-10), em Topolobampo, Sinaloa.

Em 38 minutos, o King Air cruzou o mar de Cortez e pousou no Aeroporto Internacional de Mazatlán, a cerca de 200 quilômetros de Culiacán.

Gemi quando vi nosso equipamento. Alguém no escritório do DEA de Mazatlán tinha nos emprestado o Chevy blindado mais ferrado de toda a frota: um Suburban de seis anos com mais de 320 mil quilômetros no hodômetro. Até o insulfilme escuro das janelas estava descascando. Eu tinha solicitado especificamente dois veículos blindados, e era isso que nos davam?

— O melhor da USG — comentei, virando-me na direção de Brady, mas não havia tempo para raiva ou frustração. Enfiamos nossas bagagens no porta-malas do carro e entramos. — Como estão as linhas? — perguntei.

— Silenciosas — respondeu Brady. — Silenciosas demais.

— Eu não me surpreenderia se ele já soubesse que estamos aqui — falei.

Nico assumiu o volante, e Leroy, o lado do passageiro, passando-nos uns M4s surrados e pintados com camuflagem de deserto.

— Podemos precisar deles — disse El Roy, com um sorriso irônico.

— Já era mais do que hora, porra — disse Brady. — Eu estava me sentindo nu desde que cruzei a fronteira.

Abri meu MacBook e mandei *pings* para a camada mais alta. Nada. Tentei mais umas vezes.

— Acho que está desligada. Talvez morta.

— Vamos precisar de um pouco mais de sorte — comentou Leroy.

Brady ligou para Joe e Neil em El Passo e disse para começarem a tentar achar o próximo número da camada mais alta.

— Se segurem, caras — disse Nico, batendo no painel. — Espero que esta lata velha aguente.

Fomos para o norte ao sair de Mazatlán, correndo pela espinha dorsal de Sinaloa, e enfim nos encontramos, na Rodovia Federal Mexicana 15D, logo ao sul de Culiacán, com duas *rápidas* da Semar que nos escoltaram pelo resto do caminho até nos unirmos à Semar na BIM-10 em Topolobampo. A base ficava localizada num pequeno porto ao longo do mar de Cortez, não muito longe de Los Mochis — o QG de Cholo Iván.

O sol já tinha se posto, deixando uma pequena faixa cor-de--rosa no céu e lançando um brilho nebuloso na estrada.

Nico parou o carro para podermos mijar. Saí para esticar as pernas e me vi tentando ler as expressões dos fuzileiros que estavam na traseira das *rápidas* vestindo uniformes inteiramente camuflados e coletes à prova de bala, carregando todo o seu equipamento tático e suas metralhadoras pretas.

De repente, percebi que não tinha ideia de com que brigada aqueles homens estavam.

— Espero que esses caras sejam do DF — disse a Brady enquanto estávamos na vala, com os carros passando rapidamente na rodovia atrás de nós.

— Se forem locais, estamos comprometidos — disse Brady. — Ele vai saber que estamos mijando no quintal dele.

Parado ali, a céu aberto, experimentei outro surto de paranoia: imaginei uns fuzileiros na folha de pagamentos de Chapo se aproximando por trás de nós, sacando revólveres e atirando, estilo execução, bem na beirada daquela vala.

— *Vámonos* — falei.

Os 245 quilômetros deviam ter levado mais de três horas, mas Nico colocou a máquina a 140 por hora. No caminho, passamos por saídas para Las Isabeles, Cinco Y Medio e Benito Juárez, subúrbios de Culiacán que eu estudara por horas, dando zoom em meu Google Maps.

A rodovia estava estranhamente tranquila agora, na escuridão, seu asfalto sulcado coberto de cascalho. Eu estava na mesma estrada estreita em que Chapo e seus filhos dirigiam para chegar ao esconderijo secreto na Ensenada de Pabellones.

Agora, estávamos a apenas 15 minutos de carro dos quarteirões que estavam gravados a laser em minha memória — Chapo estava ao alcance de nossos dedos... Eu já podia *sentir*. Um raio, pulsando, emanando do centro da cidade.

Circulamos Culiacán, com o trânsito pesado — Nico desviou de alguns caminhões de tomate, em direção ao norte. Quando passamos Guamuchilera Segunda, meu telefone e o de Brady vibraram simultaneamente.

Era o HSI de El Paso — tinham entrado com um novo número.

— A camada mais alta voltou — falei, sorrindo. — Ainda estamos no jogo!

**DUAS HORAS DEPOIS, LOGO** após a meia-noite, chegamos à BIM-10.

A base da infantaria de Topolobampo ficava no alto de um morro com vista para as águas escuras do Pacífico. Na frente, li o *slogan* dos fuzileiros navais em uma placa grande:

**TODO POR LA PATRIA**

"Tudo pela pátria." Uma neblina repentina tinha invadido a base militar, cobrindo-a de um branco grosso. Eu mal podia ver 5 metros à frente dos faróis dianteiros do Suburban.

Saltei e respirei fundo o ar úmido do mar — a aura aqui em Topo era diferente do que em La Paz.

Eu estava ouvindo aquela velha música do Metallica em minha cabeça — como antes de todos os jogos do Tiger em Pattonville, colocando minhas ombreiras, estudando o campo naqueles momentos tensos antes do pontapé inicial. Não percebi que estava cantando alto — e em um volume razoável. Cantei os versos de "Enter Sandman" enquanto arrastávamos nossas malas pela neblina até os quartéis, subindo as escadas até o segundo andar de dois em dois degraus.

— O clima aqui é diferente — comentei.

— É, eu também senti — respondeu Brady.

— Estes caras estão prontos para lutar.

## SIGA O NARIZ

Um dos fuzileiros com cara de criança correu e nos disse que o almirante Garra tinha chamado uma reunião de emergência na sala de comando à uma da manhã.

Brady e eu fomos os últimos a chegar — os oficiais da Semar e outros fuzileiros já estavam sentados à mesa de reuniões e quase não havia espaço para nos apertarmos.

**AS LUZES FORAM APAGADAS** e todos olharam para os meus mapas em PowerPoint projetados na tela.

Antes de eu poder dizer qualquer coisa, analistas de inteligência da Semar tomaram conta da apresentação. Eram os mesmos caras que eu suspeitara de estarem na folha de pagamentos de *los primos*. Olhei com desconfiança para Brady: não acreditava no que estava ouvindo. Os analistas de inteligência da Semar estavam tentando levar a operação de volta para a missão de captura de Mayo Zambada.

— *Mayo?* — falei. — De novo?

— Que merda é essa? — sussurrou Brady.

Olhando pela sala, mesmo na escuridão, pude ver acenos de cabeça em concordância — alguns capitães e tenentes da Semar estavam sendo convencidos por aquela palhaçada. Até Nico e Leroy estavam parados do outro lado da sala, aceitando tudo. Eu não conseguia aguentar mais.

— Espera um minuto — interrompi um dos analistas. — Do que vocês estão falando?

— Calma, cara — falou Brady, segurando meu antebraço.

Eu não conseguia abaixar o volume da minha voz.

— *Mira!* Ouçam: temos o fugitivo mais procurado do mundo *aqui*, ao alcance das nossas mãos. — Dei um passo à frente e apontei para a tela. — Temos a localização do Chapo delimitada no raio de um quarteirão, e vocês estão dizendo que querem trocar de alvo e ir atrás do *Mayo* de novo?

Respirei fundo, lembrando de quanto precisávamos da cooperação total da Semar, baixando minha voz e me dirigindo ao almirante Garra, respeitosamente, em espanhol:

— *Señor* — falei. — Nossa inteligência nunca vai ficar melhor do que isso. — Eu queria colocar de forma ainda mais direta: esse pode ser o maior sucesso da luta antitráfico da história do México e dos Estados Unidos. Estamos a poucas horas de pegar o fugitivo mais procurado desde que os Navy SEALs norte-americanos capturaram Bin Laden. — Estamos à beira de algo histórico aqui, *señor*. Em 13 anos, desde que ele escapou de Puente Grande, ninguém chegou mais perto de apreender Chapo Guzmán do que estamos agora.

A sala ficou em silêncio.

Minha respiração estava ofegante. Engoli em seco, olhando para os analistas de inteligência da Semar. Podia ouvir a respiração forte de Brady também e — muito longe — as ondas do Pacífico quebrando nos penhascos logo do lado de fora dos quartéis.

O almirante estava considerando suas opções, com o olhar se revezando entre os analistas de inteligência e eu.

Após uma longa pausa, Garra dobrou as mãos decisivamente à sua frente na mesa. Tinha se decidido.

— *Vamos* — falou, calmamente — *a activar Operación Gárgola.*

*Gárgola.*

Era a primeira vez que eu ouvia a palavra, espanhol para "gárgula". Gárgola era o codinome perfeito para a operação de captura — G de Guzmán.

## SIGA O NARIZ

O Rei dos Patos estava morto; a Operação Gárgola estava lançada. Os analistas já tinham se sentado de novo sem dizer outra palavra.

Alguém acendeu as luzes, fazendo todos apertarem os olhos. Era pouco antes de duas da manhã, mas ninguém ia descansar. Em vez disso, toda a brigada correu para começar a trabalhar.

O meio da noite era ideal para o ataque: Nico iria com uma equipe de fuzileiros navais no Suburban, enquanto El Roy e seu equipamento sairiam com mais fuzileiros em seu Nissan Armada preto. A equipe de Nico essencialmente faria a segurança de El Roy, que, com seu carro, contornava o bairro de Colonia Libertad — um raio de um quarteirão — em torno do esconderijo onde eu tinha quase certeza de que Chapo tinha passado as últimas 24 horas. Seu único objetivo era encontrar uma porta.

Eu estava preocupado, agora, com Cholo Iván. Aquele assassino mal podia esperar para ter sinal verde — ele pularia em qualquer chance de puxar o gatilho. Se Cholo Iván e seu time em Los Mochis detectassem qualquer movimento na base de Topo para Culiacán, indo ao sul por seu território, as coisas podiam sair rapidamente de controle. E, se isso acontecesse, a Semar, Nico e Lery se veriam no meio de um enorme tiroteio.

Abracei Nico e Leroy.

— Mandem ver, caras — falei, como tinha feito tantas vezes com Diego ainda em Phoenix antes de grandes reuniões disfarçados.

Eram três da manhã quando Brady e eu nos viramos para caminhar pela neblina de volta ao centro de comando.

Rapidamente, montamos a operação como tínhamos feito em La Paz, levando a Central Nerd para Topolobampo. Puxei um mapa no qual estava rastreando os telefones de Nico e Leroy enquanto eles se dirigiam ao sul pela Rodovia Federal Mexicana 1D, com os ícones laranjas do aplicativo Encontre Meus Amigos se movendo enquanto eles se aproximavam de Culiacán.

— Nada nas linhas sobre Cholo Iván — afirmou Brady. — Não acho que ele saiba que nossos homens estão passando por lá.

— Ótimo — falei, andando nervosamente para a frente e para trás.

MAS, LOGO QUE O sol nasceu, a cidade se encheu de notícias de última hora. Brady e eu estávamos seguindo as trocas da camada mais alta em tempo real. Chapo estava recebendo atualizações mais ou menos a cada 20 minutos de Lic-F e Sergio, que tinham seus *halcónes* a cada esquina, em cada rua, instantaneamente relatando quantas *rápidas* da Semar estavam dentro e fora da cidade e precisamente o que estavam patrulhando.

> **SERGIO:** Ahorita estan por la canasta bienen puro gafe de agua no traen intel andan en rg en 19 a ver k cae hay las teniamos monitoriadas duraron paradas en la col popular en la calle rio usumasintris y rio grijalba

"Agora estão na cesta [cidade]. Vêm das forças especiais da água. Não trouxeram [agentes de] inteligência com eles. Estão indo para a RG em 19 [Culiacán] para ver o que acontece. Estamos monitorando todas as paradas deles em La Colonia Popular nas ruas Rio Usumacinta e Rio Grijalva."

O almirante Garra tinha mandado grupos de *rápidas* atrás do Suburban e do Armada para segurança, mas elas tinham sido instruídas a ficar nas beiradas da cidade, circulando distantes como tubarões. Só deviam responder se Nico, Leroy e suas equipes estivessem em apuros.

As mensagens de Sergio a Chapo continuaram.

Hay estan como escondidas toda la mañana y se movieron rumbo a la canasta

"Estavam se escondendo lá a manhã toda, e foram em direção à cesta."

Todos os *halcónes* na cidade sabiam quais carros e caminhões não pertenciam ao lugar, mas, de toda forma, não tinha jeito de fazer isso furtivamente, não tinha como evitar que as equipes de Nico e Leroy caçassem dentro daquele raio de um quarteirão da última camada para localizar uma porta específica.

— Porra, por que esses caras estão demorando tanto? — perguntou Brady, andando de um lado para outro perto da traseira do MI-17 logo em frente à porta do centro de comando.

— Não sei — falei —, mas eles precisam se apressar. A cidade está esquentando. Eles não vão conseguir ficar naquelas ruas por muito mais tempo.

Nico, Leroy e suas equipes já estavam circulando La Colonia Libertad e os bairros do entorno há mais de nove horas, só que ainda não estavam mais perto de localizar a porta de Chapo do que quando começamos. Delimitar aquele aparelho da camada mais alta do campo era mais difícil do que o esperado.

Então, chegou uma mensagem da sala de guerra do HSI em El Paso em nosso grupo do WhatsApp. Era de Chapo para sua cozinheira, que estava usando o codinome "Lucia".

Lucia, aplasten la tina del bano. Y para ke tesalgas en el yeta com memo la aipa la tableta. La traes tambien

"Lucia, nivele a banheira para poder sair no Jetta com Memo. E o *tablet* iPad. Traga também."

Lucia, bengase fijando ke no las siga ningun carro y borre los mensajes

"Lucia, quando vier, garanta que não está sendo seguida por nenhum carro e apague as mensagens."

Olhei para Brady.

— Nivele a banheira? — repeti.

— Ele pode já ter pulado em um túnel.

— É, está começando a entrar em pânico — falei. — Nossos caras devem estar perto, bem em cima da casa.

Liguei para Nico com as notícias.

— Alguma sorte, irmão? — perguntei.

— Não, cara, está difícil — respondeu Nico. — Cada vez que conseguimos um sinal forte, perdemos. Marcamos alguns pontos de interesse, mas ainda nada sólido.

**DURANTE TODA A TARDE** e até o início da noite, Chapo estava recebendo informações cada vez mais detalhadas: a Semar estava interceptando transmissões de rádio de duas vias e os *halcónes* da cidade estavam relatando cada virada do Suburban e do Armada — incluindo a cor exata dos carros e quantos homens em uniformes camuflados havia dentro.

— As linhas estão começando a se apagar — disse Brady. — A segunda camada caiu.

— Porra, estamos quentes demais, cara.

Brady correu de volta para o telefone e imediatamente mudou de estratégia com Joe e Neil em El Paso.

— Temos que transitar!

Transitar — fazer uma interceptação telefônica itinerante — era a forma mais rápida de podermos rastrear legalmente os membros da organização de Chapo, que estavam largando telefones e ligando outros novos enquanto fugiam.*

— Fiquem a postos — disse Joe a Brady. — Vamos voltar em breve.

Joe, Neil e sua equipe em El Paso estavam trabalhando sem parar, dormindo tão pouco quanto eu e Brady, criando toda a base legal para poderem autorizar aquela interceptação itinerante rapidamente, com ajuda de Camila, a promotora principal.

Logo após as nove da noite, meu iPhone apitou.

— Drew, as porras dos tiras não deixam a gente em paz; estão em cima — disse Nico. — Tentaram nos parar várias vezes. Esta cidade inteira sabe que estamos aqui. Todo mundo está cansado e com fome, ficando exausto. Cara, essa merda não está dando certo.

Brady e eu andamos de volta para o heliporto. Brady acendeu um cigarro que tinha filado de um dos fuzileiros. Era nossa oitava vez andando em círculos em torno do MI-17, sabendo que Nico e sua equipe precisavam desesperadamente de informações úteis.

---

* Segundo a lei dos Estados Unidos, "grampo telefônico itinerante" é um grampo que segue o alvo da vigilância, em vez de um aparelho de comunicação específico. Se um alvo tentar se livrar da vigilância jogando fora um telefone e adquirindo um novo, se mudando, ou por qualquer outro método, outra ordem de vigilância em geral precisa ser solicitada. Um grampo "itinerante", porém, segue o alvo e frustra suas tentativas de quebrar a vigilância mudando sua localização ou tecnologia de comunicação.

— Foda-se — eu disse a Nico. — Naris é nossa segunda melhor opção. Encontrando-o, ele nos dirá exatamente onde está Chapo.

— Então, vamos atrás de Naris? — perguntou Nico.

— Sim. — respondi. — Siga o Nariz.

**NO CENTRO DE COMANDO** da Marinha, o almirante Garra estava furioso conosco.

— Que merda é essa? Estamos na mesma porcaria de posição de quando começamos. Nossos caras estão em campo e não acharam *porra nenhuma*. Estou sendo muito pressionado pelos meus funcionários no DF, me perguntando o que estamos fazendo em Culiacán. Não conseguimos continuar por muito mais tempo... Mais algumas horas e vou precisar chamar as equipes de volta.

Eu conseguia entender a frustração do almirante; eu também a sentia.

— *Señor* — falei, em voz baixa. — Temos de ir atrás de Naris.

— O mensageiro de Chapo é nossa melhor chance, senhor — adicionou Brady.

— Se não acharmos Naris, aí, podemos reavaliar — comentei. — Mas, se o pegarmos, tenho certeza de que ele vai nos levar até Chapo.

O almirante Garra apenas me olhou e, sem dizer uma palavra, saiu do centro de comando.

**AGORA, O CENTRO DE** comando estava vazio; todos os outros fuzileiros navais tinham saído para dormir um pouco. Brady e eu estávamos sozinhos, então abri uma garrafa de Johnnie Walker Red. Tinha comprado antes de sair de Mazatlán e contrabandeado para a base

## SIGA O NARIZ

em minha mochila, esperando que fosse uma garrafa de come-moração... Encontrei uns copos de plástico vermelhos e passei um para Brady. Meu estômago doía querendo comida. Quanto tempo fazia desde que eu tinha comido algo sólido? Oito horas? Dezoito horas? Eu não tinha ideia.

Brady e eu estávamos com os olhos vermelhos — nenhum de nós dormia há dois dias. A brigada da Semar estava exaurida — a exaustão tinha se abatido sobre ela como um tsunami. Bebi o uísque e olhei para o horário e a data no meu telefone: 00:00, 17 de fevereiro de 2014.

Xinguei em silêncio, balançando a cabeça. Uma promessa de pai quebrada: antes de sair do DF, tínhamos escolhido a *piñata*, as sacolas de lembrancinhas e os convites para meu filho e seus amigos.

— Cara, o que foi? — perguntou Brady.

— Espera aí. Preciso mandar uma mensagem para ela — disse, expirando. — É dia 17.

Digitei o mais rápido que pude e apertei enviar às 00:02.

Desculpe por perder, amor. Esta semana foi uma das mais difíceis da minha vida. Estou um zumbi, exausto & sentindo saudade de vocês. Numa batalha e tanto aqui. Dê um beijão e um abraço no meu filho por mim e deseje feliz aniversário. Amo muito vocês.

Olhei para Brady e colocamos mais uísque em nossos copos.

*Nada más que decir.*

Nada mais a dizer.

Brady tinha um recém-nascido que tinha deixado para sua esposa cuidar sozinha; eu me sentia um merda por prometer ao *meu* filho que estaria lá para a *fiesta* de aniversário no DF...

Passei pela lista de músicas em meu iPhone. Tinha vontade de colocar bem alto "Enter Sandman" ou qualquer coisa do Metallica ou Nirvana. Até algum *narcocorrido* dos Los Tigres del Norte, alguma coisa pesada e pulsante, colocada no volume máximo para afogar a mistura de exaustão e tristeza.

Mas todos os fuzileiros estavam desmaiados — dava para ouvir alguns deles roncando —, então optei por "Cool Jazz for Warm Nights" e tomei um gole grande de Johnnie Red.

Brady deixou escapar uma risada quando os sons de jazz flutuaram pelo quartel; o lugar tinha cheiro de uniformes de batalha suados e botas bolorentas. A música "Everything Happens to Me", de 1957, do saxofonista Warne Marsh, estava tocando quando chegou uma mensagem de Joe, em El Paso.

— Estamos de volta — disse Brady. — Bom garoto, Joey! Mande mais.

A primeira mensagem a chegar era de Chapo, agora cada vez mais impaciente, pedindo um relatório de status para Lic-F. Ele estava agitado.

Los bolas del agua donde kedaron
no saves??

"O grupo de fuzileiros — onde eles estão agora? Você sabe?"

MEU TELEFONE COMEÇOU A apitar. O horário dizia 00:34.

Era Nico. Ele nem deu oi — soava intenso, sem fôlego.

— Qual é o telefone de Naris?

Rapidamente recitei os números do BlackBerry do mensageiro. Eu os tinha gravados na memória.

## SIGA O NARIZ

Suspeitei do motivo por que Nico precisava deles — mas perguntei mesmo assim.

Nico riu.

— Estou com o filho da puta bem na minha frente.

— Sério? Você pegou o Naris? — disse, sorrindo e olhando para Brady.

Brady quase derrubou seu copo plástico de Johnnie Walker.

— Aham — confirmou Nico. — O cara de narigão está parado bem aqui, a dois metros de mim.

— Ok, onde ele está dizendo que está Patas? — perguntei.

Patas Cortas — espanhol para "pernas curtas" — era o codinome aberto de Chapo durante a operação de captura.

— Ele está dizendo que está no Três — disse Nico.

Apenas alguns momentos antes, Brady e eu tínhamos interceptado uma mensagem de Chapo que estávamos no processo de decifrar:

Naris si cnl bas ten pranito ala birra y le llebes ala 5 y traes aguas.
Seme olbido el cuete ai esta en el 3 en la cautiba atras me lo traes

"Naris, vá de manhã pegar a *birria* e as chaves e traga para o Cinco. E traga um pouco de água. Não esqueça da arma. Está lá no Três no banco de trás do [Chevy] Captiva. Traga o revólver para mim."

Eu sabia que Naris estava mentindo; de jeito nenhum Chapo ainda estaria no Local Três — eu tinha certeza que aquele esconderijo agora estava vazio.

Disse a Nico o que tinha acabado de ler:

— Ele está de papo furando com você. Patas não está na porra do Três. Não tem ninguém no Local Três. Está vazio. Ele está no Cinco.

Pude ouvir Nico dizendo à Semar que Naris estava mentindo para eles. Aí, ele desligou. Alguns minutos depois, ligou de volta.

— Naris mudou a história — disse Nico. — Você tem razão. Ele está dizendo que Patas está no Cinco.

— Mande todos os fuzileiros que tiver para o Cinco — falei.

# TOCA DO LEÃO

· · · · · · · · · · ·

**LA PISCINA.**

Eu lembrava que, naquele dia, mais cedo, Chapo tinha mandado Naris para "El 5" para se encontrar com o cara que limpava a piscina.

Liguei imediatamente para Nico.

— La Piscina — falei.

— Que piscina?

— Patas se referiu ao Cinco, antes, como La Piscina. A casa que você está procurando tem uma piscina. Tenho quase certeza disso. Vou mandar as coordenadas da área. Naris esteve lá hoje de manhã. Os *pings* do Condor estão vindo da mesma torre lá perto.

— Ok — respondeu Nico. — Vamos ao Cinco. Naris está dentro.

A porta do centro de comando se abriu abruptamente.

— *Vámonos!* — gritou o almirante Garra, com os olhos ainda apertados, como se tivesse sido acordado de um sono profundo. — *Vámonos!* — berrou de novo. — *Levantamos a Naris.*

Gostei de saber que Garra estava acompanhando os acontecimentos com seus próprios fuzileiros em campo, da mesma forma que Brady e eu estávamos conseguindo atualizações com Nico.

## EM BUSCA DE EL CHAPO

Ouvir o ruído da turbina do helicóptero MI-17 lá fora foi como uma injeção de adrenalina. Brady e eu corremos por um pequeno lance de escadas para pegar nossos poucos pertences, os telefones remanescentes e a mochila.

— Não esqueça dos coletes! — disse Brady, olhando do batente da porta estreita.

Do chão frio de azulejo, peguei dois velhos coletes à prova de balas que tínhamos obtido ilicitamente em Mazatlán. Joguei um para Brady, que o pegou no ar.

Descendo a escada três degraus de cada vez, saí do centro de comando, respirando fundo o ar salgado do oceano. Correndo até o heliporto, tentei colocar meu colete, mas percebi que tinha pegado um que parecia ter sido feito para uma criancinha. Não conseguia soltar as tiras, e rasguei o negócio para passar a minha cabeça num frenesi. Com as hélices do MI-17 girando alguns metros acima, olhei para Brady.

— Chegou a hora — gritei por cima do barulho do helicóptero. — Ele está fodido!

Agora, mal parecíamos agentes federais norte-americanos. Sob os coletes castanhos e pretos, ambos estávamos usando os uniformes camuflados da Semar que tínhamos vestido depois de chegarmos a Topolobampo.

Entrei pelo enorme buraco na traseira do MI-17 e me sentei no banco duro de aço diretamente atrás do fuzileiro do lado direito. Brady se sentou ao meu lado.

O comportamento do almirante Garra era calmo — quase calmo *demais*, pensei. Eu estivera estudando o almirante nas últimas semanas, tentando determinar o que o motivava. Comandante habilidoso da Semar, com décadas de experiência lutando nas guerras de tráfico do México, Garra era como uma

TOCA DO LEÃO

ave de rapina já grisalha: sempre calmo, mesmo quando era hora de atacar.

Sem qualquer tom exaltado — como se estivéssemos só indo pegar um traficante de rua e não um chefão do tráfico bilionário que estava em fuga desde 2001 —, Garra gritou por cima do motor ruidoso:

— Quando chegarmos, vamos colocá-lo nesse helicóptero e trazê-lo de volta para cá para ser interrogado.

— O que precisamos agora é de algumas armas — berrou Brady.

Sim — ambos precisávamos de armas.

Examinei a cabine para ver se havia fuzis extras sobrando. Aquilo estava se transformando numa operação militar completa, mas Brady e eu tínhamos caído tão rápido em Sinaloa que nunca tivemos chance de nos preparar totalmente. Tínhamos devolvido as espingardas M4 a Nico e Leroy antes de eles irem para o sul em direção a Culiacán.

Já estávamos há três dias inteiros sem dormir. O helicóptero decolou, fazendo um ângulo para o sul pela costa de Sinaloa, em direção ao local de nascimento e fortaleza do cartel de drogas mais poderoso do mundo.

O céu noturno agora brilhava mais do que a cabine do MI-17. Os fuzileiros vestiram seu equipamento tático e carregaram suas armas, incluindo um lançador de granadas Mark 19 pendurado na parte traseira e duas metralhadoras M134 Miniguns enfiadas pelas portinholas de cada lado da aeronave.

Então, tudo ficou estranhamente parado. Ninguém falou.

O fuzileiro mais perto de mim tinha uma lanterna tática de luz verde entre os dentes enquanto checava seu Facebook pelo celular. Aqui estávamos, prestes a capturar o chefão de drogas mais procurado do mundo, e esse cara estava tranquilamente checando suas postagens nas redes sociais como se estivesse sentado no sofá de casa. Em meu BlackBerry, rapidamente atualizei minha supervisora de grupo no México. A administração do DEA só sabia que algo grande estava rolando, mas eu não tinha compartilhado todos os detalhes. Sempre que funcionários do governo norte-americano estavam inseridos nas forças armadas de uma nação anfitriã, havia potencial para uma tempestade política; nem todos os gerentes do DEA e do HSI estavam felizes de Brady e eu termos saído de La Paz e nos enfiado em Sinaloa.

Dentro de alguns minutos, estaríamos fincando as botas em Culiacán. Colocar os pés nessa cidade era uma proposta de vida ou morte tanto para agentes federais norte-americanos quanto para forças da Semar. Por alguns momentos, pensei sobre o que escrever. Quanto menos detalhes os chefes soubessem naquele momento, melhor, então, optei por duas palavras.

— A caminho.

Fechei os olhos, com a cabeça ainda girando enquanto tentava focar no som do helicóptero cortando o ar do oceano.

Por que não tínhamos recebido notícias do que estava acontecendo em solo?

Brady e eu checávamos nossos BlackBerrys a cada poucos minutos, depois buscávamos atualização com o almirante.

Garra não dizia nada.

Estávamos voando havia 40 minutos, mas ainda assim ninguém ouvia um pio. Se alguém fosse notificado de uma captura, certamente seria Garra. Sua equipe de entrada da Semar seria a primeira a passar pela porta, e os primeiros homens a fazer contato com Chapo.

Talvez os fuzileiros já o tivessem em custódia e, por motivos de segurança, não estivessem informando o comando pelo rádio?

O rosto de Brady, como sempre, estava fechado em sua carranca rubicunda.

O almirante Garra permanecia impassível.

O MI-17 se afastou da costa. Identifiquei o brilho nebuloso das luzes da cidade à distância enquanto passávamos por cima de casas pequenas e ranchos maiores.

— *Quince minutos* — gritou um dos membros da tripulação da cabine do piloto.

Quinze minutos de distância. Nesse momento, a luz indicadora vermelha começou a piscar no canto direito do alto de meu BlackBerry. Era uma mensagem de Nico, com a equipe de entrada da Semar no Local Cinco:

"O lugar é uma fortaleza", escreveu Nico. "Câmeras por todos os cantos."

O piloto começou a voar em oito sobre a cidade. Olhei para as ruas abaixo, desertas exceto pelo frenesi de picapes *rápidas* da Semar, com metralhadoras montadas em cada plataforma e cheias de fuzileiros navais, ziguezagueando pelos quarteirões como se estivessem começando uma missão de busca.

Consegui ver um helicóptero Black Hawk conduzindo uma busca em um quarteirão diferente da cidade, paralelo a nós. Olhei para Brady e balancei a cabeça.

— Onde diabos ele está? — perguntei em voz alta, olhando fixamente para um bairro residencial lá embaixo, como se esperasse ver Patas Cortas numa corrida pela rua deserta em roupas de ginástica. Eu só queria descer e começar a caçar. Não valíamos nada no ar.

A velha aeronave russa se inclinou de bico antes de pousar rapidamente em um lote abandonado da cidade.

Conforme chegávamos perto do solo, comecei, de repente, a perder minha orientação — odiei a sensação. Sempre tinha me orgulhado de meu senso de direção intuitivo. Quando estava na faculdade, frequentemente ia para o bar no porta-malas do carro de um amigo porque havia garotas demais nos bancos. Trancado no escuro, eu anunciava cada virada e cada nome de rua até chegarmos ao bar, sem nunca perder minhas coordenadas.

Mas, agora, não tinha ideia de onde estávamos descendo ou de em que seção de Culiacán estávamos. Mesmo com uma lua cheia, não conseguia nem distinguir norte e sul.

Saltamos da traseira do helicóptero quando ele estava pousando. Os fuzileiros navais saíram rapidamente e desapareceram na grama alta do lote abandonado. Brady e eu nos vimos sozinhos, incapazes de ouvir um ao outro por cima do rotor, apertando os olhos por causa da poeira e da areia que subia a nosso redor. Rapidamente perdemos de vista todos os fuzileiros; perdemos até Garra. Brady e eu tínhamos planejado ficar grudados ao almirante durante a operação de captura.

Tirei meu iPhone do bolso e tentei checar o Google Maps para delimitar nossa localização exata. Sem sorte. O Black Hawk agora estava tentando pousar no mesmo lote minúsculo, e o borrão de poeira rodando tornava impossível enxergar.

— Caramba — disse Brady, apertando os olhos. Ele tinha visto alguns fuzileiros pulando em *rápidas* a cerca de 200 metros. — Vamos, Drew.

Começamos a correr pelo terreno desigual, por cima de punhados de concreto e grama, enquanto o Black Hawk pousava. Pelo canto do olho, vi fuzileiros pulando das laterais do helicóptero, cobrindo os flancos com fuzis apontados.

Brady estava abrindo o caminho, comigo logo atrás, arrastando minha mochila.

Ouvi Brady gritar:

## TOCA DO LEÃO

— Isto está virando uma bosta.

— É — concordei. — Sem fuzis. Sem rádio. E se aquelas picapes forem embora sem nós, estamos fodidos...

**ESTÁVAMOS A 20 METROS** quando as *rápidas* saíram acelerando. Começamos a correr atrás delas, a toda velocidade, até chegarmos a um buraco na cerca de arame que dava para a rua. Mas estávamos atrasados. As *rápidas* já tinham ido faz tempo.

Sem fôlego, dobramos a esquina e entramos na rua vazia.

Já não podíamos ver os faróis traseiros dos caminhões, nem ouvir o barulho de helicópteros atrás de nós. Só conseguíamos escutar nossas botas no asfalto e nossa respiração rápida.

Virei de um lado para o outro, tentando determinar em que direção estávamos indo — mas o asfalto, as árvores e os prédios, de repente, viraram um só borrão em tons de marrom e cinza.

Estreitei o olhar. Avistei uma silhueta escura a cerca de cem metros.

Instintivamente, procurei meu coldre de perna para puxar meu revólver, mas minha mão só bateu na coxa. Sem coldre. Sem arma. A silhueta estava se aproximando. Aquilo era o cano de um fuzil?

Então, Brady gritou:

— É amigo!

Conforme nos aproximamos, vi que era um fuzileiro muito jovem, postado sozinho. Era esguio, com um nariz afilado e olhos castanhos, e um capacete grande demais para sua cabeça. Para mim, parecia um garoto de 12 anos vestido de soldado. Brady e eu corremos para encontrá-lo.

— *A dónde van?* — gritou Brady. Para onde tinham ido todas as *rápidas*?

## EM BUSCA DE EL CHAPO

O jovem fuzileiro deu de ombros. Parecia tão perdido quanto nós, mas decidimos segui-lo mesmo assim. Pelo menos, o garoto estava carregando um fuzil. Enquanto andávamos pelo quarteirão, Brady perguntou em espanhol:

— Você tem um rádio?

O jovem fuzileiro balançou negativamente a cabeça. Brady agora me olhava fixamente.

Estávamos expostos, e sem armas. Não tinha maneira de disfarçar nossas caras de gringos; nem tínhamos chapéus ou capacetes militares. E, ao contrário de na Cidade do México, aqui em Culiacán ninguém jamais nos tomaria por locais.

*É uma porra de uma armadilha*, pensei.

Chapo tinha subornado os militares; estávamos abandonados, sem armas nem rádios, no coração de Culiacán, prestes a ser sequestrados. Um vídeo de nós sendo torturados e mortos subiria no YouTube antes do sol nascer...

— Cara, precisamos voltar para o helicóptero — falei. — *Agora*.

Mas será que o MI-17 estava lá? Brady e eu abandonamos o fuzileiro adolescente e começamos a correr. Sabíamos que, se o helicóptero decolasse, estaríamos completamente isolados, sem armas e presos no meio da cova do leão.


**DE REPENTE, APARECEU OUTRO** comboio de *rápidas* virando a esquina.

— Foda-se — disse Brady. — Vamos com elas.

Corremos em direção aos caminhões, e alguns dos fuzileiros na traseira estavam acenando para nós, então Brady e eu pulamos. Eu não fazia ideia de quem eram esses caras da Semar ou para onde eles estavam sendo levados. Eles eram mais enérgicos dos que os que eu tinha visto na base em Topolobampo. Fiquei encos-

## TOCA DO LEÃO

tado num garoto magrelo de pele escura; ele estava fumando um cigarro, com o capacete meio tombado para o lado. A maioria dos outros estava usando balaclavas para esconder o rosto.

Depois de dirigir por alguns minutos, estacionamos no centro de um quarteirão de casas, um bairro tipicamente residencial de classe média.

Saltando do caminhão, olhei para cima e para baixo do cruzamento e vi mais *rápidas* e fuzileiros postados em cada esquina. Dois fuzileiros entregaram balaclavas pretas para que Brady e eu cobríssemos nossos rostos.

— *Las cámaras* — explicou um dos fuzileiros.

O esconderijo tinha câmeras de vigilância internas e externas, e os rostos de todo mundo precisavam estar cobertos antes da entrada.

Brady e eu andamos até uma casa moderna de dois andares no meio de duas outras casas do mesmo tamanho. Eu estava tão desorientado que ainda não tinha certeza de onde nossa *rápida* tinha acabado de nos deixar. Seria este o raio de um quarteirão que eu tinha estudado com tanto afinco em meu Google Maps? Estávamos mesmo no Local Cinco? Nem Nico nem Leroy estavam à vista.

Brady e eu entramos cuidadosamente pela garagem aberta da casa, passando por uma Mercedes sedã preta de quatro portas, depois olhamos para a porta muito danificada da casa. Um dos painéis estava faltando, e o batente tinha sido completamente arrancado de um pedaço de metal torcido. A porta tinha sido reforçada com 15 centímetros de aço — a Semar claramente tinha demorado muito para arrombar.

PASSEI PELA ENTRADA. A cozinha, diretamente à frente, tinha móveis simples: mesa de plástico branco e cadeiras dobráveis. Então, peguei a primeira direita imediata depois da sala e entrei no quarto do térreo. Havia roupas de mulher espalhadas por todo o cômodo. Lingeries, blusas, calças de moletom, toalhas usadas e frascos de pílulas abertos lotavam a cama e o chão.

Brady e eu lentamente entramos no banheiro adjacente.

Estava escuro e silencioso, e era muito mais úmido do que o resto da casa. Tentei acender o interruptor da luz; estava quebrado. Brady e eu usamos as lanternas de nossos iPhones enquanto avançávamos.

Ali estava — inconfundível no fraco brilho azulado.

— Merda — falei.

A obra de Kava.

— Olha para esta porra — disse Brady enquanto seguíamos em frente.

A grande banheira branca, com o sistema hidráulico manipulado, estava apoiada num ângulo de 45 graus. Quando nos aproximamos da banheira, um cheiro esmagador de mofo encheu minhas narinas.

Examinamos um sofisticado buraco cavado por mãos humanas embaixo da banheira. Uma estreita escada vertical levava a um túnel que se estendia na direção da rua, aproximadamente três metros abaixo da casa.

Brady desceu a escada primeiro, seguindo para o fundo. Fui imediatamente depois.

O ar bolorento era tão pesado e quente que agora era difícil respirar com os gorros cobrindo o rosto. Abaixados, caminhamos por toda a extensão do túnel. Era extremamente bem construído, equipado com luzes fluorescentes e escoramento de madeira. Seguimos até chegar a uma pequena porta de aço com uma maçaneta circular de tamanho industrial.

## TOCA DO LEÃO

Brady girou a maçaneta de aço no sentido anti-horário, revelando mais um túnel escuro. Fios de esgoto corriam pelo chão, e o teto de 1,5 metro nos fez andar de cócoras.

— Merda — disse Brady, baixinho.

Olhamos para a escuridão.

Estávamos encarando uma entrada para o sistema de esgoto labiríntico logo abaixo das ruas da cidade. Tudo estava na escuridão completa em ambas as direções, exceto por um minúsculo ponto de luz a uns bons 20 ou 30 quarteirões de distância.

Tentei recuperar o fôlego. Olhei em uma direção e Brady olhou na outra, esperando por algum sinal de vida — uma voz sussurrada, um grito, passos chapinhando na água fétida...

Nada.

— Sumiu — disse Brady.

Chapo tinha escapado de novo.

# A ENTREGA

· · · · · · · · · · · ·

O MUNDO DE CHAPO estava de ponta-cabeça.

Agora, o meu também.

Não havia o que fazer, exceto continuar a caça.

Escalei a escada do túnel e lentamente engatinhei para fora, me agachando para evitar bater a cabeça na parte de baixo da banheira.

Ainda sem sinal de Nico ou Leroy.

Puxei meu iPhone e mandei uma mensagem a Nico:

"Cadê você?"

"No Quatro", respondeu Nico. "Indo depois para o Três. Encontre a gente lá."

Eu via o ícone laranja de Nico piscando a cerca de dez quarteirões para o leste no *app* Encontre Meus Amigos.

— Aposto que Chapo poderia andar pelo esgoto direto para o Quatro.

— É, ele nunca teria de ver a luz do dia.

Entramos no que tinha, tão recentemente, sido o quarto de Chapo, e começamos a mexer em tudo — todas as pilhas de roupa, toalhas, livros contábeis, anotações variadas, caixas de Cialis, Celebrex e outros remédios controlados espalhados pelo quarto.

Eu só me importava com uma coisa.

— Me dê todas as caixas de BlackBerry e chips de celular que encontrar — falei. Precisávamos de qualquer coisa que fosse dar uma pista sobre para onde Chapo tinha fugido e para quem ele tinha pedido ajuda nos minutos finais.

— Caramba, estão por todo canto — disse Brady. Havia mais de 20 caixas de BlackBerry só no quarto. Brady e eu rapidamente as reunimos numa pilha na cama.

Comecei a tirar fotos de cada número PIN diferente impresso do lado de cada caixa. Quando eu enviasse os PINs a Don, na Divisão de Operações Especiais do DEA da Virginia, ele conseguiria me dar os números de telefone correspondentes quase na mesma hora. Aí, eu podia começar a mandar *pings* para os aparelhos.

— Tem uma boa chance de Chapo estar carregando pelo menos um destes BlackBerrys — declarei.

**ENQUANTO CONTINUÁVAMOS A EXAMINAR** a casa vazia, encontrei o almirante Garra.

— *Ven conmigo* — disse o almirante, abruptamente, com um gesto para que Brady e eu o seguíssemos lá para fora.

Pulamos em outra *rápida* e aceleramos num pequeno comboio, seguindo todos os outros caminhões da Semar. O semblante de Garra era determinado, mas sua sobrancelha estava muito franzida — era óbvio que ele ainda estava puto por Chapo ter sumido no esgoto.

Eram apenas quatro e meia da manhã — ainda estava escuro demais para ver claramente quando as *rápidas* pararam —, mas assim que coloquei as botas na rua de cascalho, soube onde estava. Era o exato quarteirão que eu estivera estudando em meu Google Maps e em imagens de alta resolução há meses.

## A ENTREGA

As *rápidas* tomaram a rua, com fuzileiros navais saindo em desordem e lotando a calçada. Fiquei para trás, absorvendo Colonia Libertad. Observei alguns fuzileiros levarem um homem de camisa polo vermelha e preta em direção à casa — mesmo na luz fraca, imediatamente o reconheci como o mensageiro Naris.

Naris estava em silêncio, cabeça baixa, mãos algemadas à frente, liderando os fuzileiros para um alto portão de ferro marrom, de construção sólida e eletrificado. Eu sabia que era o mesmo portão em que Naris esperara por minutos a fio, parado do lado de fora gritando *"Abra la puerta!"* e implorando para Condor deixá-lo entrar.

Dessa vez, Naris estava usando um conjunto de chaves para abrir o portão para os fuzileiros. Ele estava cooperando totalmente. Passei pelo portão com os fuzileiros e me virei para olhar a rua. Eu estava mais perto do que pensava: não era um raio de *um* quarteirão — meu marcador estava a meros 20 passos de distância, do outro lado da rua da entrada da casa de Chapo, perto o suficiente para acertar a garagem com o arremesso de uma bola.

O time de entrada arrombou o cadeado de aço reforçado da porta lateral e dezenas de fuzileiros encheram o interior da casa. Segui-os, agora entrando completamente no mundo de Chapo. Era seu esconderijo principal, no qual ele tinha passado 90 por cento de seu tempo.

Entrei no primeiro quarto à direita, examinando tudo no cômodo, tirando mais fotos de caixas de BlackBerry e chips. Os fuzileiros já estavam começando a revirar o lugar.

Ouvi Brady gritando:

— Por que eles não estão nos esgotos? Entrem na porra dos túneis!

Eu sabia que não havia como pará-los agora, nenhuma forma de dizer à máquina da Semar o que fazer.

Na mesa, havia uma sacola de metanfetamina. Era estranho — usar MD não parecia o negócio de Chapo. No quarto principal, no fim do corredor, passei a mão pela longa fileira de camisas sociais de Chapo e chutei as mais de 50 caixas de sapatos empilhadas no armário. Havia alguns relógios caros — um cronógrafo Jaeger-LeCoultre de ouro rosa com cristais de safira, novinho na caixa de Le Sentier, Suíça.

Fora os sapatos de marca e alguns relógios suíços elegantes, porém, tudo parecia ter sido comprado às baciadas no Walmart.

— Os mesmos sofás de vinil baratos — disse. — Mesma mesa de plástico. Mesmas cadeiras dobráveis.

Fiquei surpreso de ver que Chapo se permitia tão poucos luxos. Essa casa não era melhor que o Local Cinco. Eram casas-padrão, completamente utilitárias e quase certamente projetadas e construídas por Kava e sua equipe.

Segui El Toro, o feroz capitão da Semar, junto com alguns outros fuzileiros, até o banheiro adjacente ao quarto de Chapo. El Toro estava empurrando Naris para a frente, claramente determinado.

Virei a esquina e me deparei frente a frente com Naris.

Seu nariz proeminente agora estava vermelho.

O mensageiro de Chapo, ainda algemado, foi até a pia e enfiou um pequeno objeto brilhante — talvez um clipe de papel — num buraco perto da tomada ao lado do espelho. Houve um estrépito — por um minuto, pensei que Naris tinha tomado um choque elétrico, mas ele, de alguma forma, tinha ativado um botão interno, acionando a hidráulica.

A vedação em torno da banheira começou a rachar. Naris foi até lá e segurou a borda de cima com suas mãos algemadas, levantando de forma desajeitada até o poder da hidráulica assumir a tarefa. O fedor de mofo e esgoto mais uma vez encheu o banheiro quando toda a banheira se levantou no mesmo ângulo de 45 graus que eu tinha visto no Local Cinco.

Um tenente da Semar — todo mundo o chamava de "Zorro" — ficava gritando para suas tropas:

— *Mira!* Tirem os uniformes, entrem no túnel e *encontrem* o filho da puta! — Não havia tempo para caçar suvenires, disse Zorro. Era a chance deles de pegar o maior traficante do mundo.

Zorro foi o primeiro a descer pela banheira aberta até o esgoto nojento e lamacento. Ele rapidamente desapareceu com sua equipe. Mas eu sabia que Chapo tinha escapado. O cara era escorregadio como um rato de esgoto. Ele já devia ter emergido por um bueiro mais de uma hora antes.

SAÍ E VI UMA enorme lona azul sobre minha cabeça, um toldo improvisado que cobria toda a entrada, da casa de hóspedes ao telhado da casa principal. Chapo claramente sabia que sempre havia olhos no céu observando-o.

A casa de hóspedes — equipada com um banheiro e uma cama *queen* — tinha sido construída perto dos fundos do pequeno terreno, a não mais de dez metros da casa principal. Quando espiei lá dentro, a Semar já tinha destruído o lugar. Imaginei que podia ter sido a residência da cozinheira ou empregada de tempo integral de Chapo — todos no México que tinham dinheiro pareciam ter uma doméstica que morava na casa —, mas também era capaz de ter sido onde Condor ficava durante seus turnos de 15 a 30 dias como *secretario*.

Após uma busca completa em toda a propriedade, o enxame de fuzileiros mudou de marcha sem aviso prévio, enchendo as ruas e pulando de volta em suas *rápidas*. Peguei Brady pelo ombro enquanto estávamos saindo e apontei para o Chevrolet Captiva branco na entrada — quase o deixamos passar. Era o mesmo Captiva em que Chapo tinha ordenado que Naris entrasse algumas horas antes, com instruções de levar o revólver para ele.

AGORA, ESTÁVAMOS ACELERANDO NA direção do Local Dois — ficava a apenas alguns quarteirões, tão perto que podíamos ter caminhado até lá. Quando chegamos, abri a porta do caminhão para sair e parei. Estava prestes a pisar em outro pedaço de asfalto que estivera estudando havia muito tempo nas minhas imagens de satélite.

Até aquele momento, tudo tinha se desdobrado numa velocidade relâmpago, mas o choque inicial e a explosão de adrenalina estavam passando. Comecei a perceber o quanto estávamos vulneráveis. A qualquer momento, podíamos todos cair numa emboscada, ser abatidos numa saraivada de tiros ali mesmo na rua. Imaginei rios de fiscais de Chapo e seus assassinos, outros traficantes, policiais locais corruptos — qualquer um com uma arma — dobrando a esquina e abrindo fogo. Não haveria para onde correr.

Procurei no caminhão um fuzil extra, um revólver ou até uma faca. Nada.

Uma onda de medo me tomou. Pulei da *rápida* e corri, encontrando um lugar entre a multidão de fuzileiros navais que se encaminhavam para a porta — imaginei que era mais seguro estar em meio às tropas.

"O Dois", como Chapo chamava o local, tinha sido construído como o Esconderijo 3 — com paredes altas e pesadas de concreto, para impedir a observação a partir da rua, e uma cerca de ferro forjado preto completando as lacunas —, mas era suficientemente

# A ENTREGA

parecido com o resto das casas do bairro para não se destacar. "O Dois" era pintado de branco, com duas palmeiras grandes na entrada logo atrás do portão, ao lado de uma garagem anexa para um carro. Eu também estava familiarizado com essa localização. Tinha estudado as fotografias aéreas detalhadas desse exato lugar em La Paz, quando estava fazendo uma aproximação dos *pings* de Picudo.

Lá dentro, encontramos a casa quase vazia. Os três quartos tinham uma cama cada um, mas havia poucos ou nenhum outro móvel.

— Esse lugar parece uma boca ou uma pensão — falei a Brady.

A Semar tinha achado mais uma banheira idêntica com sistema hidráulico no banheiro do quarto principal, mas, nessa, era quase impossível entrar. Estava cheia de mais de mil pacotes individuais do tamanho de uma bola de futebol americano embrulhados com fita adesiva marrom e marcados com um número de quatro dígitos que parecia ser o peso. Metanfetamina. No fim, calcularíamos que mais de três toneladas de MD tinham sido enfiadas no túnel.

Não fazia sentido para mim. Dezenas de milhares de dólares de metanfetamina parados lá mofando no intestino de Culiacán?

— Talvez seja a reserva de dinheiro em caixa de Chapo? — sugeri a Brady.

— Pode ser — respondeu ele. — Dado o valor desse negócio na rua, ele podia viver fugindo por anos...

O sol estava nascendo rápido, o horizonte de Culiacán ficando mais claro a cada momento, as ruas começando a viver. Fiquei parado por um momento na rua, com alguns fuzileiros fazendo a segurança externa. Notei uma escola diretamente do lado oposto; logo, ela estaria lotada de crianças.

## EM BUSCA DE EL CHAPO

Havia mais uma coisa: música alta vindo do morro. Quem tocaria *banda* naquele volume a essa hora? Seria um sinal de algum tipo de legalistas de Chapo? Uma convocação às armas?

**ANTES QUE EU PUDESSE** perceber, Brady e eu estávamos de volta ao comboio, com Nico e Zorro no Suburban blindado, indo para mais um local, ao norte.

Foi minha primeira chance de falar com Nico cara a cara desde o frenesi do ataque da madrugada.

— Quanto vocês chegaram perto de pegá-lo antes de ele entrar no túnel?

— Quando entramos, eles ainda estavam lá dentro — respondeu Nico. — Pude ver pessoas na janela. Alguém olhou pela persiana. Quando conseguimos passar pela porra daquela porta, ele tinha sumido.

Olhei de relance para Brady, balançando a cabeça sem acreditar.

— Sabíamos que ele tinha um túnel embaixo de uma banheira — falei. — Só não sabíamos que tinha um em cada esconderijo.

O tenente Zorro pareceu especialmente irritado com esse comentário.

— Ninguém nunca escapou de mim antes — disse. — Conseguíamos ouvi-los correndo, batendo os pés na água a distância, mas não tínhamos ideia de onde — contou Zorro. — Encontramos isso largado no esgoto — falou, apontando para dois coletes blindados, um preto e outro verde-claro.

Dentro dos coletes, havia quatro granadas de mão pretas com pinos dourados. Uma delas tinha uma nota de 20 dólares amarrada

## A ENTREGA

ao redor. Chapo, provavelmente, estava planejando jogá-las atrás de si para explodir o túnel, mas não tinha tido tempo.

— Ele fez a mesma coisa em Cabo — lembrei.

Zorro me entregou um *pen-drive* vermelho que Chapo tinha derrubado no túnel em sua pressa. Não havia muito nele, exceto vídeos de vigilância do interior da casa de alguma garota. Devia ser mais uma obsessão de Guzmán...

Após alguns minutos, chegamos em frente ao Local Um. Ali, uma porta marrom de garagem, aberta, levava a uma entrada encoberta escondida por enormes lonas verde-militar penduradas acima.

Na garagem, havia uma pequena mesa com vários monitores mostrando gravações de câmeras de vigilância em todos os esconderijos de Chapo. Alguém obviamente tinha a tarefa tediosa de sentar em mais uma cadeira barata de plástico naquela garagem vazia, assistindo ao pequeno tabuleiro de damas de câmeras na tela.

Este lugar era ainda mais velho que o Local Dois — havia azulejos cor-de-rosa e verde de meados dos anos 1960 por todo o banheiro, vários quartos e um sofá velho e imundo na sala. As paredes estavam vazias. Eu tinha a sensação de que esse podia ter sido o esconderijo original de Chapo em Culiacán, considerando sua idade.

Mais uma vez, Naris, ainda algemado, arrombou a banheira hidráulica, revelando uma nova entrada a um túnel.

— Todos os esconderijos *estão* conectados — falei. Eles ficavam perto o suficiente para que pudessem ser acessados pela mesma rede de esgoto municipal diretamente abaixo das ruas.

Caminhei de volta para a rua com Brady para me orientar. Agora, o dia estava claro. Eu reconhecia a área.

— Foi exatamente aqui que a Sedena matou El 50 em agosto — contei a Brady. — Bem aqui nessa rua.

BRADY E EU TÍNHAMOS acabado de voltar para dentro do velho Suburban blindado quando recebi um e-mail de meu grupo de analistas de inteligência na Cidade do México. Antes de sairmos de La Paz, eu os tinha instruído a mandar *pings* para outros membros da alta hierarquia do cartel — qualquer um próximo a Chapo —, para podermos colocá-los na tábua de alvos caso precisassem ser localizados e presos.

Esse último e-mail dizia que os *pings* de Picudo pareciam ter viajado em alta velocidade, começando em Culiacán e terminando na Rodovia 15D, logo a norte de Mazatlán. Olhei para os horários.

Último *ping* antes de sair de Culiacán: 3:48 da manhã.

*Ping* mais próximo de Mazatlán: 6 da manhã.

Estiquei o braço para cutucar Brady.

— Esta é nossa deixa!

Eu sabia que, se Chapo confiasse em alguém, seria Picudo. Guzmán podia não querer que ninguém mais na organização soubesse que ele estava fugindo — na verdade, a equipe do HSI em El Paso relatou que a maioria das linhas da organização ainda estava funcionando, apesar do caos em Culiacán —, mas Picudo, seu principal mandante, podia discretamente pegá-lo e tirá-lo da cidade.

— É, parece promissor — concordou Brady, estudando as localizações e os horários dos *pings*.

— É nossa deixa — repeti. — Estou falando. Chapo está em Mazatlán.

— *Vámonos, güey!* — falou Brady.

Mas ambos sabíamos que não podíamos entrar marchando em Mazatlán com trezentos fuzileiros navais. Desde a fuga no Local Cinco, Brady e eu já tínhamos colocado Joe e Neil, no Texas, na busca pelo próximo PIN da camada mais alta a aparecer. Condor sem dúvida logo pegaria um novo aparelho para poder entrar em contato com a segunda camada e os escritórios, fazendo parecer que o negócio estava operando normalmente. Era só questão de tempo até El Paso descobrir esse novo número da camada mais alta.

— CADÊ O TORO? — perguntei a Nico. — Precisamos avisá-lo de que o Picudo está voltando.

Meu analista de inteligência tinha me dito que Picudo parecia estar na rodovia em direção a Culiacán. Eu me preparei para o pior.

— Ele pode entrar aqui com um exército — falei. — Pronto para lutar.

— Não tem nenhum lugar onde eu preferia estar do que exatamente aqui — disse Brady, olhando ao redor.

Agora, nos sentíamos completamente parte da brigada da Semar, no meio da capital de Sinaloa, e eu podia perceber uma mudança sutil na dinâmica entre nós e os fuzileiros. Brady e eu já não éramos agentes federais gringos com nossas montanhas de inteligência e imagens de satélite. Não importava quantos traficantes eles tivessem caçado; nada se aproximava da intensidade dessa operação de captura. Zorro, por exemplo, estava impressionado com as informações precisas que eu estava fornecendo havia mais de duas semanas. O padrão de vida preciso, junto com todas aquelas informações em tempo real geradas por Brady e sua equipe em El Paso, tinham nos levado direto para a toca de Guzmán.

Ainda no Local Cinco, eu tinha encontrado Toro saindo da cozinha vestindo um *keffiyeh* verde e preto. Com o rosto enrolado naquele cachecol camuflado, ele parecia mais um agente de Operações Especiais norte-americano que um fuzileiro naval mexicano. Para mim, seu apelido espanhol tinha um significado duplo: ele parecia um touro, sim, mas Toro também podia ser abreviação de *tormenta* — "tempestade". Ele tinha agido como um furacão desde que pisou em Culiacán, avançando ferozmente sobre o mundo secreto de Chapo.

— Motor! Motor! — gritou Toro de repente, chamando um de seus jovens tenentes para que pudesse traduzir o que eu estava prestes a contar-lhe. Motor só tinha 20 e poucos anos, mas já era um oficial respeitado da Semar, e tinha estudado inglês de nível universitário nos Estados Unidos. Ele tinha participado das reuniões iniciais que Brady e eu tivéramos com o almirante Furia e seus oficias de alta patente na Cidade do México. Em geral, eu conseguia me fazer entender com meu espanhol de conversação, mas, para atualizações operacionais, Toro se certificava de que Motor estivesse lá para traduzir, garantindo que nenhum detalhe crítico se perdesse ou fosse mal-entendido.

— Precisamos atacar Picudo — falei para Toro, atualizando-o sobre a suspeita entrega. — Picudo vai confirmar que Gárgola está em Mazatlán.

— *Dale* — respondeu Toro, sem hesitar. Significava: "Vamos pegá-lo." — *Dale*.

— Ok, segundo nossos *pings*, parece que ele está acabando de chegar na cidade — falei. — Vou falar para Leroy e os marechais o colocarem como próximo alvo.

* * *

## A ENTREGA

ENQUANTO ISSO, TORO E seus homens ainda estavam pressionando Naris para mais informações.

— *Vamos a la casa de Condor!* — disse Toro, indo em direção à rua.

Brady e eu pulamos no banco de trás do Chevy Captiva blindado de Chapo; Toro o tinha apreendido no Local Três e adicionado à frota da Semar. Meus joelhos estavam apertados contra o banco do motorista, mas eu agora estava agradecido de estar protegido pela blindagem do antigo veículo de Chapo. Brady e eu ainda não tínhamos armas. Toro pulou no banco do passageiro e o Captiva acelerou, seguindo um Jeep Cherokee cinza-escuro, outro dos veículos blindados de Chapo que os fuzileiros tinham tomado. Aquele carro levava Naris — ele estava nos conduzindo à próxima localização de captura.

Virei para trás, olhando pela janela traseira para a longa fileira de *rápidas* correndo pelas ruas atrás de nós. Eu mal podia acreditar no ritmo no qual os fuzileiros estavam atacando e quebrando, destruindo a infraestrutura de Chapo.

Paramos repentinamente na estrada poeirenta e rochosa em frente a um sobrado de concreto. O lugar parecia inacabado. Cães vira-latas corriam soltos pela rua enquanto uma jovem mãe de jeans claros apertados e saltos altos pretos caminhava com seu filho pequeno.

— Esta é a casa do Condor? — questionou Brady. — Que ninho de rato.

Os fuzileiros já estavam lá dentro e, enquanto limpavam a casa, encontraram um velho fuzil e uma fotografia de um mexicano de pele clara e barba feita com cabelo preto aparado num corte escovinha.

Brady estudou atentamente a imagem.

— É, para mim parece um condor — disse.

Então, entramos de volta no Captiva de Chapo, mais uma vez ziguezagueando pela cidade com o comboio de *rápidas*, e finalmente subimos um morro íngreme até um bairro residencial muito mais agradável.

No momento em que passei pela porta da frente, imediatamente notei que a decoração não batia com o estilo austero das outras casas de Chapo em Culiacán. Os móveis eram muito mais caros; os azulejos de mármore eram brilhantes e limpos; havia obras de arte emolduradas na parede. Um mural logo no hall de entrada estava pintado em cores fortes de amarelo, laranja e vermelho. Era um memorial: reconheci o rosto de Edgar, filho assassinado de Chapo e Griselda, subindo ao paraíso. Quase consegui ouvir a voz de Diego, cantando as letras daquele *narcocorrido* anos atrás em Phoenix:

*Mis hijos son mi alegría también mi tristeza*
*Edgar, te voy a extrañar*

Um Chevrolet Suburban branco e um Hummer H2 estavam estacionados na garagem, mas de repente ficou claro que Naris só tinha dado o endereço de uma casa que pertencia a Griselda, segunda esposa de Chapo. Ali, não havia sinais de atividade recente — nenhuma comida fresca na cozinha, nenhuma roupa suja nos quartos. Na verdade, parecia que ela não vivia no lugar há meses.

— Vamos nos reencontrar no Local Cinco — avisou Toro.

Os fuzileiros tinham desenterrado montes de álbuns de fotos no armário de um dos quartos e, antes de deixar a casa de Griselda, peguei uma pilha deles e coloquei embaixo do braço.

Quando chegamos ao Local Cinco, subi as escadas e sentei no sofá marrom de couro falso de Chapo. Tirei a balaclava preta de

## A ENTREGA

meu rosto pela primeira vez desde que a colocara, e só então comecei a sentir a primeira onda de exaustão. Não conseguia lembrar a última vez que tinha dormido ou comido ou bebido algo além dos poucos goles de Johnnie Walker na base em Topolobampo. Brady subiu as escadas com duas canecas quentes de café instantâneo que ele tinha encontrado na cozinha, e me entregou uma.

— Leroy está lá embaixo fritando ovos.

Brady e eu começamos a folhear os álbuns de fotos de Griselda, tentando encontrar quaisquer imagens úteis de Chapo. Mas nenhuma foto de família de Griselda e seus filhos — Joaquín, Grisel e Ovidio — incluía o pai deles. Casamentos, batismos, *quinceañeras*, *fiestas*... mas nunca uma única foto com Chapo.

Quando terminamos com as fotos, Brady e eu examinamos o resto da casa. Perto de uma TV de 40 polegadas na parede da sala, havia uma segunda tela branca pequena, do tamanho de um monitor grande de computador e, no andar de baixo, perto da pequena piscina, achamos o mesmo cenário: uma televisão de tela plana de 40 polegadas na parede e mais um pequeno monitor branco de segurança montado abaixo dela, mostrando imagens de todos os esconderijos de Chapo na cidade.

— Em qualquer lugar em que assista à TV — comentei —, ele pode ficar de olho no que está acontecendo em todas as suas casas.

Este era claramente um dos esconderijos — La Piscina — em que Chapo se sentia mais confortável.

Caminhei de volta para o quarto de Chapo para dar mais uma olhada e abri o armário, de onde puxei um boné preto da prateleira mais alta.

Era um dos famosos bonés lisos e sem logo de Chapo, que ele podia ser visto usando nas poucas fotos verificadas existentes desde sua fuga de Puente Grande. Chapo sempre usava o boné colocado bem no alto da cabeça, como se fosse uma parte essencial de seu uniforme do dia a dia. Enfiei o boné preto embaixo de meu colete à prova de balas.

Era meu único suvenir da caçada.

# SU CASA ES MI CASA

· · · · · · · · · · ·

— *ÁNDALE! APÚRATE! APÚRATE!* — gritou o capitão Toro.

Ainda estávamos em La Piscina, mas agora todo mundo estava correndo para pegar seus uniformes e suas armas. Naris estava dando mais locações. Brady e eu pulamos no banco de trás do Captiva, com Toro novamente assumindo o banco do passageiro.

— Zorro de Toro — Toro ficava gritando pelo rádio, dando direções em espanhol enquanto o Captiva acelerava, liderando o comboio.

Corremos até mais um bairro residencial. A Semar estava golpeando uma porta, e entrei depois da primeira leva de fuzileiros. O lugar estava vazio, exceto por bananas verdes e pepinos jogados pelo chão, algum pó branco no balcão da cozinha (agentes para misturar na cocaína) e vários sacos de lixo pretos cheios de maconha cultivada. Peguei uma banana verde do cacho no chão — eram falsas, usadas para envios internacionais de um cultivo muito mais lucrativo, mas todas estavam vazias.

— Você gostaria de ser o pobre coitado que tem de encher todas essas bananas com cocaína? — comentou Brady.

Uma única banana falsa só conseguia conter meio quilo de cocaína por vez — devia ser um trabalho dos mais tediosos e

## EM BUSCA DE EL CHAPO

intensos. Lembrei como Hondo, na Colúmbia Britânica, vivia constantemente buscando um armazém grande o suficiente para guardar as "entregas de frutas" para o chefe. Essas bananas falsas muito provavelmente iam diretamente para Vancouver para ser descarregadas e depois enviadas para cidades em todo o Canadá.

Uma mensagem da sala de interceptações de El Paso de repente chegou em nossa conversa de grupo.

Era Lic-F reportando-se pelo Escritório-3 a Condor e Chapo.

Buenos dias, como amanecieron. En la ciudad siguen con alboroto esos del agua, no han dormido.

"Bom dia, como acordaram? Na cidade, a turbulência continua — aqueles da água não dormiram."

Lic-F continuou:

Compadre andan bien bravos y todo el movimiento es contra la empresa.

"Compadre [Chapo], estão bem bravos e todo o movimento é contra a empresa."

O comboio de fato estava de novo a todo vapor, atacando casa depois de casa.

Agora, estávamos em outra boca de Picudo. No quintal sujo, achamos cinco galos de briga, com esporas nas pernas, andando de um lado para o outro. Eles se circulavam como lutadores profissionais ansiosos para boxear. Assisti a um galo vermelho-escuro com penas azul-oceano atacar outro. Eram animais treinados para lutar até a morte. Peguei um copo de couro para dados pendurado na parede, com marcas de queimado ao lado, um tributo a El 50. Pelo jeito, a equipe de Picudo tinha limpado cada esconderijo antes de sair.

264

## SU CASA ES MI CASA

\* \* \*

**VOLTAMOS AO LOCAL TRÊS.** Toda a rua agora estava fechada por *rápidas* da Semar. Ainda havia o risco sempre presente de uma troca de tiros, mas eu me sentia um pouco mais confortável sabendo que, agora, tínhamos bastante homens na frente.

Brady e eu entramos na cozinha de Chapo, buscando algo para beber. Abri a geladeira e peguei as únicas três garrafas de La Cerveza del Pacifico que sobravam.

— Vamos dividir? — perguntei a Brady e a alguns fuzileiros.

Sorri enquanto tomava um gole gelado de Pacifico — lembrando aquela noite em Phoenix com Diego quando ouvi "El Niño de La Tuna", arranquei o rótulo amarelo-canário e experimentei pela primeira vez a cerveja. Passei a garrafa para um jovem fuzileiro, depois Brady tomou um gole e passou de volta. Com a privação de sono, aquele golinho de *cerveza* foi suficiente. Soltei uma gargalhada — senti como se fôssemos universitários passando uma garrafa de uísque.

Fui até Toro com um novo ânimo.

— *Vamos a tener otra oportunidad* — falei, percebendo que soava um pouco como meu antigo técnico de futebol americano do colégio quando era intervalo do jogo e estávamos perdendo por dois *touchdowns*. — Vamos ter outra chance — disse, ainda segurando a garrafa de Pacifico. — Ainda não acabou. Estou confiante, capitão.

Agora só precisávamos obter o novo número da camada mais alta.

Expliquei a Toro que Chapo era esperto o suficiente para se desfazer de todos os seus telefones, mas que a equipe de Brady nos Estados Unidos ainda estava interceptando vários aparelhos de escritórios, correndo para interceptar a nova segunda camada para que pudéssemos identificar o novo aparelho da camada mais alta que certamente Condor estava usando.

— Meus caras estão em cima — disse Brady. — É só uma questão de tempo.

— Até lá — falei a Toro — precisamos exaurir todas as nossas informações aqui, Señor.

— *Buenos, vamos a Picudo, entonces* — disse Toro.

O próximo alvo para capturarmos tornou-se Picudo, mandante principal de Chapo e chefe da *plaza* de Culiacán.

A SEMAR, AGORA, TINHA dominado todos os cinco esconderijos de Chapo, convertendo-os em bases temporárias. Brady e eu descemos pela escada embaixo da banheira no Local Três para dar uma olhada melhor no túnel.

Era o quarto que víamos naquela manhã, e não era diferente dos outros, exceto por incluir uma prateleira especialmente desenhada ao longo da parede subterrânea que tinha sido usada para guardar centenas de quilos de cocaína. Os fuzileiros tinham encontrado 280 quilos nas prateleiras, junto com caixas cheias de bananas falsas.

Chamei Brady.

— Olhe isso, cara. A malinha de mão de Chapo.

Novamente, era típico dele, puramente funcional: uma sacola plástica de supermercado com duas cuecas brancas dentro. Eram as favoritas de Chapo, as roupas de baixo Calvin Klein que Marky Mark tinha tornado famosas. Nada de escova de dentes, nem sapatos, só aquelas Calvin Kleins.

Brady riu.

## SU CASA ES MI CASA

— Caralho, quantas vezes você escapa pelado por uma porra de um túnel de banheiro pelado para precisar de uma sacola cheia de cuequinhas?

**NO FIM DA TARDE**, ainda mais equipes da Semar estavam fazendo incursões nos esconderijos de Chapo por toda a cidade.

Uma equipe dirigiu de volta ao Local Três em um caminhão de entregas branco com compartimentos secretos construídos no interior das paredes e na plataforma. Assisti aos fuzileiros abrirem as armadilhas e extraírem mais 50 quilos de metanfetamina. Dessa vez, as drogas estavam embaladas em potes plásticos estilo Tupperware, com tampas de cores variadas.

Um pouco depois, uma equipe de cozinheiros dos fuzileiros chegou, trazendo grandes panelas e utensílios de metal, e tomou conta da cozinha de Chapo. Fiquei para trás, observando como a Semar estava se adaptando à vida no campo aqui em Culiacán: todo mundo logo começaria a fazer três refeições diárias, e os fuzileiros tinham trazido até um médico para a equipe. Eu continuava sem fome, mas sabia que precisava me alimentar.

Brady e eu puxamos algumas cadeiras de plástico dobráveis até a mesa de plástico branco da cozinha de Chapo e nos apertamos ao lado do tenente Zorro. O sorriso afetuoso e a atitude animada dele mascaravam sua exaustão. Assisti, impressionado, a Zorro habilidosamente cortar uma lata de vieiras com seu canivete.

— *Cómo les gusta el campo?* — perguntou Zorro. Como nos sentíamos com a vida em campo?

— *Para mí* — respondi — *me encanta.* — Olhei para Brady, ainda quase sem acreditar que estávamos sentados na cozinha de Chapo.

## EM BUSCA DE EL CHAPO

Espetando vieiras direto da lata com seu canivete, Zorro me lembrava de um de meus tios no Kansas. Tinha o mesmo sorriso genuíno, a mesma atitude durona e pronta para tudo de um homem que nasceu para atividades ao ar livre — ele me lembrava de alguém com quem se gostaria de dividir um engradado de cervejas, sentar ao redor de uma fogueira e ouvir histórias da guerra.

Na verdade, eu já tinha ouvido algumas histórias sobre Zorro, contadas por Leroy, que já tinha trabalhado com ele em operações que tinham como alvo o Cartel Zetas. Um dia, Zorro tinha sido pego num feroz tiroteio urbano; atiradores dos Zetas, nos telhados, estavam mandando saraivadas para cima de Zorro e sua equipe, mas ele andou calmamente até a rua aberta, com as balas zunindo ao seu redor, e metodicamente colocou suas tropas em posições estratégicas de tiro. El Roy disse que, em todas as suas operações fugitivas, nunca viu ninguém tão calmo sob fogo.

Meu BlackBerry tocou de novo: era mais uma mensagem da sala de interceptações de El Paso. Li e passei a Toro, que estava sentado, do outro lado da mesa, junto a Zorro.

Condor, filtrado pelo Escritório-1 e para o filho de Chapo, Ovidio (Ratón):

La nana todo bien ai descansando oiga pero todo bien

"Está tudo bem com a Vovó. Ela está descansando. Ouça, está tudo bem."

Sabíamos que Vovó era um codinome que Ovidio e os outros filhos de Chapo frequentemente usavam para se referir ao pai. Era um bom sinal Condor estar mandando mensagens tranquilizantes de que Chapo estava acomodado em um lugar seguro e que não havia nada com que se preocuparem.

268

## SU CASA ES MI CASA

\* \* \*

**LEROY E SUA EQUIPE** de marechais, Nico, Zorro e um punhado de fuzileiros já tinham saído para encontrar Picudo. Eu os enviei para perto do Aeroporto Internacional de Culiacán, sabendo, com base em *pings* anteriores, que Picudo devia morar num bairro de classe média próximo dali.

O restante dos fuzileiros, Brady e eu ficamos para trás nos esconderijos de Chapo. Estávamos descansando por uns minutos enquanto Leroy localizava o telefone que Picudo estava usando. Quando ele conseguisse um endereço definitivo, daria o sinal verde para que montássemos o comboio e fôssemos rápido e com tudo; até lá, podíamos respirar brevemente.

Finalmente, Brady e eu agora também estávamos armados — Nico tinha, por sorte, arrumado alguns AR-15s de uns fuzileiros e os entregado a nós antes de sair.

— Merda, minha renda líquida acaba de quadruplicar — disse Brady, rindo, enquanto segurava o rifle. Desde que tínhamos saído de Topolobampo, sua única posse era seu BlackBerry. Ele tinha esquecido até de pegar sua carteira antes de pular no helicóptero comigo, e brincava que não tinha *pesos* suficientes nem para comprar uma escova de dentes.


**SAÍ PARA RESPIRAR** ar fresco, deitando de costas no meio da entrada de carros da casa de Chapo e olhando para o céu noturno.

A exaustão me bateu tão forte que eu sentia que não conseguia me mexer. Parecia que o asfalto frio estava prestes a me engolir. Liguei para minha esposa em nosso apartamento de La Condesa, o que não foi a melhor ideia, pois imediatamente comecei a rir e falar coisas sem sentido.

— As nuvens da noite, amor — falei. — As nuvens de Culiacán. São as nuvens de Culiacán. As mesmas nuvens que C veria se estivesse aqui e conseguisse olhar para cima.

— Onde você está? — disse minha esposa após uma longa pausa.

— Na entrada da casa de C.

— O quê?

— Estou deitado, no chão, olhando as nuvens. Lembra como olhávamos as nuvens quando começamos a namorar? *Olha lá uma que parece uma arma!* Onde era aquele parque aonde íamos antes de as crianças nascerem e ficávamos só olhando as nuvens juntos por horas?

Soltei outra gargalhada histérica.

— Você está me assustando, Drew — disse minha esposa. — Você percebe que não está falando coisa com coisa?

Eu estava com um caso grave de ataque de risos. Brady saiu para se juntar a mim, e até ele estava começando a rir.

— Estou falando sério, Drew... Você parece muito *estragado*.

Percebi, finalmente, que minhas falas sem sentido eram alarmantes. Voltei ao normal.

— Estou *bem*, amor — disse. — Estou cercado de alguns dos guerreiros mais durões do mundo. Esses fuzileiros são os melhores caras que já vi. Só estou... Estou meio delirante. Preciso só de umas boas horas de sono.

E, ENTÃO, ACORDEI COM um susto. De alguma forma, eu estava na cama de Chapo.

## SU CASA ES MI CASA

— *Luz verde!* — gritou um jovem fuzileiro. — *Luz verde! Vamos a Picudo.*

Sinal verde: estávamos indo buscar Picudo.

Ainda estava escuro lá fora, nas ruas de Culiacán. Esfreguei os olhos. Minha cabeça estava doendo, e percebi que devia ter cochilado por uns 45 minutos. Quando sentei, a capa plástica protetora de roupas de Chapo se descolou de minhas costas suarentas como a camada de pele morta de uma cobra. A última coisa de que me lembro foi de colocá-la embaixo de mim na cama para não pegar alguma DST.

Levantei com os joelhos bambos, estiquei os braços acima da cabeça e me espreguicei, arqueando as costas para trás. Eu estava perdido num sonho-lembrança de fazer aquela primeira grande apreensão de drogas ainda no Kansas — 85 gramas de crack no carro daquele fã de Grateful Dead. Será que isso tudo era um sonho? Eu estava agora mesmo em cima de uma apreensão de três *toneladas* de metanfetamina pertencentes ao maior chefão de drogas do mundo?

Brady e eu corremos para colocar nossos coletes e penduramos os AR-15 atravessados no peito. Quando estávamos prontos, pulamos no Captiva com Toro e outro jovem tenente da Semar, apelidado de Chino — aparentemente, por seus olhos com aparência chinesa.

Corremos em outro comboio para um bairro de classe média perto do aeroporto de Culiacán. Leroy tinha localizado o telefone dentro de uma pequena casa em estilo rancheiro cercada por um portão de ferro forjado.

Olhei meu relógio: 1h32 da manhã.

Não havia nenhum outro veículo nas ruas. Toda a cidade estava ou assustada ou se preparando para a guerra. Agarrei o cabo de meu

AR-15, puxando a arma para mais perto de meu peito, conforme virávamos a esquina do quarteirão mal iluminado de Picudo. Se fosse haver uma troca de tiros como houve com Macho Prieto, seria bem aqui na casa dele.

# EL 19

· · · · · · · · · · ·

**AGACHADO, ASSUMI UMA POSIÇÃO** atrás do painel lateral traseiro do Captiva, apontando meu AR na direção das sombras escuras na estreita passarela ao lado da casa de Picudo.

Eu conseguia ver, com a visão periférica, uma multidão de silhuetas pretas caminhando silenciosamente até a porta da frente. Então, a quietude se quebrou com o barulho do aríete. Cachorros começaram a latir. Os golpes continuaram por minutos. Eu estava ficando mais ansioso a cada segundo. Certamente, com a casa de Picudo sendo atacada pela Semar, seria questão de tempo até os reforços dele chegarem à cena.

A porta finalmente foi arrombada, e consegui ver o fluxo de fuzileiros navais entrando na casa de Picudo. Parei, esperando ouvir uma saraivada de tiros.

Nada.

Saindo de minha posição, entrei na casa e vi três homens de joelhos na sala, enfileirados contra a parede.

Caminhei até a cozinha e em direção aos quartos dos fundos.

A Semar tinha uma arma apontada para Picudo em sua cama. *Ninguém*, pensei, *nem um temido assassino de cartel, parece assustador quando você o arranca de um sono profundo, sem camisa, com o cabelo despenteado, às duas da manhã.* Picudo não parecia capaz de machucar ninguém — ele era pálido, magrelo e estava suado.

Em espanhol, ele alegou estar muito doente. Brady não acreditou; agarrou Picudo pelo braço esquerdo e o virou com dureza de barriga para baixo. Picudo gritou — um lamento agudo. Ele dizia estar morrendo, mas nem Brady, nem eu conseguíamos decifrar *de que*, exatamente.

Brady prendeu Picudo contra a cama. Então, o médico da Semar entrou no quarto e disse para Brady pegar leve; ele queria examinar Picudo.

— Você só pode estar me zoando — Brady reclamou para mim. — Eles vão acreditar nesse ator patético chorando que nem uma putinha?

Ouvi atentamente ao médico começar a perguntar a Picudo as questões rotineiras: há quanto tempo ele sofria dessa rara doença do sangue?

Picudo exalou de alívio, se endireitou na cama.

De repente, Brady saltou para a frente — ele tinha visto o cabo de uma arma escondida sob a coxa nua de Picudo.

Brady o agarrou com mais força, imobilizando-o com o rosto para baixo, segurando firme pelo pescoço e o braço esquerdo.

— *No lo toques!* — gritou o médico. — O que você está fazendo? Não pode tocar nele, ele está muito doente. Pode morrer!

Todos os fuzileiros no quarto também gritavam, se empurrando para a frente, agitados.

— Foda-se — respondeu Brady. — *Tiene arma!* Olha aí, o filho da puta tem uma arma!

Brady o manteve imobilizado enquanto um dos fuzileiros colocava a mão sob o corpo de Picudo e recuperava o Colt calibre .45, carregado e engatilhado. Se tivessem acreditado nas mentiras do cara, baixado a guarda por tempo suficiente, Picudo podia ter puxado seu revólver e atirado em cada um de nós no quarto.

**EU AINDA CONSEGUIA OUVIR** Picudo reclamando de dor enquanto ia para a cozinha. Ali, havia um depósito de armas automáticas sobre a mesa, incluindo um AK-47, um AR-15, um TEC-9 e vários outros fuzis. Os homens de Picudo estavam prontos para uma última resistência — como a equipe de Macho Prieto em Puerto Peñasco —, mas tinham sido pegos de surpresa.

A esse ponto, todos os atiradores tinham sido detidos com segurança: algemados, vendados e alinhados contra a parede. Os fuzileiros navais não paravam de trazer mais telefones da cozinha para eu analisar. Havia, na mesa, uma pilha de BlackBerrys e chips, jogados desordenadamente junto com todas as armas. Tinha até um livro em espanhol que me surpreendeu: *La D.E.A. en México.*

Picudo — como Chapo — estivera estudando minha agência e nosso histórico de operações no México. (Eu já tinha visto um exemplar; essa brochura, cheia de páginas marcadas, era bem-conhecida no escritório do DEA na Cidade do México. Era algo escrito às pressas por alguns jornalistas da revista *Proceso*, com apenas alguns dinossauros aposentados do DEA como fonte, caras que tinham postos no país nos anos 1990. A maior "revelação" era que agentes especiais do DEA operando em missões antinarcóticos dentro do México tinham, ilegalmente, portado armas.)

No momento, eu não ligava para o livro nem para as armas: estava debruçado sobre a mesa da cozinha examinando todos os telefones. Reconheci alguns números que a Divisão de Campo de Phoenix e a equipe de Brady em El Paso estavam interceptando.

Chino, o fuzileiro, encaminhou Picudo — agora identificado como Edgar Manuel López Osorio — para fora da casa, e ele caminhava como se fosse dono da cidade, o que, como chefe de *plaza* de Chapo para Culiacán, essencialmente era. Não havia ainda venda nele, e pude olhar bem naqueles olhos frios de aço.

Só vi um abismo.

Chino colocou Picudo no banco de trás de um Jeep Cherokee, onde se juntou a ele um fuzileiro com cara de feroz — 1,95 metro, corpulento — que todos chamavam de "Chiqui" (gíria para "o menor"). A cara de Chiqui era puramente asteca — olhos escuros e próximos — e sua testa era cheia de cicatrizes. Eu nunca tinha ouvido Chiqui falar, mas era claro para mim que ele era o músculo dessa brigada.

— *Vamos* — disse Chino.

O comboio saiu na escuridão total; eu não tinha ideia de para onde estávamos nos dirigindo. Corremos por uma rodovia sem iluminação até, a 15 minutos de Culiacán, alcançarmos um rancho de nozes — a propriedade era da Semar, e a agência a tinha usado, no passado, para treinamento.

Quando saímos do Captiva, vi Picudo, vendado, fazendo caretas de dor enquanto sentava no para-choque do jipe, com o rosto iluminado agudamente pelos faróis do carro.

Havia agora mais de 20 pessoas — vários fuzileiros, Brady, Leroy, Nico e eu — cercando a traseira do jipe. A escuridão parecia mais grossa agora, o ar, elétrico: era claro que Picudo estava pronto para falar.

Sua voz era um barítono forte, notável por seu forte acento de Sinaloa. E o tom tinha mudado de lamuriante de volta para o de um assassino de sangue frio. Esse era o *verdadeiro* Picudo, o mandante que suspeitávamos ser pessoalmente responsável pelos assassinatos de incontáveis vítimas.

— *Mira, esto fue lo que pasó* — disse ele, calmamente.

— *Ándale* — disse Chino.

— *Voy a estar honesto...*

O círculo de fuzileiros ondulava como uma espécie de água-viva gigante, se apertando ao redor de Picudo.

— **VOU SER HONESTO** com vocês agora — lembro Picudo dizer. — Quando vocês chegaram na casa, Chapo escapou pelo túnel, correu pelo esgoto. Ele estava com uma garota, com o Condor e com a cozinheira. Chapo e a garota estavam pelados. Quase pelados. Só de roupas íntimas. Chapo tem um corte na cabeça porque bateu em alguma coisa ao correr pelo esgoto. Eles me ligaram para ir buscá-los. Escaparam por um bueiro. Quando entrei na cidade, vi todos os caminhões de vocês.

Picudo tinha pegado Chapo e sua *entourage* em seu caminhão e levado o chefe em alta velocidade pelo litoral do Pacífico. Dirigiram por quase duas horas, e Chapo não disse uma palavra em nenhum momento, exceto para ordenar que Picudo entrasse em contato com Bravo, seu principal fiscal e chefe de *plaza* na parte sul do estado, e avisar para encontrá-los no local da entrega.

— Eu os deixei perto dos resorts — disse Picudo, por fim. — Não sei para onde foram dali.

— Que resorts? — exigiu saber Chino, olhando para Picudo de trás de mim.

— *Dónde?* Não é suficiente. *Onde* no litoral? — perguntou Toro.

Os dentes expostos de Picudo mostraram um ódio frio, seu semblante ficando tenso por trás da venda, antes de ele finalmente ceder.

— Mazatlán — disse, expirando por entre os lábios cerrados. — Eu os deixei na saída da praia.

— *La salida de playa?* — repetiu Chino, para confirmar.

— *Sí* — confirmou Picudo. — Logo antes da nova faixa de resorts em Mazatlán.

Virando as costas para Picudo, Toro, Brady e eu nos afastamos para criar uma estratégia.

— Isso confirma o local da entrega — falei —, mas ainda precisamos da camada mais alta para saber a localização exata de Chapo. Como eu disse, precisamos exaurir toda a nossa inteligência enquanto estivermos aqui em Culiacán.

Toro assentiu com a cabeça, concordando.

— Ainda temos que ir atrás de todos os filhos e de Lic-F — falou Brady.

— Eles também podem dizer onde ele está.

— *Vamos a continuar* — disse Toro enquanto subíamos de volta em nossas máquinas.

O comboio saiu pelo caminho poeirento. Então, Chino puxou o Captiva para o acostamento. Ele estava esperando algumas *rápidas* se juntarem ao fim da fila. Toro virou em seu assento para me olhar.

— *Que quieres hacer?*

Eu me sentia num transe. Conseguia ver os lábios de Toro se mexendo, mas não conseguia discernir o que ele estava dizendo. Todo o carro começou a girar. Eu conseguia sentir o sangue saindo de minha cabeça. Estava a ponto de desmaiar de pura exaustão.

— *Qué sigue?* — perguntou Toro.

# EL 19

— *Dale!* — respondi, meio delirando. — *Dale! Dale!* — E senti meu punho batendo na palma da outra mão.

— *Dale!* — repetiu Toro, sorrindo.

*Dale! Dale! Dale!* Eu ficava repetindo a palavra, tão exausto que minha boca mal se mexia. Todos no carro ficaram quietos. Apertei os olhos na direção de Brady, cuja cabeça estava apoiada contra a janela. Ele estava desmaiado. Chino estava roncando no banco da frente, e a cabeça de Toro balançava enquanto ele dormia.

Meus olhos fecharam.

Um grito alto chegou pelo rádio.

— *Toro de Zorro! Toro de Zorro!*

Todos acordamos de repente, assustados pelo tráfego do rádio. Nenhum de nós percebeu que tinha apagado e que o resto da brigada da Semar estava esperando que liderássemos o comboio de volta à cidade.

Eu sabia que todos precisávamos descansar de verdade logo — estávamos esgotados há dias. O sol estava acabando de se levantar sobre as montanhas no leste, e Toro tomou a decisão executiva de voltar à base — o Local Três — para todo mundo poder dormir pelo menos algumas horas.

NAQUELA TARDE, BRADY E eu saímos do Local Três e caminhamos pela rua de terra para o Local Dois, onde a Semar estava processando todas as evidências. Paramos no caminho num pequeno *puesto* — uma loja de conveniências improvisada que um cara administrava em sua garagem escura de bloco de concreto. Comprei uma *paleta* — um picolé mexicano — e um saco de Doritos para Brady com os poucos pesos que tinha no bolso.

## EM BUSCA DE EL CHAPO

Quando entramos no Dois, vi que a Semar tinha extraído toda a metanfetamina do túnel. Pacotes marrons estavam empilhados um em cima do outro, cobrindo todo o chão da sala. Na cozinha, um jovem fuzileiro estava contando bananas de plástico e colocando-as num grande contêiner.

Fui para o lado de fora, passando pela pilha de lançadores-foguete de granada, AK-47s e outras armas de nível militar dispostas numa ordem meticulosa sobre o piso branco.

Algo brilhante chamou minha atenção — era a arma que Chapo tinha ordenado que Naris buscasse para ele. O Colt Super calibre .38 automático tinha as iniciais de Chapo gravadas no cabo, em diamantes: J.G.L.

Apesar de meu estado exausto, eu agora sabia que não estava sonhando acordado: segurar aquele aço frio na mão tornou tudo real.

Os detalhes no Colt Super eram impressionantes. Chapo não tinha tido tempo de pegar o revólver antes de fugir pelo túnel e pelo esgoto, e era óbvio que esta era a arma favorita dele, sua Excalibur pessoal.

Quem saberia a história completa por trás do revólver de Guzmán? Mas, se o Colt dava a Chapo algum poder místico, eu agora também podia quase notá-lo. Só segurar o .38 Super me fazia sentir a mesma energia visceral sendo transferida pelo cabo.

Pilhas altas de BlackBerrys estavam reunidas no quintal. Brady e eu sentamos e começamos a examinar os telefones de Picudo um a um. Encontrei uma foto do Rei dos Patos e mensagens nos registros de conversas mais recentes com Lic-F.

Naquele momento, outra mensagem chegou em nosso grupo de El Paso. Era uma interceptação novinha — Lic-F chamando Condor e Chapo.

## EL 19

A poco tuvo problemas el picudo

"Ah, sério, Picudo teve problemas?"
Condor e Chapo responderam imediatamente:

Si. Tenemos ke estar trankilo. Por ke. No keda de otra. Claro. Por ke picudo. Pobre. El si sabe de todo.

"Sim, temos de ficar calmos, porque não há outra opção. Sim, claro. Por causa de Picudo. Pobre Picudo. Ele sabe de tudo."
Chamei Nico e Leroy.
— Precisamos encontrar Lic-F, agora — falei. — Com Picudo fora de cena, Chapo vai confiar nele para tudo.
— De acordo — disse Leroy. — Vamos focar nele e nos filhos.
Então, meu BlackBerry apitou com mais uma mensagem de El Paso. Era Condor para Ratón, filho de Chapo:

oiga dise inge si tiene una super. Ke le mande. Con 4 cargadores estra. Es para el oiga. Y si me ase el paro ai oiga con 1 bereta o lo ke tenga oiga

"Ouça, Inge está perguntando se você tem um Super [Colt .38] que possa enviar. Com quatro pentes. É para ele, e faça um favor para mim: traga a Beretta ou o que tiver."
Então, momentos depois:

oiga dise inge para kele mande 10 rollos al negro.

"Ouça, Inge diz para mandar dez rolos para Negro."

## EM BUSCA DE EL CHAPO

Sorri. Sabia que "Negro" era outro codinome para Manuel Alejandro Aponte Gómez, ou El Bravo. Chapo precisava de dez rolos — 100 mil dólares em dinheiro — entregues imediatamente. Isso era confirmação de uma posição vulnerável: ele estava livre, mas não tinha nada consigo em Mazatlán — nem armas, nem dinheiro.

Voltamos a analisar os BlackBerrys e, como sempre, minutos se transformaram em horas.

Eu me lembro vagamente dos fuzileiros entregando sanduíches para o jantar, mas, quando olhei para meu relógio, vi que já era uma hora da manhã. Deitei na cama de Chapo, com o colchão agora coberto só pelo lençol de elástico marrom sujo. Brady estava sentado no canto, numa cadeira. Fitei o teto, imaginando onde Chapo podia estar descansando em Mazatlán.

— Estranho, né? — falei. — Chaps está agora mesmo em algum lugar em Maz tentando pensar em seu próximo passo, e estamos aqui no quarto dele criando uma estratégia para o nosso.

— Bom saber que ele não tem dinheiro consigo — disse Brady.

— Precisamos daquela camada mais alta.

— Vamos conseguir.

— É — respondi. — Em breve.

Ambos estávamos confiantes de que Joe e Neil, em El Paso, estavam ligados e produzindo as interceptações itinerantes o mais rápido que conseguiam.

— *Luz verde! Luz verde!* — gritou um dos fuzileiros pelo corredor. El Roy tinha conseguido a localização do telefone de Iván Archivaldo Guzmán Salazar, numa casa no lado norte da cidade.

Que descanso, que nada. Brady e eu pulamos numa *rápida* com o almirante Garra e corremos para o local. Quando chegamos, a Semar já tinha entrado, mas Iván não estava em lugar nenhum. Em vez dele, havia apenas alguns de seus funcionários sentados num depósito cheio de armas, rádios emissores e transmissores, uma pequena quantidade de metanfetamina e, claro, outra pilha de BlackBerrys. Iván tinha claramente sido avisado por Chapo para sair da cidade, e criado uma clássica operação espelho de BlackBerrys com seus operários, antes de sair.

Nico me entregou um boné preto que encontrou em um dos quartos. A frente do chapéu tinha o emblema #701 em costura dourada brilhante — de novo, a posição no ranking da *Forbes* dos homens mais ricos do mundo.

Enquanto continuávamos investigando, recebi outro e-mail de meus analistas na Cidade do México. Um novíssimo Nissan GT-R de propriedade de um dos filhos de Chapo, Jesús Alfredo Guzmán Salazar, tinha acabado de estacionar na concessionária da Mercedes do Boulevard Pedro Infante.

— *Vamos!* — ordenou Toro. — Você sabe onde fica a concessionária?

— Sim, claro — respondi.

— Beleza, então, você lidera.

Brady e eu entramos em nosso velho Suburban blindado e saímos do bairro, seguidos por uma fileira de *rápidas*.

TOMAMOS A CONCESSIONÁRIA DA Mercedes de assalto. Com as armas sacadas, os fuzileiros encheram o andar do *showroom* e o centro de serviços e cercaram o estacionamento. Brady e eu corremos para dentro, procurando Alfredo, um traficante magricela de 26 anos com cara de bebê.

O Nissan de Alfredo tinha chegado ao departamento de serviços não mais que cinco minutos antes do comboio. Coloquei a palma da mão no capô: o motor ainda estava quente. O GT-R tinha um adesivo de registro temporário da Califórnia no para-brisa — outra prova, eu sabia, de que ele fazia parte do esquema de lavagem de dinheiro de longa data de Alfredo e Iván. Os filhos de Chapo mandavam um funcionário aos Estados Unidos para buscar centenas de milhares de dólares de lucros de droga e depois "muquifar" o dinheiro em várias contas norte-americanas — fazendo múltiplos depósitos de pouco menos de 10 mil dólares, o limite federal para declaração obrigatória. Uma vez que o dinheiro entrava no sistema bancário norte-americano, Iván e Alfredo podiam usar codinomes ou compradores intermediários para negociar o melhor preço por esses exóticos carros esportivos. Seus funcionários nos Estados Unidos transferiam o dinheiro ao vendedor e combinavam de um carro ser exportado para o México e entregue direto para Culiacán.

Brady e eu subimos a escada e examinamos os escritórios executivos, mas ainda não havia sinal de Alfredo. Agora, toda a concessionária estava de ponta-cabeça, lotada de homens armados de uniforme camuflado verde e preto. Todos os funcionários e clientes estavam em choque — ninguém ousava falar uma palavra.

Revisamos os vídeos de vigilância da última hora. Então, fui atrás do capitão Toro.

— O Alfredo não está aqui — falei.

— Ele não está nem na gravação de vigilância — disse Brady. — Ele fez uma equipe inteira de traficantes jovens deixarem os carros aqui.

Brady apontou para uma série de Mercedes sedãs e cupês novinhas enfileiradas na área de serviços. O capitão Toro levou alguns momentos para revisar o vídeo e voltou ao andar da loja.

— Vamos levar todos — disse Toro, e começou a andar pelo estacionamento com um grupo de fuzileiros, checando cada veículo. — Se for blindado, vamos levar.

# EL 19

Catorze veículos blindados foram apreendidos, bem como seis outros carros de luxo, e até uma motocicleta Ducati. Como evidência, comecei a tirar fotos de marcas, modelos e placas. Mercedes SLS AMG. Mercedes AMG G63. Mercedes C63. Mercedes CLA45. Até um Dodge Charger blindado clonado da polícia municipal.

O filho de Chapo, Iván, tinha o carro mais caro do lote: sua Mercedes-Benz SLR McLaren 2010 cupê de duas portas, incluindo portas suicidas, um sistema de som customizado e um motor supercarregado V8 de 5,4 litros. Chino abriu uma das portas asa de gaivota e ligou o carro. O McLaren soou mais alto que um Learjet.

Brady e eu voltamos ao Suburban e assistimos aos fuzileiros subindo em todos os carros, tirando milhões de dólares em veículos do estacionamento, um atrás do outro, como se estivessem só jogando uma rodada louca de *Grand Theft Auto*.

ENQUANTO SEGUÍAMOS DE VOLTA para o Local Três, podia ver no retrovisor os funcionários da concessionária Mercedes parados do lado de fora boquiabertos, ainda em choque.

Naquele momento, percebi que tínhamos controle total da cidade — tínhamos arrancado Culiacán das mãos de Chapo. A máquina da Semar era intocável; ninguém em El 19 tinha tido a coragem de nos confrontar. Os fuzileiros estavam indo rápido demais e atacando forte demais. Todos os *halcónes* de Chapo tinham voltado a seus buracos. Até Lic-F estava repassando inteligência velha de suas fontes corruptas, com mais de duas horas de atraso.

Pensei sobre os últimos dias. Não conseguia me lembrar de ver um único carro de polícia — local ou federal — patrulhando as ruas. Todos os oficiais de segurança agora estavam obviamente se escondendo. Até os policiais mais sujos da cidade sabiam que era melhor ficar fora do caminho da Semar.

DE VOLTA AO TRÊS, todo o quarteirão parecia um show bizarro de carros de luxo no meio do bairro. As imaculadas Mercedes sedãs e cupês estavam estacionadas para-choque com para-choque na rua de terra e cascalho.

Outra mensagem nova veio da sala de interceptações de El Paso.

Lic-F para Chapo e Condor:

Por otra parte hay nos sacaron unos carros duros de la agencia esos del agua, y andan duros aun.

"Outra coisa, os da água levaram alguns carros duros [blindados] pertencentes à agência [a DTO de Chapo]. Estão batendo forte."

Condor respondeu quase imediatamente:

Buenas tardes sr. Dise su compadre kesi los carros eran suyos. O los menores.*

"Boa tarde, senhor. Seu compadre pergunta se os carros eram seus ou dos menores."

Lic-F respondeu:

---

* "Los menores" — literalmente, "menores de idade" ou "jovens" — era uma expressão frequentemente usada na DTO para se referir a Iván e Alfredo.

# EL 19

Unos duros eran mios, pero sacaron otros de lujo que yo creo si eran de los menores.

"Alguns [carros blindados] eram meus, mas levaram outros de luxo que acredito que eram dos menores."

Era confirmação de que a DTO de Chapo estava usando a concessionária da Mercedes como fachada, um lugar para guardar suas posses mais valiosas para que não fossem apreendidas pela Semar, que estava arrasando a cidade. Também ficou claro que achavam que podiam passar ilesos pela tempestade Semar.

Leroy e o almirante Garra estavam parados na entrada do Local Três.

— Precisamos ir atrás de Kava — disse eu a Garra. — Ele pode nos dizer onde está cada lâmpada, onde cada alçapão e passagem secreta estão escondidos. Ele construiu todos os túneis das propriedades de Chapo. Se queremos destruir esse lugar, deixá-lo sem ter para onde voltar, então temos que encontrar Kava. Ele vai nos dizer tudo.

Leroy, Nico e os fuzileiros voltaram para as ruas, dando voltas pela cidade, tentando localizar o telefone de Kava. Mas não tiveram sorte, e agora todos estavam à beira da exaustão.

O relógio estava correndo, e o almirante Garra estava ficando estressado de novo. A Procuradoria-Geral da República mexicana estava assumindo todos os locais em Culiacán, nos expulsando dos esconderijos e depósitos que estávamos usando como bases improvisadas. Boatos davam conta de que eles queriam começar a encher todos os túneis embaixo das casas de Chapo com concreto.

— Não dá para impedir esse cara de se esconder no subterrâneo — eu disse ao almirante Garra. — Ele é como uma toupeira. Vai tentar abrir túneis de novo logo, logo. Acredite.

287

Garra disse que eles talvez não tivessem escolha a não ser terminar logo a missão.

Balancei a cabeça.

— *Tenemos que mantener la presión* — falei. Não podíamos aliviar a pressão. Garanti novamente a Garra que estava confiante de que logo conseguiríamos a camada mais alta.

— Estamos quase lá — disse Brady. — Mais um dia, no máximo, e vamos ter.

Chapo simplesmente não podia funcionar sem suas comunicações estruturadas.

— Só precisamos de um pouco mais de tempo, senhor — pedi.

— Mais tempo? — disse Garra, de forma sombria. — É a única coisa que não posso prometer.

# MIRAMAR

· · · · · · · · · · · ·

— **FAÇAM AS MALAS,** caras, estamos saindo!

Era Chino, gritando da porta. Tínhamos que vagar a casa. Não foi difícil reunir nossas posses — eu podia carregar tudo que tinha numa mão só: um *case* de couro para *laptop* contendo um Mac-Book, e alguns telefones. Brady só tinha seu BlackBerry. Nenhum de nós trocava de roupa nem de cueca há mais de uma semana.

— Eu consigo sentir minha camisa apodrecendo na minha pele — falei.

Mas não gostava de estarmos saindo da base; estava começando a me sentir protegido. A casa de Chapo tinha se tornado nosso porto-seguro. *Su casa es mi casa.*

Percebi que ia sentir falta da camaradagem, para não falar das refeições caseiras feitas pelos fuzileiros. De uma coisa, eu não teria saudade: do banheiro com o aviso que Chino tinha colado com fita adesiva na porta, dizendo EXCLUSIVO CAPITANES Y OFICIALES. Todas as manhãs, fuzileiros se enfileiravam às dezenas, esperando para usar um banheiro imundo que não tinha nem assento, nem papel higiênico.

Brady e eu pulamos em um Volkswagen Passat blindado — mais um dos carros customizados de Chapo. Não havia ordens em relação a um destino, mas eu via que estávamos adentrando a área urbana de Culiacán. Passamos por um parque aquático e dirigimos até o principal campo de beisebol da cidade. O gramado bem-cuidado rapidamente se encheu com todas as Mercedes, misturadas às *rápidas* cobertas de lama da Semar.

— Um campo de beisebol? — disse Brady, rindo. — Dormir ao ar livre?

— Pode não ser tão maluco — respondi. — É provavelmente o lugar mais seguro da cidade toda. Pelo menos, podemos controlar o perímetro e ver todos que entram e saem.

Do nada, uma picape branca, amassada, com manchas de ferrugem, parou do outro lado da cerca. *Os halcónes de Chapo?* Cutuquei Brady, olhando na direção do caminhão.

— Caralho — falei. — Lá vamos nós.

Por que qualquer estranho se aproximaria de um campo cheio de fuzileiros navais fortemente armados? Instintivamente, busquei um lugar para me esconder; não havia muita cobertura além de algumas árvores meio surradas.

— Cara, olha para todos aqueles catres — comentou Brady, rindo.

Com o caminhão se aproximando, percebemos que a plataforma estava empilhada com cinco metros de camas militares rudimentares feitas de madeira e amarradas com sacos de batata. Certamente, seria um avanço em relação a dormir no chão de azulejo frio sem cobertores nos esconderijos de Chapo.

Enquanto o sol se punha em Culiacán, fui com Brady achar o almirante Garra e o capitão Toro. Não queríamos que ninguém mais nos ouvisse, então, nos encontramos na escuridão crescente atrás da lanchonete no campo de beisebol. Leroy, Nico, Chino e outro jovem tenente da Semar, Tigre, também estavam lá.

## MIRAMAR

— Quais as últimas informações? — perguntou o almirante Garra.

— Gárgola instruiu Lic-F a encontrar duas casas para ele no litoral. Ainda estamos esperando pela camada mais alta, mas acho que precisamos ir para Mazatlán. Nos instalar num resort e começar a trabalhar em nossa inteligência lá.

— Precisamos chegar antes que ele tenha chance de fugir — completou Brady.

O almirante Garra assentiu com a cabeça, depois nos deu as más notícias: o capitão Toro tinha de ir embora de Culiacán imediatamente — o irmão dele tinha se envolvido num acidente de carro em que a outra parte tinha fugido, na Cidade do México, e não parecia que ele ia sobreviver até o dia seguinte. Com Toro indo embora, o comando geral ficaria nas mãos de Chino e Tigre.

— Temos cerca de dois dias antes de precisarmos encerrar isso — disse o almirante. — Depois, vou tirar todo mundo de Sinaloa.

Todos concordamos que era melhor nos mudar para a faixa de resorts de Mazatlán e continuar trabalhando dali.

Mas era crucial evitar todas as perseguições e contravigilância.

— Não podemos ir todos para lá num comboio — falou Chino.

— Tem razão. Nada dessas *rápidas* — adicionei. — O pessoal do Gárgola vai vê-las no segundo em que sairmos da cidade.

— De acordo — finalizou Brady. — Deixamos todos os veículos da Semar aqui. Fazemos uma abordagem disfarçada ao sul, tomando rotas diferentes.

— Vamos usar todos os blindados dele mesmo — disse Chino. Que veículos melhores do que a frota de carros e caminhões armados do próprio Chapo, que já tínhamos apreendido?

Cobertos pela escuridão, dirigimos para a Soriana — uma cadeia de lojas estilo Target, popular em todo o México — ainda usando nossos uniformes camuflados, botas e balaclava pretas.

Brady, Nico, Leroy, alguns fuzileiros e eu passamos uma hora comprando sacos de dormir, pasta de dente, shorts, camisas — e as primeiras meias e cuecas limpas que eu via em semanas. Brady e eu tínhamos de parecer típicos norte-americanos de férias, então, pegamos as camisetas pretas e vermelhas mais básicas, shorts de banho largos e chinelos.

Os compradores do Siriana nos olhavam como se fôssemos doidos. Percebi como estávamos deslocados, como se tivéssemos acabado de cair de paraquedas vindos do Iraque... Ou talvez parecêssemos uns traficantes que tinham vindo sequestrar alguém na loja. Uma das clientes, uma mulher de meia-idade, olhou fundo nos meus olhos. Aí, abriu um sorriso: deve ter percebido que, por trás da minha máscara preta, não se escondiam os olhos de um traficante.

De volta ao campo de beisebol, pegamos pratos cheios de *tacos al pastor* logo do lado de fora da cerca, e os fuzileiros deixaram entrar um menino numa bicicleta com um *cooler* cheio de *tamales con pollo* frescos, 50 pesos cada.

Com as barrigas cheias, Brady e eu caminhamos na direção de um grande espaço ao ar livre com pilares de aço pintados de laranja e telas para afastar os mosquitos, cheio de catres colocados perto um do outro. O vento quente soprava quando me deitei no meu.

— Cara, esses sacos de batata são melhores que um colchão Sealy Posturepedic — falei.

Desamarrei minhas botas e as chutei para longe. Era a primeira vez em cinco dias que meus pés saíam de dentro daquelas coisas suadas, e meus dedões tinham bolhas.

MIRAMAR

Vestindo uma camiseta preta novinha e calças de batalha, descalço, me espreguicei mais uma vez e sussurrei duas palavras:

— A plataforma...

Delirando, fechei os olhos e instantaneamente estava a mais de mil quilômetros de distância.

**EU AMAVA VIVER BEM** à beira do rio — não havia cerca separando nosso quintal da beira d'água. Em dias quentes, meu irmão Brandt e eu nadávamos até uma ilha próxima, reivindicando-a como nosso quintal particular, construindo fortes com gravetos e bisbilhotando tocas de ratos silvestres.

Era fim de outono — eu tinha dez anos — quando nosso pai nos disse pela primeira vez que sairíamos numa caçada. Estávamos nos preparando para esse dia desde que éramos criancinhas, andando pela sala soprando velhos apitos de madeira para chamar patos que nosso pai nos entregava, até nossa mãe implorar para pararmos. Sempre que o pai chegava em casa depois de uma caçada, ajudávamos a tirar as pilhas de patos do barco PolarKraft de fundo plano de 16 pés e jogávamos uma ave de plástico no quintal para nosso labrador preto, Rough, buscar.

Na noite anterior ao grande dia, Brandt e eu tínhamos ficado tão animados que já deitamos em nosso beliche usando nossas jaquetas marrons camufladas e pintura no rosto. Às 5 da manhã, nosso pai acendeu a luz do quarto, e pulamos da cama para colocar nossas calças de neve pretas e nossas luvas. Ainda estava um breu lá fora, e segurei minha escopeta Remington novinha pelo meio do cano enquanto caminhávamos juntos pelo gramado coberto de geada até o barco verde-floresta amarrado na margem do rio.

A navegação rio acima foi gelada e úmida. Minhas orelhas estavam dormentes, mas eu não peguei o gorro que meu pai tinha me dado. Ele não estava usando um, então, por que eu usaria? O vento frio soprava contra meu rosto. O barco pesado de aço ia contra a água, com a ponta da frente do casco fazendo ondas frias dos lados, encharcando minha jaqueta e pegando o lado do meu rosto. Vi um grupo de patos espalhados pelo rio divertindo-se perto da margem.

Meu pai parou o motor Mercury de 25 cavalos e o PolarKraft deslizou em silêncio. Sob a luz do luar, senti como se deslizássemos no meio daquele rio havia horas, com meu pai apontando o holofote de 15 milhões de velas pela orla, tentando localizar a plataforma de caça bem-escondida.

Vi a silhueta da plataforma que Brandt e eu tínhamos ajudados a construir com madeira, camuflada com amentilho, galhos de árvore caídos e outras folhagens. Colocamos os chamarizes um a um para que flutuassem perto da frente da plataforma.

Com minha Remington carregada, sentei no balde de 18 litros, olhando pelas aberturas estreitas entre os amentilhos. O sol começou a banhar o horizonte em tons de laranja e dourado pálido, passando pelas árvores até a margem do rio. Fiquei impressionado com o som do apito acima de minha cabeça: fraco, no início, perdendo-se na distância. Olhei para cima, mas não consegui ver nada. Meu pai apontou para o céu.

— Eles vão voltar.

Por fim, ouvimos o assovio sussurrado mais uma vez acima de nós, e dessa vez avistamos o bando, com as pontas das asas refletindo os fracos raios do sol. Mas, outra vez, os patos desapareceram. Peguei meu apito e emiti alguns chamados através do apito de junco duplo. Brandt e eu nos revezamos fazendo os sons que praticávamos desde que tínhamos idade suficiente para andar. O barulho dos chamados logo encheu o vale do rio.

— Desçam, eles estão voltando — sussurrou meu pai. Dentro de alguns momentos, os patos estavam à nossa frente, circulando perto dos primeiros chamarizes flutuantes. — Deixem que eles cheguem mais perto — instruiu ele.

Minha perna começou a tremer enquanto eu tentava ficar firme. Dava para ver o bando na frente começando a descer rápido, com as asas travadas, algumas das aves baixando as pernas laranjas brilhantes como trens de pouso em um avião.

— Está pronto, Drew?

Eu estava em silêncio, e só fiz um rápido aceno de cabeça para meu pai, com os patos agora a não mais de 30 metros de distância. Eu conseguia distinguir as cabeças verdes coloridas e os bicos amarelos brilhantes dos machos.

— Pega eles! — gritou meu pai.

Fiquei de pé rapidamente e apoiei a Remington com força no meu ombro. Não vi nada exceto aquela cabeça verde parada em frente ao meu cano, com as asas parecendo bater em câmera lenta. Meu ombro direito deu um tranco para trás e o projétil de plástico amarelo brilhou no canto do meu olho quando disparei o primeiro tiro. *Errei.* Girei a arma lentamente, acompanhando a ave que disparava pelo céu, e puxei o gatilho de novo. *Errei.* O pato continuou voando.

*Última chance.*

A Remington só tinha três balas.

*Comece atrás da ave, puxe no meio da ave e dispare.* Repeti as palavras precisas que meu pai tinha me ensinado como um catecismo. O pato estava ganhando distância rapidamente, começando a sair da área de abate, quando apertei o gatilho lentamente pela última vez.

— Pato morto! — gritou meu pai para Rough, que estava resfolegando no canto da plataforma. — Achei que ele tinha escapado, Drew, mas você continuou seguindo...

**E, COM AQUELE ÚLTIMO** tiro, acordei com um susto no México, ainda achando, por um momento, que estava naquela plataforma de caça do Kansas, sentindo uma fricção molhada na minha bochecha.

— Que diabos?

Era dia claro, e um cachorrinho estava lambendo meu suor.

Esfreguei o canto dos olhos para espantar o sono, me perguntando de onde tinha vindo esse filhote. Era um husky de olhos azuis com uma coleira vermelha e um sino esférico em torno do pescoço. Ele estava correndo por ali no sol forte, cheirando e lambendo todo mundo.

Chino me disse que alguns dos fuzileiros mais novos tinham achado o cão sozinho em um dos esconderijos — sem comida nem água — e o trouxeram junto como novo mascote da equipe. Alguém tinha até dado um nome a ele: El Toro, em homenagem a nosso comandante fora de ação.

Brady e eu fizemos nossas malas com todos os novos equipamentos comprados na Soriana e pulamos no banco de trás do Volkswagen Passat de Chapo, agora usando nossas novas camisetas e shorts de banho. Um jovem tenente assumiu o volante, enquanto Chino entrava no banco do passageiro.

— É o carro perfeito — disse eu a Brady. Era discreto, sem quaisquer dos chamarizes dos carros típicos dos traficantes.

Chino parou no Plaza Fiesta para pegar alguns suprimentos de última hora; imediatamente, reconheci aquele como sendo o

## MIRAMAR

lugar onde Chapo sempre mandava Naris pegar seus funcionários quando queria encontrar com eles pessoalmente.

Brady e eu entramos num pequeno mercado e compramos um prato de *taquitos* enrolados cobertos de *queso fresco* e *salsa verde* enquanto esperávamos Chino terminar.

Ao me ver sem arma, Tigre me emprestou sua pistola FN Herstal Five-Seven, uma semiautomática de fabricação belga. Era uma arma de baixo calibre — disparava balas de 5,7 por 28 milímetros —, mas eficaz quando em proximidade: as balas podiam penetrar um colete à prova de balas, dando à FN Five-Seven seu apelido nas ruas: "a assassina de policiais".

Brady e eu estávamos ombro a ombro no banco de trás quando nossos BlackBerrys apitaram com notícias do Texas. Joe e Neil, em El Paso, trabalhando com Camila e seu time de procuradores assistentes, tinham conseguido: a interceptação itinerante que eles tinham levado tanto tempo para redigir e autorizar finalmente nos deu algo valioso.

— Nova camada mais alta! — gritou Brady.

— Isso aí, cara! O Condor está em pleno funcionamento — falei. — E o prefixo é seis-seis-nove.

— É, seis-seis-nove.

Todos os telefones de Culiacán tinham um prefixo 667. Eu soube imediatamente que esse prefixo, 669, significava que o telefone era de Mazatlán. Abri a tela de meu MacBook, apoiando-o nos joelhos na traseira do Passat, e cliquei no botão de *ping*. Dentro de segundos, consegui um resultado. O aparelho estava ativo, bem na faixa de resorts em frente à praia.

Um lugar chamado Miramar.

Hotel Miramar.

# O HOMEM DE BONÉ PRETO

· · · · · · · · · · ·

**LEROY TINHA SAÍDO DE** Culiacán com Zorro e sua equipe uma hora antes, e já estava chegando a Mazatlán. Enviei a ele o novo número da camada mais alta.

— El Roy está indo para lá agora, perto do hotel, confirmar o *ping* — falei a Brady.

— Só espero que Condor fique com ele por tempo suficiente — respondeu ele.

Era isso — estávamos a caminho da água para nosso último tiro.

Naquele banco de trás apertado, senti minha perna começar a tremer. Eu estava ficando mais impaciente a cada minuto.

— *Ándale!* — gritei para a frente, batendo no ombro do jovem tenente. O motor roncou quando aceleramos, mas o pesado Passat ainda parecia estar engatinhando até a costa.

Meu BlackBerry tremeu com uma nova mensagem de Leroy.

— Confirmado. Achei em Miramar.

A Semar tinha alugado uma pequena casa na Calle Bernardo Vázquez — uma casa particular em uma calma área residencial de Mazatlán — para podermos montar nossa base de operações discretamente, longe de qualquer dos *halcónes* de Chapo.

## EM BUSCA DE EL CHAPO

Quando Brady e eu chegamos a Mazatlán e entramos na casa, quase tropeçamos em todas as pilhas de equipamento tático espalhadas pelo chão. Todos estavam animados. Risadas altas soavam na sala, e alguém tinha acabado de pedir uma pizza. Vários fuzileiros estavam jogados nos sofás vendo TV, e alguns outros estavam sentados em torno da mesa da cozinha com Leroy e sua equipe de marechais.

Leroy levantou e fez um gesto para Brady e eu o seguirmos até um canto tranquilo da casa.

— Tem certeza de que Chapo está com esse aparelho da camada mais alta? — perguntou Leroy.

— Cem por cento — respondi.

— Como sabe?

— Condor digita a maioria das mensagens — falei. — Mas, às vezes, Chapo pega o BlackBerry e as digita sozinho.

— Como você sabe?

— A ortografia de Chapo é igual à de um aluno do jardim da infância, ele não sabe nada — explicou Brady.

— Como esta mensagem que acabou de chegar uma hora atrás. — Entreguei meu telefone para Leroy e mostrei a tela. — Chapo está falando sobre uma casa para a qual pretende se mudar. Olhe a ortografia.

Sy pero no tyene pura kosyna mannan en la mana le pone mynysply

Traduzi em voz alta:

— "Sim, mas não tem uma cozinha completa. Amanhã de manhã ele vai colocar um mini... suprimento?" Minialguma coisa. Quem diabos entende o que ele está digitando aqui? Mas vê o jeito como ele escreve "cozinha", *cocina*?

— É, *"kosyna"* — disse Leroy, assentindo com a cabeça.

**300**

## O HOMEM DE BONÉ PRETO

Na grafia de Chapo, expliquei, havia uma consistente substituição de *i* por *y* e *c* por *k*. Guzmán escrevia *bien* como *byen* e *cuanto* como *kuanto*. Não eram gírias típicas de mensagens em espanhol, nem abreviações: era algo único de Chapo. Ele digitava praticamente todas as palavras foneticamente. E suas mensagens eram salpicadas de construções autodidatas. Até uma palavra elementar como *caliente*, Chapo grafava *kaliente*. Eram claros sinais forenses — Chapo, e não seu secretário, estava digitando aquelas mensagens.

— Então, você tem certeza de que ele está no cômodo com o aparelho que estamos localizando — confirmou Leroy.

Peguei o único troféu de guerra que estava carregando comigo, o boné preto, e o coloquei apertado em minha cabeça.

— Sim, tenho certeza, El Roy. Uma hora atrás, quando essa mensagem foi escrita, com *cozinha* grafada desse jeito, o BlackBerry estava diretamente nas mãos de Chapo.

A pizza tinha chegado e todos estavam pegando pedaços, mas eu não tinha tempo para comer. Meus chefes na Cidade do México tinham dado um jeito para usarmos três dos Suburbans blindados do DEA — dessa vez, novinhos, os melhores da frota. Deixei Nico no comando da casa.

— Quando Tigre chegar — disse eu —, fale com ele e criem um plano para a incursão. Brady e eu precisamos correr até a cidade e pegar esses carros. Quando voltarmos, vamos finalizar tudo para a captura.

— Pode deixar — disse Nico.

ERAM MEIA-NOITE E MEIA quando Brady e eu entramos de volta na casa. Todos os jovens fuzileiros estavam dormindo um sono pesado.

Leroy e seus caras estavam desmaiados no sofá e no chão também — não havia cobertores nem travesseiros, só um monte de corpos espalhados no azulejo frio. Até Nico tinha apagado em uma das camas do andar de cima.

— Eu sei que todo mundo está cansado — falei para Brady —, mas, caralho...

Aqui estávamos, prestes a pegar o homem mais procurado do mundo, e todo mundo estava apagado?

— Levanta! — falei, sacudindo Nico. — Como foi a reunião com o Tigre?

Nico abriu os olhos, ainda meio atordoado.

— A reunião com o Tigre — repeti. — Qual é o plano de invasão dele?

— Ele nunca apareceu.

— O que você quer dizer?

— Ele nunca apareceu.

— Onde ele está?

— Está com um grupo de sua equipe em um motel barato na periferia da cidade.

— Porra! — gritei. — Se ele tem um plano, do que adianta se *a gente* não sabe? Acorda, cara. Precisamos encontrá-lo agora.

Brady e Nico entraram no Suburban e, depois de um caminho de 20 minutos, serpenteei o veículo por vários becos sinuosos, freando com força perto da recepção do motel.

— Olha esta pocilga — disse Brady. — Luzes de neon vermelho e garagens.

Era o tipo de lugar a que os locais levavam suas prostitutas por uma ou duas horas. Cada quarto até vinha equipado com uma garagem para ser possível esconder discretamente o carro durante a estadia.

# O HOMEM DE BONÉ PRETO

— Em que quarto está o Tigre? — perguntei a Nico.

— Não sei — ele respondeu. — Ele não está atendendo o telefone.

— Vamos só começar a bater nas porras das portas.

Eu já estava começando a sentir falta do capitão Toro: agora, estávamos trabalhando com um quadro de fuzileiros muito jovens — todos com 20 e poucos anos —, cheios de energia e experiência, mas sem a cabeça fria, o foco e a liderança de Toro.

Precisávamos nos comunicar, coordenar, delinear um plano completo de invasão — um que previsse qualquer contingência ou passo em falso. Eu sentia que todo mundo estava correndo meio solto. Era tudo improvisado demais.

Todos nos separamos e começamos a bater nas portas. Assustamos dois locais com cara de suspeitos e acordamos grupos de fuzileiros grogues, dividindo quartos minúsculos, tentando conseguir uns minutinhos para fechar os olhos.

Achamos Tigre no último quarto do motel. Claramente, o tínhamos acordado de um sono profundo, mas ele estava desperto o suficiente para nos levar à garagem adjacente, onde podíamos conversar em particular.

— *Carnal* — eu disse. — Se você tem um plano, não sabemos.

— Claro que temos um plano — disse Tigre, afastando o sono. — Fizemos isso muitas vezes antes.

— Tigre, estou preocupado com nossos homens e nosso perímetro — falei. — E por que Chapo está escondido em Miramar? Tenho certeza de que ele conhece cada planta baixa, escada e saídas para a rua; nós não conhecemos nada. Quantos caras você tem?

— Tenho 40 fuzileiros aqui — respondeu Tigre. — Vamos inundar o hotel e colocar umas *rápidas* no perímetro...

303

— Não, não é suficiente! — interrompi. Percebi que, para Tigre, era só mais um ataque, só mais uma porta para arrombar. Ele e os outros fuzileiros já estavam quase indiferentes; eles faziam essas invasões dia após dia em Culiacán, e ataques na madrugada tinham se tornado rotina. — Precisamos de mais homens no perímetro — falei. Brady assentiu, concordando. — E o máximo de caras que você conseguir por lá dentro.

— Temos mais uma brigada no fim da rua — disse Tigre. — Assim que tivermos o sinal verde, vou chamar.

— Quantos homens?

— Vou ter mais 30 fuzileiros em 15 minutos. Depois disso, mais 30.

— Tá bom — respondi. — Sessenta homens extras devem ser suficientes. E onde estão os helicópteros? Vamos precisar de apoio pelo ar caso ele consiga escapar do perímetro.

— Os helicópteros estão a duas horas — informou Tigre.

— Não, não vai dar certo — falei. — Precisamos deles mais perto.

— Vou mudá-los para Culiacán. Quando dermos o sinal verde, vai levar uma hora para voarem para cá.

— Perfeito — eu disse. — Posicione-os lá. Não queremos mais perto do que isso. Os movimentos podem assustar.

— Claro — concordou Tigre.

— Mostre onde você vai colocar as *rápidas* no perímetro — pedi, apontando para a visão do Hotel Miramar no Google Earth no iPad de Tigre.

Ele disse que só tinha três *rápidas* para a operação de captura.

— Só três? — perguntei. — Como acha que vamos entrar?

— Vamos usar os veículos de vocês e enchê-los com os meus caras. Vamos dirigir até o portão principal do hotel e entrar dali.

— Tá bom — concordei, finalmente soltando o ar um pouco.

— Me encontrem aqui às zero-quinhentos em ponto, prontos para sair — finalizou Tigre.

**PASSAVA POUCO DE TRÊS** da manhã quando deixamos Tigre e nos dirigimos de volta à casa alugada. Nico e Brady subiram para descansar.

Eu estava pilhado demais para dormir e, de toda forma, tínhamos que acordar dentro de uma hora. Sentei-me à mesa da cozinha e estudei o quarteirão em torno do Hotel Miramar no meu MacBook várias e várias vezes. Não queria deixar um único detalhe da operação de captura ao acaso. Cobriríamos a entrada da frente, mas eu ainda estava preocupado com Chapo desaparecer por uma porta lateral ou de fundos e entrar num veículo na avenida Cruz Lizarraga, atrás do hotel.

E se ele tivesse combinado algo há muito tempo com Kava? E se tivessem construído uma de suas entradas hidráulicas de túnel num quarto no térreo do hotel? Ou tivessem outra forma de acessar o sistema de esgotos diretamente pelo porão do hotel? Um buraco artificial ou bueiro em algum lugar na rua?

Eu estava usando o boné preto de Chapo há tanto tempo que o tecido estava suado e grudento, e eu conseguia sentir minha testa começando a coçar de alergia. Finalmente, peguei um pedaço de pizza e digitei uma atualização para minha supervisora de grupo na embaixada na Cidade do México.

22/2/14, 3:33:05 AM: ANDREW HOGAN PARA SUPERVISORA DE GRUPO
██████████████: 23.226827-106.427935 alvo loc. batendo na porta
às 0530 – ele está lá

## EM BUSCA DE EL CHAPO

Cliquei enviar, mordi a pizza e senti minha ansiedade lentamente se dissipar. Consegui até sorrir para meu reflexo na tela do *laptop*, com os olhos insones por trás do insano boné preto de Chapo.

Meus pensamentos se voltaram a Diego, provavelmente dormindo profundamente em Phoenix. Eu sabia que meu velho parceiro teria dado tudo para estar bem aqui em Mazatlán, se preparando para uma invasão de captura de El niño de La Tuna na madrugada...

> *Cuando nació preguntó la partera*
> *Le dijo como le van a poner?*
> *Por apellido él será Guzmán Loera*
> *Y se llamará Joaquín . . .*

Comecei a mandar uma mensagem para ele, mas parei no meio da frase: não havia necessidade de acordá-lo.

Olhei para o relógio de meu *laptop*. Eram exatamente quatro da manhã.

— *Despiértate!* — gritei, levantando da mesa da cozinha.

— *Despiértate!* — Andei pela casa, berrando para todo mundo acordar, acendendo luzes e arrancando cobertores. — Chegou a hora, galera! De pé! De pé! Levantem!

ESCURIDÃO TOTAL: 4:58 DA manhã. Respirei fundo e pulei no banco do motorista do Chevy Suburban branco, agora carregado de fuzileiros, todos armados com AR-15s — Tigre veio na frente comigo. Olhei pelo retrovisor para Brady, que estava no banco do motorista de outro Suburban branco, lotado com sua própria equipe de fuzileiros — juntos, formávamos o time de entrada, com Tigre e eu liderando o caminho pela faixa de hotéis e condomínios no Malecón, o calçadão de 20 quilômetros de comprimento de Mazatlán.

Sentamos esperando o sinal verde de Leroy, Nico e suas equipes da Semar. Os times de busca de telefone e de segurança estavam procurando a confirmação final de que o BlackBerry da camada mais alta ainda estava de fato no Hotel Miramar.

Dentro do Suburban parado, digitei uma rápida mensagem a meu pai, no Kansas.

"Indo com tudo."

Naquela mesma hora, o rádio de Tigre gritou. Ouvi as palavras que todos estávamos esperando:

Luz verde.

— *Vamos* — declarou Tigre. Engatei o Suburban, saí acelerando do estacionamento e corri pela estrada deserta. Ninguém no veículo dizia uma palavra. Todos os fuzileiros estavam em silêncio, checando suas armas, focados na missão. No caminho, juntaram-se a nós três *rápidas*, e, juntos, aceleramos em um comboio unido pela Rodovia Federal Mexicana 15 até o coração de Mazatlán.

Em menos de oito minutos, o comboio estava no Malecón, mas, quando fui virar à esquerda na Avenida del Mar, fui bloqueado por uma viatura do departamento de polícia municipal: com as luzes vermelhas e azuis piscando, um policial vestindo uma camisa de uniforme branca de mangas compridas e um boné azul-marinho, atrás do volante, levantou o braço, fazendo um gesto para eu parar.

— Mas de jeito nenhum, porra — falei a Tigre.

Desviei o Suburban para o meio-fio e contornei a viatura, desviando do para-choque dianteiro por poucos centímetros. Então, vi que havia mais luzes vermelhas e azuis, pelo menos cinco ou seis viaturas municipais ao longo do Malecón, bloqueando a rua.

*Policiais corruptos, caralho? Eles sabiam que estávamos vindo?*

Tigre não demonstrou emoção. Agarrei o volante mais forte e pisei no acelerador em direção à entrada do hotel, olhando de relance para a FN Herstal Five-Seven guardada na cintura de minha calça.

*Será que a operação tinha sido comprometida? Se sim, Bravo estará no Malecón a qualquer segundo com um exército de reforço, preparado para um tiroteio. Eles vão ter AKs, granadas de mão, RPGs, e eu só tenho essa arminha de brinquedo belga...*

Manobrei o nariz do Suburban na frente do portão do hotel. Para minha surpresa, ele estava completamente aberto. Vi Brady pular de seu próprio Chevy, correr muito e desaparecer lá atrás. Eu sabia que ele estava cobrindo a parede de 1,2 metro do hotel porque também estava preocupado com Chapo escapar pelos fundos. Outro fracasso como Cabo San Lucas não ia acontecer na nossa guarda.

Brady pegou dois jovens fuzileiros que estavam por perto, separou-os e posicionou-os para cuidar da parede e da saída da garagem. Quando estavam em posição, Brady entrou no lobby enquanto três fuzileiros estavam pegando a sentinela, buscando chaves de quarto atrás da mesa da recepção. Tigre e seus homens já tinham entrado.

Eu estava na frente, perto da piscina, com uma visão da entrada do hotel, minha FN Five-Seven apontada para o lote escuro e vazio ao sul enquanto eu continuava examinando as sombras.

Por mais que eu quisesse estar lá dentro arrombando portas com Tigre, sabia que precisava garantir que nosso perímetro estivesse seguro. Eu não ia confiar em mais ninguém. Será que estava completamente coberto?

## O HOMEM DE BONÉ PRETO

*Merda — precisamos de mais caras posicionados lá atrás...*

Naquele momento, Leroy apareceu, saindo do hotel para a rua.

*Que merda ele está fazendo?*, pensei comigo mesmo. *Ele devia estar lá dentro, agora, tentando localizar uma porta.*

Leroy saiu para o Malecón e apontou para o alto, na direção do hotel.

Ele olhou para mim, depois de novo para cima na direção da frente do hotel.

— Quarto andar — disse Leroy. — Estou captando um sinal forte nessa ponta norte.

Então, ele fez um gesto com as mãos e desapareceu rapidamente de volta no lobby do Miramar.

Dentro de minutos, algumas luzes estavam se acendendo — quarto por quarto, andar por andar, o hotel estava acordando.

*Ótimo, finalmente estamos chegando a algum lugar.*

Eu não conseguia mais aguentar; tempo demais tinha se passado. Se Chapo estivesse planejando uma fuga, devia estar fazendo isso nesse exato momento.

Comecei a correr pela rampa do hotel até a rua — para fisicamente verificar eu mesmo o perímetro, checando de novo que havia fuzileiros suficientes cobrindo as laterais e os fundos — quando ouvi outro ruído alto.

Então, falas em espanhol no rádio:

— *Ya tenemos el blanco!*

Corri pela rampa até Nico, que estava segurando o rádio perto da orelha.

— Eles têm o alvo em custódia. Eles o pegaram! — disse Nico.

Outro ruído no rádio:

— *Dame un blindado!*

— Eles precisam de um veículo blindado agora!

Eu não consegui ouvir nada depois daquele eco — *dame un blindado!* —; houve um silêncio penetrante e eu me virei, correndo a toda velocidade para meu Suburban.

Com a pistola na mão direita, corri mais rápido do que já tinha corrido para qualquer lugar na vida.

Engatei o Suburban e o joguei pela rampa até a garagem subterrânea do Miramar. Três fuzileiros estavam na rampa, acenando para mim.

*Vamos! Vamos! Vamos!*

Estava escuro demais para ver qualquer coisa com clareza lá embaixo, mas, sabendo que os fuzileiros estavam prestes a extrair Chapo, imediatamente reposicionei o Suburban, num ângulo preciso para sair dali rápido.

Com a precisão de um relógio, três outros fuzileiros emergiram, levantando um homem sem camisa que estava jogado no chão. Só consegui ver uma silhueta escura e um breve *flash* de pele branca. Ele estava com as mãos algemadas atrás das costas e sem venda no rosto quando o arrancaram do chão, empurrando-o para a frente através das portas prateadas do elevador.

O prisioneiro era baixo e estava com o torso nu, mas eu ainda não conseguia distinguir seu rosto pelo vidro grosso filmado e à prova de balas do Suburban; a pele do peito do homem ficava cada vez mais pálida sob o brilho de mais lanternas.

Pulei para fora do banco do motorista, ainda usando aquele boné preto e uma balaclava, e corri até o prisioneiro.

Parei abruptamente diante dele.

Estávamos frente a frente, enfim.

Não pude resistir:

— E aí, *Chapo-o-o-o?!*

## O HOMEM DE BONÉ PRETO

Como deve ter sido estranho para esse chefão das drogas ver alguém usando um dos *seus* bonés pretos. Os olhos de Guzmán se arregalaram, e então ele arqueou um ombro, encolhendo-se como se fosse tomar um soco forte.

Olhei para ele, e Chapo devolveu meu olhar — só por um momento. Agora, não havia erro: eu tinha o homem. Aquele cabelo em geral meticulosamente arrumado — bem preto — estava oleoso, despenteado; havia o característico bigode preto grosso, e uma pele tão pálida que era quase transparente depois de tantos anos vivendo sem a luz do dia, preso num mundo de buracos e tubos como uma ratazana. Chapo usava uma calça de moletom preta da Adidas — era de cintura baixa, quase caindo de seus quadris, e expondo uma pança firme, ainda que parecida com a de um Buda.

Enquanto os fuzileiros o encaminhavam para o Suburban, dei um tapinha nas costas dele, uma espécie de *isso aí, garoto!*, igual fazia com meu irmão, Brandt, depois de um *touchdown* ou com Diego depois de fecharmos algum grande negócio disfarçado.

Puxei minha mão de volta, molhada com o suor dele. As costas de Chapo pareciam encharcadas de óleo de bronzear. Ele provavelmente não tomava banho há dias. Pulei no banco do motorista do meu Suburban enquanto Chapo era empurrado para o meio do assento traseiro, ladeado por dois fuzileiros. Eles periodicamente o questionavam, e ele respondia de forma quase robótica:

— *Está bien, está bien...*

Virei-me de repente:

— *Mira!*

Chapo me respondeu de modo tranquilo e respeitoso:

— *Sí, señor?*

Tirei três fotos rápidas em meu iPhone.

# EM BUSCA DE EL CHAPO

Girei de volta no assento do motorista, com a marcha em ponto morto e o pé em cima do acelerador, pronto para partir.

Só então percebi: não tínhamos estratégia de saída. As últimas semanas tinham sido totalmente voltadas para a caça; nunca nos planejamos de verdade para a contingência de ter Chapo algemado e em custódia.

*Bom, vou dirigir esta merda por 1.016 quilômetros — umas 12 horas direto — até a Cidade do México.* Difícil — mas factível...

Mas, aí, saí do Suburban, sabendo que era perigoso demais para um agente norte-americano: um veículo carregando Chapo Guzmán seria um alvo móvel em qualquer lugar no México. Um dos oficiais da Semar teria que dirigir.

Virei-me, e vi Brady pela primeira vez desde que tínhamos chegado na frente do hotel. Nos abraçamos.

— Inacreditável, caralho! — Ele estava gritando, com lágrimas nos olhos.

Eu nunca o tinha visto ficar emocionado de verdade com nada. A carranca usual de Brady agora tinha se transformado num largo sorriso.


CAMINHEI COM BRADY DO deque de estacionamento até a rua. Ele estava dizendo algo, mas eu nem conseguia ouvir; ainda estava em choque.

Saímos para a calçada abaixo da placa do Miramar. A brisa quente do oceano bateu em meu rosto e lentamente começou a quebrar meu transe. As folhas das palmeiras balançavam no vento, acima de nós. Virei-me e dei um abraço apertado em Nico, e depois em Leroy. Os dois, junto com toda a equipe de marechais de Leroy, tinham sido essenciais na caçada durante essas últimas semanas.

## O HOMEM DE BONÉ PRETO

Olhei para o amanhecer: a escuridão no céu tinha clareado para um tom de azul-escuro. Inspirei longa e profundamente, girando no meio da rua, minha visão só agora focando totalmente.

Minha família na Cidade do México... Eu não tinha ligado desde aquela conversa delirante quando estava deitado de costas na entrada da casa de Chapo.

Minha primeira mensagem foi para minha esposa.

"Peguei o cara, amor."

"Não brinca!"

"Sim, acabou."

"Vindo pra casa?"

"Sim."

"Quando?"

"Não tenho certeza. Muito em breve."

A escuridão rapidamente estava cedendo, enquanto o sol começava a se insinuar sobre Sierra Madre, ao leste. Ouvi o som bem-vindo do helicóptero MI-17 da Semar, lá para o norte, um ruído como o tremor de cascos de cavalo chegando cada vez mais perto.

# QUÉ SIGUE?

**BRADY E EU CAMINHAMOS** pela longa calçada na base da Semar de Mazatlán em direção à sala de interrogatórios. Chino estava lá de pé, com o peito estufado; sua expressão era neutra, e agora, por algum motivo, ele estava nos bloqueando.

— Por ordem do secretário da Marinha, não posso deixar ninguém entrar aqui — disse Chino, seco.

— Porra, cara — protestei. — Depois de tudo o que passamos?

— As ordens vêm diretamente do secretário da Marinha. — Chino manteve o olhar morto, e então, girando nos calcanhares, fechou a porta.

Brady e eu caminhamos de um lado para o outro em frente à porta, até que ela abriu.

Era Tigre, fazendo um gesto para entrarmos de fininho.

Vi Chapo sentado num sofá vestindo uma camisa polo azul-marinho de mangas curtas e limpa. Todo o rosto dele acima das narinas estava enfaixado, como uma múmia, com gaze branca.

Chapo estava falando num tom de voz normal, sem traço de medo ou raiva, mas era óbvio que estava desanimado. Reconheci imediatamente a voz dele de minhas gravações verificadas; era uma voz que eu tinha ouvido tantas vezes que com frequência sonhava com ela.

Agora, a voz tinha um tom agudo estranho. Não era estresse — nem exaustão. Alívio, talvez. A percepção de que a caça de 13 anos, finalmente, tinha chegado ao fim?

O interrogatório estava sendo conduzido sem malícia e com respeito. Chino fazia as perguntas em espanhol.

Chapo começou calmamente declarando seu nome completo.

— Joaquín Archivaldo Guzmán Loera.

— Data de nascimento?

— 4 de abril de 1957.

— Onde você nasceu?

— La Tuna. El Municipio de Badiraguato, Sinaloa.

Fiquei parado lá trás, boquiaberto: eu tinha escrito aquele nome completo, data de nascimento e cidade tantas vezes — em meus relatórios do DEA, atualizações de caso, apresentações de PowerPoint — que as informações tinham de algum modo virado uma extensão de mim. Eu as conhecia tão bem quanto meu número de identidade. Ouvir tudo confirmado, agora, pelo homenzinho em si — naquele sotaque fanho da região montanhosa — parecia surreal.

Guzmán não era um fantasma, um mito, um traficante invencível. Era um criminoso capturado, como qualquer outro, um bandido de carne e osso, com os olhos enfaixados em gaze branca. Estava sentado bem ali num sofá, a não mais de dois metros de distância, declarando que tinha tido uma dor de dente severa e recentemente tratado um dos molares.

Chino perguntou quem era o principal tenente operacional de Guzmán nos Estados Unidos.

Chapo pausou.

## QUÉ SIGUE?

— Não tenho — respondeu, por fim.

Fiz um aceno para Brady com a cabeça; batia com nossa inteligência.

Chino perguntou a quantidade que ele estava movendo desde o sul. Eu me lembro de Guzmán dizer que suas cargas de cocaína tinham entre quatrocentos e oitocentos quilos por vez. Acenei novamente. Sabíamos que Chapo estava dizendo a verdade — os dias de envios enormes de várias toneladas da América do Sul tinham ficado para trás.

Chino perguntou há quanto tempo Chapo estava vivendo em Culiacán.

— Não faz muito tempo. Algumas semanas.

Brady e eu nos olhamos. Era uma mentira deslavada.

Chino disse algo sobre o "negócio" não ser mais o que era antes.

— *Claro que sí* — disse Chapo. — Não há mais respeito. Eu faço o que quero. Esse negócio, agora, é duro. Muito duro.


BRADY E EU SAÍMOS da sala de interrogatório, entrando na pista em direção ao MI-17 e ao Black Hawk que estavam esperando; nos encontramos com Tigre e um grupo de fuzileiros que tinham feito parte do time de invasão e, pela primeira vez, ouvi os detalhes do que tinha acontecido horas antes naquela manhã no quarto andar do Hotel Miramar.

Quando os fuzileiros arrombaram a porta do quarto 401, a primeira linha de defesa de Chapo tinha sido Condor. A Semar rapidamente o prendeu, depois invadiu a suíte de dois quartos.

Em um dos quartos, foram encontradas duas mulheres: a cozinheira, Lucia, e a babá, Vero, dormindo profundamente com as gêmeas de dois anos de Chapo. Os fuzileiros correram para o quarto maior nos fundos, onde descobriram Emma Coronel, a jovem esposa de Chapo, que tinha acabado de acordar.

Chapo tinha pulado da cama de cuecas e corrido para um pequeno banheiro, armado com um fuzil de assalto. Com Emma gritando "Não o matem! Não o matem!", Guzmán baixou a arma, mostrando as mãos vazias através da porta. Eles pegaram Chapo sem que um único tiro fosse disparado, e o levaram pelo elevador de serviço até a garagem.

Agora, eu via Brady ajudar alguns dos fuzileiros a tirar as filhas de Chapo — ainda vestidas com seus pijamas amarelos e cor-de--rosa — do Chevy Captiva e carregá-las na direção do prédio no qual Chapo estava sendo mantido.

Caminhei um pouco mais pela rua e vi Condor — que tínhamos identificado como Carlos Manuel Hoo Ramírez — deitado na plataforma de uma picape, algemado, com os olhos enfaixados com gaze como os de Chapo.

Reconheci-o como o mesmo homem da fotografia que eu tinha achado em sua casa em Culiacán. Peguei meu iPhone e tirei uma foto da tatuagem em sua panturrilha: a cabeça de um condor. Então, andei mais um pouco e vi Emma, a cozinheira e a babá algemadas dentro de outro veículo, com os olhos também vendados.

Brady e eu continuamos a abraçar e parabenizar cada fuzileiro que encontrávamos na base. A certa altura, percebi que ainda estava carregando a pistola de Tigre enfiada na frente das minhas calças de uniforme.

— *Gracias, carnal* — falei, devolvendo a FN Five-Seven a Tigre. Não conseguia acreditar que ninguém tinha disparado um tiro durante toda a operação. Tigre pegou a pistola e a colocou de volta em seu coldre na coxa.

## QUÉ SIGUE?

— *Tu lo hiciste* — respondeu Tigre com um sorriso. — Você conseguiu.

Até o almirante Garra acabou abrindo um pequeno sorriso quando o parabenizei depois.

Por fim, Nico, Chino, Chiqui e vários outros fuzileiros tiraram Chapo, algemado, com os olhos ainda enfaixados em gaze, da sala de interrogatório, e o colocaram dentro do Black Hawk. As hélices levantaram nuvens de poeira e cascalho; protegi os olhos com uma das mãos enquanto o helicóptero levantava do pavimento a caminho do Aeroporto Internacional de Mazatlán, onde Chapo seria levado imediatamente de Learjet, acompanhado pelo almirante Furia, para a Cidade do México, para ser desfilado para a imprensa mundial.

MOMENTOS APÓS A PARTIDA de Chapo, Brady e eu embarcamos num MI-17 e decolamos num voo em baixa altitude pela costa do Pacífico.

Os pilotos dos dois helicópteros e suas equipes eram os melhores da Semar, e estavam com a brigada desde que começamos em La Paz — Brady e eu os respeitávamos como membros essenciais de nossa equipe.

— Não existe "descanso de equipe" com esses caras — comentei com Brady. Eles estavam prontos para voar como pássaros para qualquer lugar, sob qualquer condição, e de última hora.

Os pilotos manobraram o MI-17 bem baixo, navegando pouco acima da superfície do oceano, tão próximo que eu conseguia ver as ondas quebrando claramente e sentia que quase seria capaz de esticar a mão pela janela aberta e tocar a água. Turistas nadando perto da praia estavam se encolhendo e se jogando no chão como se o MI estivesse prestes a alvejá-los.

Depois da viagem prazerosa, pousamos no aeroporto de Mazatlán, de onde Chapo tinha voado apenas minutos antes no jato.

Eu sabia que seria a última vez que eu veria qualquer um desses fuzileiros. Sentia como se estivesse deixando um grupo de meus próprios irmãos — esses guerreiros mexicanos tinham feito *tudo* para manter toda a nossa equipe norte-americana em segurança.

Era a única coisa que eu vivia há semanas: comer, dormir, fazer invasões na madrugada juntos. Voltar ao DEA agora parecia tão esquisito quanto a entrada em Culiacán tinha sido.

Abracei Brady pela última vez.

E, de repente, percebi — acho que com uma mescla de gratidão e tristeza — que estava perdendo um parceiro. Eu nunca teria conseguido nada disso — nunca teria chegado perto de prender Chapo — sem Brady e toda a sua equipe de agentes, supervisores e tradutores do HSI na sala de guerra de El Paso.

— Diga a Joe e Neil que eles acabaram de fazer história — falei.

— Fizeram mesmo — respondeu Brady.

— Boa viagem, irmão.

— Não importa o que aconteça, vamos sempre proteger um ao outro... Combinado?

— Combinado.

As hélices do King Air do DEA começaram a girar. Um dos pilotos gritou para mim que estávamos prontos para ir. Acenei em despedida para o grupo de fuzileiros na pista uma última vez e abaixei a cabeça enquanto entrava na aeronave.

Eu agora estava sozinho na cabine escura enquanto o King Air subia para o ar. Observei pela janela os fuzileiros lá embaixo

## QUÉ SIGUE?

ficando cada vez menores e, então, o litoral de Mazatlán finalmente desapareceu na distância.

**FUI RECEBIDO NA PISTA** de aterrisagem na Cidade do México pelo diretor regional McAllister, meu diretor regional assistente e minha supervisora de grupo, que me parabenizaram pelo bom trabalho. Os três eram a razão para eu ter tido a permissão de liderar a investigação — do meu jeito — do começo ao fim. Eles tinham me dado espaço e tempo, e o resultado tinha sido uma tremenda vitória para todos nós no DEA.

E Camila Defusio, a vice-procuradora dos Estados Unidos em Washington, DC — junto de sua pequena equipe de procuradores assistentes — tinha garantido que o processo jurídico nunca atrapalhasse a operação. Don Dominguez, no SOD, e sua equipe, incluindo o grupo de analistas de inteligência na Cidade do México, também tinham sido heróis nos bastidores da captura.

**MEUS CHEFES FORAM DIRETO** para meu apartamento em La Condesa, onde entrei e abracei minha esposa e meus filhos.

Sequei uma lágrima do rosto, grato por estar em casa, e sentei-me à mesa da cozinha. As rústicas refeições da Semar tinham sido satisfatórias, mas não eram nada se comparadas a um jantar caseiro preparado por minha esposa. Mal dissemos uma palavra à mesa enquanto comíamos lentamente. Estávamos gratos por estarmos juntos de novo.

Na manhã seguinte, fui com minha esposa e meus filhos pedalar pela cidade, como costumávamos fazer aos fins de semana. O Paseo de la Reforma ficava fechado para carros aos domingos, e estava lotado de pessoas andando de bicicleta, correndo, caminhando e andando de patins.

Nas bancas de jornais, todos os veículos — *Reforma*, *Excélsior*, *El Universal*, *Milenio* — tinham o rosto de Chapo estampado na capa, com manchetes de página inteira.

### CAPTURAN A EL CHAPO!
### CAYÓ!
### AGARRAN A EL CHAPO!
### POR FIN!
### CAE EL CHAPO!

Estar ali no Paseo de la Reforma, comprando aqueles jornais como um local, depois de tantas semanas enfurnado com a Semar, era como viver outra vida. Comprei todos e os guardei na cesta da frente de minha Raleigh. Fiquei impressionado com a lúgubre sensação de ser de novo um agente secreto, camaleão, me misturando com a multidão alvoroçada. Ninguém que comprava exemplares daqueles jornais podia ter suspeitado que o ciclista de barba loira e camiseta de algodão de gola V, shorts e *chanclas* tinha estado no centro da caçada, nem que, apenas horas antes, eu era o agente que liderava a captura do criminoso mais procurado do mundo.

NA MANHÃ SEGUINTE, COLOQUEI meu terno, dei um nó na minha gravata — como numa segunda-feira qualquer — e dirigi até a embaixada em meu Tahoe blindado.

Mas, andando pelos corredores, me senti como um zumbi: meu corpo estava presente, mas minha mente, não. Caminhei até minha mesa e ouvi outro agente falando sobre *pings* de telefones

## QUÉ SIGUE?

em sua própria investigação de tráfico. Senti-me instável, e o escritório pareceu tremer. Tive uma repentina queda de pressão e náusea, como se fosse vomitar bem ali na minha mesa.

Eu estava esperando uma sensação de euforia após a captura de Chapo, mas sentia o oposto. Durante os dias seguintes, tentei me desvencilhar daquilo, mas o vazio só se aprofundou.


**DESDE SUA CAPTURA, EM** fevereiro, Chapo tinha sido interrogado pela Procuradoria-Geral da República (PGR) mexicana antes de ser trancado na prisão mais segura do país, o Centro Federal de Readaptação Social Nº 1 (Altiplano), no centro do México, próximo a Toluca.

Ouvi depois uma história sobre uma conversa impressionante entre advogados da PGR e Guzmán. Os interrogadores aparentemente disseram que agora podiam fechar os cerca de 13 mil homicídios creditados a Chapo.

— *Treze* mil? — Fiquei sabendo que Chapo tinha respondido, parecendo genuinamente surpreso. — Não, 13 mil, não. Talvez uns 2 mil...

Independentemente da contagem de vítimas, Guzmán agora, supostamente, já não era ameaça: as autoridades garantiram ao público que ele estava sob vigilância gravada 24 horas por dia em Altiplano. A prisão de segurança máxima guardava os traficantes mais violentos e notórios do México, e era considerava à prova de fuga.

Guzmán estava atrás das grades, mas ainda havia derramamento de sangue em seu território. Em 10 de abril de 2014, comprei mais um dos jornais locais e li que o corpo de Manuel Alejandro Aponte Gómez — Bravo — tinha sido encontrado largado numa estrada de terra em La Cruz de Elota, Sinaloa. Bravo supostamente tinha sido torturado antes de levar vários tiros e ser morto com dois de seus associados. Ninguém sabia com certeza, mas os boatos nas ruas logo espalharam que Bravo tinha morrido pelo imperdoável erro de não proteger seu chefe adequadamente durante a fuga de Mazatlán.

**VÁRIOS DIAS DEPOIS DO** assassinato de Bravo, voei com Tom McAllister e minha supervisora de grupo para Washington, DC. Lá, fiz um *briefing* para a administradora do DEA Michele Leonhart e seus oficiais de alta patente em Arlington, Virginia. A sala de *briefing* estava lotada, com gente de pé, enquanto, *slide a slide*, eu contava os detalhes da operação. Leonhart concluiu dando parabéns a mim e a toda minha equipe pela captura de Chapo.

— Estou no DEA há muito tempo — disse o agente especial a cargo do SOD — e esse com certeza é o melhor caso que já vi em minha carreira.

Imediatamente depois, entrei num Suburban blindado com a administradora Leonhart e, com o comboio dela, atravessei o rio Potomac até o prédio do Departamento de Justiça dos Estados Unidos para o *briefing* com o procurador-geral dos Estados Unidos, Eric Holder.

— Este era o escritório de Bobby Kennedy quando era procurador-geral — me disse um dos assistentes enquanto entrávamos. Olhei para o quadro de Kennedy vestindo uma jaqueta de couro, pendurado na parede ao lado de outros antigos procuradores-gerais.

Apertei a mão do procurador-geral Holder e pude imediatamente sentir a sinceridade dele e seu interesse genuíno nos detalhes da operação. McAllister detalhou a ele minha apresentação, enquanto

## QUÉ SIGUE?

eu destacava a história com informações sobre as semanas em campo em Sinaloa — de nossa descoberta do Rei dos Patos até os dias de arrombar portas em Culiacán, chegando à captura frente a frente na madrugada no Hotel Miramar.

O procurador-geral perguntou sobre a primeira fuga de Chapo pelos túneis das banheiras.

— Bem, sabíamos que ele tinha um túnel, senhor — expliquei. — Mas não embaixo de cada casa.

— Quantas casas havia?

— Ele tinha cinco esconderijos em Culiacán — falei. — E todos eram conectados pelo sistema de esgoto.

Holder ficou impressionado com a caçada persistente, e perguntou sobre como tínhamos conseguido sustentar nossas operações até o final.

— Usamos as casas de Chapo como bases — expliquei. — Essencialmente, nós as transformamos em quartéis improvisados, e todos nos aglomerávamos ali. Cozinhávamos na cozinha dele. Dormíamos nas camas dele.

Ao fim do *briefing* de 30 minutos, o procurador-geral Holder expressou sua gratidão oficial em nome do governo Obama e do povo americano por trazer a justiça a Guzmán. Ele disse que essa seria registrada como uma das grandes conquistas daquele mandato.

— Então, o que você vai fazer agora? — perguntou Holder.

Olhei fixamente para ele — sem entender direito — e, então, ele completou:

— Falando sério, o que você vai fazer *depois*? Tirar um tempo de folga e beber *mai tais* na praia?

Todo mundo na sala riu.

— É o que ainda estou tentando descobrir, senhor — respondi.

EM BUSCA DE EL CHAPO

\* \* \*

**O QUE EU *PODIA*** fazer agora? A pergunta do procurador-geral ficou ressoando em minha mente enquanto eu voltava para a Cidade do México. Na embaixada, eu ainda sentia aquele vazio doído — e ele não estava melhorando.

*Qué sigue?*

Eu tinha conquistado o maior desafio possível como agente de repressão a narcóticos, e percebi que não havia mais o que pudesse fazer no DEA. Eu não tinha mais nada a dar. Não podia voltar a rastrear algum traficante menor — localizar telefones, interrogar fontes, coletar informações, interpretar números — aqui no México, nem em nenhum outro país, na verdade.

No meu mundo — entre todos os alvos internacionais do DEA —, quem era *maior* que Chapo Guzmán?

Na verdade, os últimos anos *nunca* tinham tido a ver com Chapo: eles só tinham tido a ver com a caça e, agora, a caça tinha terminado.


**EU TAMBÉM PRECISAVA CONSIDERAR** o risco para minha mulher e meus filhos pequenos, expostos como estávamos no coração do México. Ninguém tinha nos destacado nenhuma segurança adicional, nem feito planos para pegarmos o próximo avião para sair do país.

Fazia parte do trabalho: você captura um traficante de drogas — até um tão infame quanto Chapo Guzmán — e volta ao trabalho de sempre.

Mas, não importava quanto eu tentasse, não conseguia parar de ouvir aquela frase, ecoando constantemente em meus ouvidos: "Tudo está bem no México até que *de repente* não está mais."

**326**

## QUÉ SIGUE?

Com as preocupações de segurança e o forte desejo de perseguir *outro* desafio — minha próxima caça —, menos de nove meses após a captura, pedi demissão do DEA, embarquei num voo com minha mulher e meus filhos, e desapareci tão rápido quanto Chapo tinha escapado de mim em Culiacán.

# EPÍLOGO: SOMBRAS

**NA PRISÃO DE ALTIPLANO,** no sábado, 11 de julho de 2015, exatamente às 20:52, Chapo Guzmán pôde ser visto pelo vídeo de vigilância sentando-se em sua cama estreita, trocando os sapatos e rapidamente entrando na cabine de chuveiro no canto de sua cela. Ele sumiu por trás da parede baixa que separava o chuveiro da cela, o único pedaço naquele espaço de 1,5 x 1,8 metro escondido das câmeras.

Então, ele sumiu de vista e foi embora, desaparecendo em uma abertura de 50 x 50 cm que tinha sido cortada no chão. Ele se apertou num túnel vertical estreito, desceu por uma escada e entrou num sofisticado túnel de quase 1,5 quilômetro. Luzes elétricas tinham sido instaladas no teto, bem como canos de PVC, que levavam ar fresco por toda a extensão da passagem. O mais novo túnel de Chapo Guzmán tinha ar-condicionado.

Trilhos de metal também tinham sido colocados por todo o comprimento do túnel, para que um engenhoso veículo de fuga — um vagão ferroviário adaptado com a estrutura de uma pequena motocicleta modificada — pudesse ser dirigido rapidamente pelo fugitivo. As paredes só estavam a cerca de 75 centímetros de distância, eram irregulares e não escoradas — mal tinham largura suficiente para os ombros de Chapo.

O túnel começava abaixo de uma casa decrépita de bloco de concreto na cidade vizinha de Santa Juana. Quando o alarme da prisão soou e uma busca em massa foi iniciada, Chapo Guzmán estava novamente livre.

**A AUDÁCIA DO PLANO** de fuga de Chapo — fazer seus principais construtores de túneis, provavelmente Kava e sua equipe, escavarem bem debaixo da prisão mais segura do México — chocou o mundo. Mas o método certamente não era um mistério para mim nem para ninguém que tinha estudado o traficante durante anos. Como a fuga dele de Puente Grande ainda em 2001, esta escapada vinha com outra característica marcante de Guzmán: camadas de corrupção e suborno.

A versão mexicana oficial dos fatos rapidamente foi posta de lado como uma farsa. Relatos de ruídos altos de perfuração não tinham recebido atenção; o ponto supostamente cego da vigilância em vídeo acabou sendo apenas a equipe da prisão seletivamente ignorando as atividades na cela dele.

Nos momentos anteriores a sua fuga, Chapo — parecendo nervoso e ansioso — repetidamente vai à área do chuveiro para checar a atividade por trás da pequena parede e até se agacha, aparentemente para ajudar a abrir alguma coisa. O vídeo também parece mostrar um iPad perto da cama de Guzmán, apesar de celulares, *tablets* e outros aparelhos eletrônicos serem expressamente proibidos na prisão.

Segundo uma revista conduzida meses depois pela Comissão Congressional Bicameral de Segurança Nacional Mexicana, Chapo nunca tinha sido tratado como um preso comum em Altiplano. Nos 17 meses que passou ali, recebeu privilégios extraordinários,

## EPÍLOGO: SOMBRAS

recebendo 272 visitas só de seus advogados, bem como 18 visitas familiares e 46 visitas conjugais. Talvez a mais sensacional dessas tenha sido um suposto encontro no Ano-Novo com uma política de Sinaloa, uma jovem deputada do Partido de Ação Nacional chamada Lucero Sánchez López, acusada de entrar às escondidas na prisão com documentos falsos e passar a noite com Guzmán. Sánchez negou veementemente as acusações; apesar disso, ela perdeu sua imunidade parlamentar.

Em 21 de junho de 2017, Sánchez foi presa por agentes federais norte-americanos na Otay Mesa Cross Border Xpress — ponte que liga o Aeroporto Internacional A. L. Rodríguez, em Tijuana, a San Diego — e, no dia seguinte, foi acusada de conspiração para distribuição de cocaína pela corte federal da Califórnia. Depois dessa captura, e ao analisar informações das transcrições, Brady e eu suspeitamos de que Sánchez era a mesma "namorada" que Picudo nos contou ter escapado pelo túnel de Culiacán com Chapo minutos antes de chegarmos ao seu esconderijo.

Ao escapar, Guzmán foi catapultado novamente ao status de fugitivo mais procurado do mundo. A Interpol emitiu um "Alerta Vermelho" para sua prisão imediata. No Twitter, pessoas relataram ter visto Chapo supostamente se divertindo num café ao ar livre na Costa Rica. Alguns boatos eram risivelmente exagerados: diziam que Guzmán tinha viajado para o sul até a Patagônia, na Argentina, onde testemunhas alegavam tê-lo visto numa "loja de doces" — unidades policiais e militares estavam em alto alerta de que ele estava viajando nos Andes, prestes a cruzar a fronteira para o Chile.

Na verdade, Chapo nunca tinha saído da zona de conforto de sua própria casa nas montanhas.

\* \* \*

## EM BUSCA DE EL CHAPO

**DESDE O MOMENTO EM** que saiu a notícia da fuga de Chapo, iniciou-se uma intensa caçada. O almirante Furia e sua brigada da Semar baseada na Cidade do México mais uma vez lideraram, usando nossa pegada operacional e anos de inteligência como guia. A Semar, trabalhando junto com a PGR e a Polícia Federal Mexicana, prendeu Araña, o piloto em que Chapo mais confiava, suspeito de ter voado com o traficante até a Sierra Madre de Sinaloa imediatamente após a fuga de Altiplano.

Guzmán, sem dúvida sentindo-se mais intocável do que nunca após escapar de modo tão descarado, nem se preocupou em trocar seu sistema de comunicações. Ele podia não ter mais Condor para agir como seu secretário de confiança, mas as autoridades mexicanas conseguiram interceptar mensagens dos PINs de BlackBerry dos associados mais próximos a Chapo — como tínhamos feito durante meses.

Enquanto ele se escondia nas montanhas, Kate del Castillo — a estrela da telenovela favorita de Guzmán, *La Reina del Sur* — ressurgiu e estava se comunicando com Chapo por vários espelhos de BlackBerry. Mesmo como fugitivo, Chapo ainda estava tentando fazer sua história de vida ser contada nas telonas — como tinha feito com Alex Cifuentes em outubro de 2013. Chapo também continuava encantado com Kate, tão animado em conhecê-la que quase desconsiderou aqueles que planejavam ir com ela, incluindo o ator Sean Penn — Chapo nunca nem tinha ouvido falar do astro de Hollywood, mas Kate garantiu a ele que Penn podia facilitar a produção do filme de Chapo.

O narcisismo do traficante sem querer o levou a uma armadilha — uma variação da operação aos moldes de *Argo* que Brady e eu tínhamos criado dois anos antes. Em 2 de outubro de 2015, Guzmán concordou em encontrar pessoalmente Castillo, Penn e

332

## EPÍLOGO: SOMBRAS

vários outros em uma locação isolada em Sierra Madre, na fronteira Sinaloa-Durango.

Como reportado na mídia mexicana, as autoridades do país já estavam vigiando os advogados de Penn, Castillo e Chapo o tempo todo. O encontro seria supostamente um jantar regado a tequila seguido por uma reunião com os amigos de Hollywood de Kate para filmar a história de vida dele.

Sean Penn, revelou-se, estava fazendo papel de jornalista para, por encomenda da *Rolling Stone*, escrever um artigo exclusivo. Quando ele foi publicado mais tarde ("Com a palavra, El Chapo"), Guzmán aparentemente teve pouco a comentar. O relato sinuoso de 10 mil palavras em primeira pessoa foi amplamente considerado autoindulgente e ingênuo, sendo criticado pelo arranjo com que a *Rolling Stone* tinha concordado, segundo o qual Guzmán — ou, mais provavelmente, seus advogados — poderia aprovar o texto final.

Segundo Castillo, após o jantar, Guzmán foi embora abruptamente; ele disse que não era seguro para ele passar a noite no mesmo lugar que seus convidados. Vários dias depois, a Semar fez varreduras de helicóptero em algumas vilas de montanha próximas a Tamazula, Durango, mas foi pega por uma saraivada de tiros dos seguranças de Chapo em terra. Quando os fuzileiros conseguiram entrar em uma das casas perto de Tamazula, descobriram Black-Berrys, medicamentos e rádios emissores e transmissores. Mais uma vez, Chapo tinha escapado meros momentos antes pelos fundos e descido por um morro íngreme até uma ravina, onde se relatava que ele machucara o rosto e a perna.

Com as forças da Semar se aproximando pelo sul, fazendo dezenas de incursões nas minúsculas vilas de montanha onde

Chapo em geral podia se esconder sem preocupações, ele não teve escolha a não ser fugir para o norte por Sinaloa.

Sua rede de esconderijos em Culiacán obviamente não era mais uma opção. E, com a morte de Bravo, Chapo caiu direto nas mãos do único mandante que tinha sobrado em sua folha de pagamento, o temido Cholo Iván, em Los Mochis. A Semar continuou rastreando o traficante o tempo todo, enquanto ele se acomodava na costa do Pacífico, refugiando-se num esconderijo confortável construído em estilo parecido aos de Culiacán.

**SOB CHUVA E ESCURIDÃO** na manhã de sexta-feira, 8 de janeiro de 2016, a Semar lançou a Operación Cisne Negro. Unidades de fuzileiros navais mascarados se aproximaram em *rápidas* com os faróis desligados, com helicópteros militares pairando acima, cercando um sobrado branco num bairro de classe média em Los Mochis, onde tinham confirmado que Chapo e Cholo Iván estavam escondidos.

Às cerca de 4:30 da manhã, a Semar começou a entrar na casa pela porta da frente, sendo recebida com tiros. Os fuzileiros avançaram lentamente enquanto jogavam granadas e disparavam com seus fuzis de assalto. Após mais de 20 minutos de batalha, cinco dos atiradores de Chapo estavam mortos, seis estavam feridos e vários seriam presos. Apenas um fuzileiro foi ferido no tiroteio.

Mas, com o tempo que a Semar tinha levado para conseguir acesso à casa, Chapo e Cholo Iván já tinham partido há muito. Uma busca pela casa revelou dois túneis: um abaixo da geladeira e o outro no armário de um quarto. O interruptor perto de uma lâmpada ativava um alçapão atrás do espelho, que se abria para uma escada de fuga e um túnel que dava direto no sistema de

## EPÍLOGO: SOMBRAS

esgoto de Los Mochis. Era o *modus operandi* característico de Chapo.

Quando Chapo e Cholo Iván chegaram no esgoto — com apenas um metro de altura, cheio devido a fortes chuvas na madrugada —, tiveram de se esgueirar lentamente e arqueados pela água fétida e pelos dejetos humanos.

Menos de uma hora depois, os dois emergiram do esgoto. Os fugitivos forçaram a abertura de um buraco quadrado de metal, mas tiveram dificuldade de segurar a tampa articulada levantada, então, encaixaram um pé de seus sapatos para mantê-la aberta. No esgoto, deixaram para trás um AR-15 equipado com um lançador de granada.

A sorte de Chapo estava acabando. Segundo reportagens, Chapo e Cholo Iván apontaram suas armas e roubaram um Volkswagen Jetta branco depois de sair pelo buraco na rua. Mas, incrivelmente, o Jetta logo quebrou e, depois de dirigir apenas alguns quarteirões, Chapo e Cholo Iván abandonaram o veículo. Em um semáforo, roubaram um Ford Focus vermelho, segundo relatos, dirigido por uma mulher acompanhada da filha e do neto de cinco anos.

Dez quilômetros antes de alcançar a cidade de Che Ríos, o Ford Focus foi parado pela Polícia Federal. Cholo Iván saiu do carro armado, enquanto Chapo se escondia agachado no banco traseiro.

A mídia também reportou que Chapo se ofereceu para recompensar os policiais com casas e negócios no México e nos Estados Unidos, e prometeu que eles podiam "parar de trabalhar pelo resto de suas vidas". Só precisavam liberá-lo. Os policiais recusaram os subornos e colocaram Chapo e Cholo Iván numa viatura.

Também tiraram uma foto e enviaram a seus superiores. Ela mostrava Chapo sentado no banco de trás da viatura, vestindo uma regata imunda ao lado de Cholo Iván, sem camisa e carrancudo.

As autoridades temiam a chegada de mais atiradores. Para evitar um tiroteio, levaram Chapo e Cholo Iván até o Hotel Doux, logo nos arredores de Los Mochis, onde ficaram presos no quarto 51 até a chegada de mais agentes da Polícia Federal e da Semar.

Chapo e Cholo Iván, então, foram transportados de avião à Cidade do México; Guzmán viu-se em Altiplano, a mesma prisão de segurança máxima da qual ele tinha saído por um túnel no verão anterior. Os seis meses do traficante em fuga — seis meses de vergonha para o governo do México — tinham finalmente chegado ao fim.

"Missão cumprida", anunciou o presidente Enrique Peña Nieto em sua conta no Twitter. "Nós o pegamos."

COMO O MÉXICO PODERIA ser capaz de garantir que Chapo não tentaria escapar mais uma vez da prisão? Autoridades prisionais anunciaram que a segurança de Altiplano tinha sido reforçada para a chegada de Guzmán. Citaram a instalação de centenas de novas câmeras de segurança, sensores de movimento nos dutos de ar e subterrâneos e pisos de concreto de aço reforçados. Também tinham treinado cães especificamente para detectar o odor distinto de Chapo, e o trocariam constantemente de cela, acompanhado de perto por uma equipe de guardas.

Então, nas primeiras horas da manhã de 6 de maio de 2016, Chapo foi transferido, sem aviso prévio, para uma prisão próxima a Ciudad Juárez, segundo relatos, devido à sua proximidade com a fronteira e para facilitar uma rápida extradição para os Estados Unidos. Chapo logo passou a reclamar das condições desumanas e insuportáveis; sua cela na prisão de Juárez era tão imunda que ele tinha pedido cândida para ele mesmo limpá-la. Segundo seus

## EPÍLOGO: SOMBRAS

advogados e o relatório do psiquiatra que o visitou, o chefão das drogas estava deteriorando gravemente: ele estava "deprimido e sofrendo alucinações e perda de memória devido às condições duras na prisão onde está".

Segundo o relatório do psiquiatra, Chapo disse ao médico que estava passando por "tortura psicológica". As luzes em sua cela eram mantidas acesas 24 horas por dia, e seu único contato humano era com carcereiros mascarados. Ele também relatou estar sendo acordado a cada quatro horas para aparecer na câmera para uma contagem de detentos.

— Eles não me deixam dormir — disse Chapo, segundo o relatório do psiquiatra. — Tudo se tornou um inferno.

Guzmán alegou estar tomando um coquetel de 13 pílulas por dia — para dor, insônia e constipação. A privação de sono e as alucinações eram tão severas que ele sentia estar à beira da morte.

— Eles não me bateram — declarou Chapo —, mas eu teria preferido.

Em 24 de outubro de 2016, Emma Coronel abriu uma reclamação oficial na Comissão Nacional de Direitos Humanos, alegando que as condições na nova prisão estavam infligindo danos psicológicos "irreparáveis" em seu marido. Ela alegou que ficar confinado na prisão de Juárez ia ou matar Chapo, ou fazê-lo "enlouquecer" numa questão de meses. Também reclamou que suas visitas conjugais com o marido tinham sido reduzidas de quatro horas por semana a apenas duas.

Oficiais mexicanos negaram que os direitos de Chapo estivessem sendo violados — ele estava sendo tratado como um prisioneiro importante que já tinha fugido duas vezes de prisões — e sugeriram que os relatos de maus-tratos eram apenas uma estratégia legal por parte do astuto traficante.

## EM BUSCA DE EL CHAPO

\* \* \*

**MAS E O STATUS** de Chapo como, possivelmente, o traficante mais poderoso de todos os tempos? A verdade é que o controle de Chapo sobre suas dispersas operações de narcóticos em Sinaloa estava começando a ruir.

Os filhos em que ele mais confiava — Iván, Alfredo, Güero e Ratón — continuavam soltos, mas não inspiravam uma fração do respeito prestado a seu pai. Muitos membros essenciais de seu círculo íntimo estavam mortos — como Bravo — ou presos, como Condor, Cholo Iván, Picudo e Araña.\*

Até a mãe de Chapo já não era vista como intocável. Em meados de junho de 2016, foi relatado que cerca de 150 atiradores invadiram a cidade natal de Guzmán, La Tuna, matando três pessoas da comunidade e saqueando a casa da mãe de Chapo, roubando vários veículos. Consuelo Loera de Guzmán, de 86 anos, não tinha se machucado, mas a pilhagem da casa onde seu filho passara a infância, a *hacienda* de montanha onde Chapo frequentemente se refugiava, foi vista como prova inegável, em todo o mundo do tráfico, de que Guzmán já não tinha poder sobre seu cartel.

Chapo estava enfrentando inúmeros processos legais no México, principalmente por tráfico de drogas e assassinato, mas o governo indicou que já não tinha interesse em processá-lo em casa; no início de 2016, o presidente Peña Nieto anunciou que tinha instruído sua procuradoria-geral a "fazer a extradição desse criminoso altamente perigoso o mais rápido possível".

---

\* Nunca conseguimos confirmar a identidade de Lic-F, apesar de eu ter minhas suspeitas. No começo de maio de 2017, a Procuradoria-Geral da República mexicana anunciou que as autoridades haviam prendido Dámaso López em um prédio de luxo no centro da Cidade do México.

## EPÍLOGO: SOMBRAS

Guzmán enfrentava processos federais nos Estados Unidos como suspeito de envolvimento com tráfico de cocaína, maconha e heroína; extorsão; lavagem de dinheiro; sequestro; e conspiração para cometer assassinato. Jurisdições no Arizona, na Califórnia, no Texas, em Illinois, em Nova York, na Flórida e em New Hampshire queriam fazer valer o direito de processá-lo por várias acusações relacionadas a seu status como chefe do Cartel de Sinaloa.

A maioria dos especialistas concordava que, uma vez extraditado, seriam grandes as chances de Chapo ser enviado ao Distrito Leste de Nova York — local no Brooklyn onde famosos chefes da máfia como John Gotti foram julgados nos anos 1980 e 1990.

Loretta Lynch, na época promotora federal do Distrito Leste — e depois procuradora-geral dos Estados Unidos — tinha pessoalmente assinado o processo, enviado em 25 de setembro de 2014, que acusava Guzmán e outros supostos membros de seu cartel de conspirar para importar toneladas de cocaína para os Estados Unidos entre 1990 e 2005.

As acusações afirmavam que Guzmán empregara sicários para cometer centenas de atos de violência no México, incluindo assassinatos, tortura e sequestros. Lynch chamou o Cartel de Sinaloa de Chapo de "a maior organização de tráfico de drogas do mundo", responsável pela ampla maioria das drogas importadas para os Estados Unidos.

MAS, DADA A REPUTAÇÃO de Chapo como rei moderno das fugas, era talvez inevitável que, em julho de 2016, tivessem surgido boatos na internet alegando que ele tinha escapado da prisão em Ciudad Juárez.

A reação do governo mexicano foi instantânea: o secretário de Interior Miguel Ángel Osorio Chong publicou uma foto em seu Twitter mostrando Chapo sentado sozinho na cela de prisão altamente iluminada e solitária, com a barba feita, cercado apenas por alguns guardas escondidos nas sombras, esperando a hora de sua extradição para enfrentar a justiça dos Estados Unidos. *"Para los rumores, una imagen"*, escreveu Osorio Chong. "Para os boatos, uma imagem..."

**PARECIA QUE A EQUIPE** legal de Chapo arrastaria o processo judicial por muitos meses, mas, em 19 de janeiro de 2017 — e sem qualquer aviso prévio —, o Ministério do Exterior mexicano e o Departamento de Justiça dos Estados Unidos abruptamente anunciaram que Guzmán estava sendo extraditado.

Chapo foi transferido da prisão algemado e ainda vestindo seu macacão de cadeia cinza, usando uma jaqueta castanha bem larga. O rosto estava pálido e o cabelo raspado tão curto que ele parecia um *skinhead*. Chapo estava claramente agitado e assustado ao embarcar no jato Challenger 605 do governo mexicano, que decolou para Nova York logo após as 17:30. Várias horas depois, o avião pousou no Aeroporto McArthur, em Islip, Long Island; Chapo foi preso pelas forças norte-americanas e escoltado do avião por agentes do DEA e do HSI.

O momento da extradição pareceu extremamente incomum, e o governo de Peña Nieto não ofereceu explicação sobre por que tinha decidido mandar seu prisioneiro mais notório para os Estados Unidos na última noite do mandato do presidente Obama.

De Long Island, Guzmán foi levado para sua nova casa temporária no coração do sul de Manhattan, o Centro Correcional Metropolitano, um complexo em forma de bloco bege de 12 andares entre a ponte do Brooklyn e a ponte de Manhattan, na

## EPÍLOGO: SOMBRAS

Park Row. Uma das prisões federais mais seguras do país, é o local onde outros detentos importantes aguardaram seus julgamentos, entre eles o chefão da família criminosa Gambino, John Gotti, e suspeitos de terrorismo, como os associados de Osama bin Laden na al-Qaeda, e Ramzi Youssef, arquiteto do bombardeio de 1993 ao World Trade Center.

Guzmán foi colocado na ala de maior segurança dentro do complexo — 10 Sul —, conhecida como "Little Gitmo" ou "Pequena Guantánamo".

Em 20 de janeiro — enquanto a maior parte do mundo assistia à posse do presidente Trump em Washington —, Guzmán apareceu perante um juiz no Distrito Leste, no centro do Brooklyn, onde ouviu o processo com 17 acusações, alegando que, entre 1989 e 2014, como líder do cartel de drogas de Sinaloa, ele tinha gerido "uma organização criminosa responsável por importar drogas para os Estados Unidos, distribuir quantidades enormes de narcóticos ilegais e por conspirar para assassinar pessoas que eram uma ameaça à empreitada dos narcóticos". O governo dos Estados Unidos exigia que Chapo entregasse 14 bilhões de dólares "de lucros do tráfico e receitas ilícitas" que ele supostamente contrabandeara dos Estados Unidos para o México.

— Hoje é um marco na nossa caça a Chapo Guzmán — disse Robert Capers, procurador dos Estados Unidos para o Distrito Leste. — A história de Guzmán não é a de um benfeitor, nem de um Robin Hood, nem de um famoso artista das fugas. [Sua] ascensão destrutiva e assassina como traficante internacional de narcóticos é como um pequeno tumor cancerígeno que entrou em metástase, cresceu e virou um flagelo enorme que durante décadas sujou as ruas do México com vítimas das violentas guerras do tráfico por território.

## EM BUSCA DE EL CHAPO

Os promotores públicos norte-americanos alegaram que Chapo tinha continuado a gerir seu império de drogas mesmo enquanto encarcerado no sistema prisional do México.

— Ele é um homem conhecido por uma vida de crime, violência, morte e destruição, e agora, terá de responder por isso — declarou Capers.

**NÃO DEMOROU MUITO PARA** Chapo começar a reclamar sobre as duras condições em Little Gitmo. Em 3 de fevereiro de 2017, uma forte presença policial escoltou Guzmán do Centro Correcional Metropolitano para o tribunal federal do Brooklyn. Era uma cena sem precedentes na história de Nova York, até para os padrões dos maiores julgamentos criminais da cidade. Nem mafiosos notórios como Gotti, nem qualquer terrorista importante tinha sido transportado com uma segurança tão pesada.

Uma caravana de 12 carros, com Guzmán escondido por trás das janelas com filme de uma van blindada, fechou a saída da ponte do Brooklyn por 15 minutos no auge da hora do *rush* da manhã em Nova York. Autoridades disseram estar preocupadas de Chapo ter recursos de lançar um possível resgate de "escala militar".

Guzmán apareceu perante o juiz vestindo um uniforme de prisão azul-marinho, virando-se, a certo ponto, para sorrir para sua esposa, Emma, sentada na primeira fileira do tribunal. Era a primeira vez que eles se viam desde a extradição.

Os advogados de defesa de Chapo buscaram aliviar algumas das rígidas medidas de segurança no Centro Correcional. Reclamaram que Guzmán estava em regime de confinamento de 23 horas, só tendo permissão de sair de sua cela para falar com membros limitados de sua equipe de defesa e tendo direito a uma

## EPÍLOGO: SOMBRAS

hora de exercício por dia. Uma de seus advogados nomeados pelo tribunal, Michelle Gelernt, chamou a medida de segurança de "extremamente restritiva" e disse que Chapo devia ter a permissão de ao menos fazer ligações para seus advogados e ser visitado pessoalmente por sua esposa.

A advogada de Chapo argumentou que ele não tinha causado problemas de segurança desde sua chegada aos Estados Unidos, e que as restrições atuais eram excessivas.

Mas o juiz Brian Cogan — sem mencionar as duas fugas anteriores de Chapo — não se deixou influenciar. Em relação às medidas de segurança extra, ele declarou, sem demonstrar emoção:

— Sabemos os motivos para elas.

O início do julgamento de Guzmán está marcado para 16 de abril de 2018 no Brooklyn, Nova York.

ERA UMA NOITE FRESCA de um sábado de verão. Eu estava de volta ao Arizona para o casamento de um amigo, e Diego me buscou no Aeroporto Internacional Sky Harbor em seu Chevrolet Silverado.

Não era o velho Black Bomber, mas o sistema de som retumbante rapidamente me trouxe memórias de nossa época juntos — dez anos antes — na Força-Tarefa de Phoenix.

— *Paraíso personal de la dinastia Guzmán entre bungalows y alberca* — cantava Diego enquanto pisava no acelerador na rodovia. — *Lo querían asegurar al más grande de los grandes, Señor Chapo Guzmán.*

> Um paraíso pessoal para a dinastia Guzmán
> Entre as palapas e a piscina

## EM BUSCA DE EL CHAPO

*Eles queriam capturar o maior de todos*
*Señor Chapo Guzmán*

Parecia os velhos tempos, indo em velocidade para o bairro de Maryvale mais uma vez para comer mariscos e tomar umas cervejas.

Dirigimos na direção de um pôr do sol quase ofuscante, com a serra de Phoenix e os enormes cactos arborescentes me dando as boas-vindas como velhos amigos. Com seu iPhone conectado por bluetooth aos alto-falantes Bose, Diego estava tocando alto o *narcocorrido* "La Captura del Chapo Guzmán", de Jorge Santa Cruz. Ele cantava alto a letra — sílaba por sílaba — enquanto dirigia o Silverado na Interestadual 10.

Eu já não precisava de ajuda com a tradução do espanhol. E me lembrei do que Diego tinha me dito em meus primeiros anos no DEA.

*Você não é ninguém no mundo do tráfico até ter seu próprio* corrido.

Fiquei impressionado com a veracidade de "La Captura del Chapo Guzmán". Quase todos os detalhes da operação estavam incluídos nos versos da canção: a chegada dos fuzileiros para invadir o paraíso pessoal de Chapo no Rei dos Patos; nosso plano B de pegar Chapo de surpresa em sua casa em Río Humaya, Culiacán; a desaparição estilo Houdini de Chapo em uma passagem secreta debaixo da banheira para o sistema de esgoto da cidade; a confissão de Picudo de que tinha deixado *"el más grande de los capos"* — o maior dos chefes — na estrada para Mazatlán, onde El Bravo estava para protegê-lo. E, por fim, como os fuzileiros se aproximaram, na madrugada de 22 de fevereiro, para a incursão surpresa no quarto 401.

344

## EPÍLOGO: SOMBRAS

*A Mazatlán, Sinaloa*
*Un lugar paradisiaco*
*Elementos de Marina*
*Uno a uno fue llegando*
*Pa no levantar sospechas*
*En el Hotel Miramar*
*El 22 de Febrero*
*Cayó El Chapito Guzmán*

— Cara, é tudo você — disse Diego. — A queda de Chapito. Seu próprio *corrido*, Drew. *Felicidades!* — Ele deixou escapar uma gargalhada alta. — Você conseguiu, cara.

Assenti em concordância enquanto Diego pegava a saída 138, virando seu Chevy na Avenida 59.

Mas, por mais que o *corrido* fosse fiel aos detalhes da captura, não havia menção, nas letras, a americanos em campo, nenhuma alusão ao DEA — as três letras mais temidas por todos os traficantes.

— É, cara — falei —, mas está faltando algo.

— O quê?

— Não tem nada sobre *Las Tres Letras.*

— Verdade — concordou Diego. — Eles não sabiam sobre *Las Tres Letras.*

— *Como siempre* — respondi, sorrindo. — Nas sombras. Como sempre.

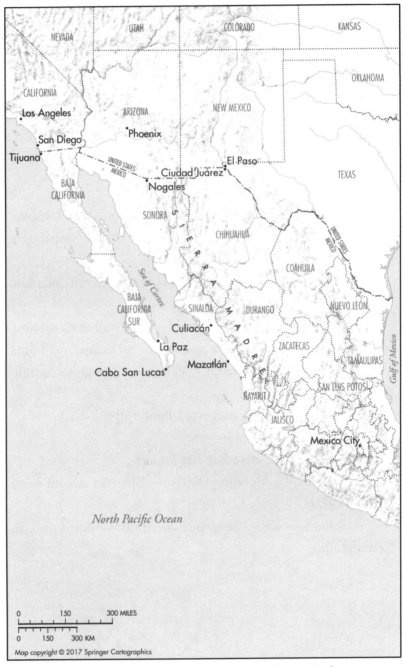

* As informações nos mapas foram mantidas de acordo com a edição original.

## EPÍLOGO: SOMBRAS

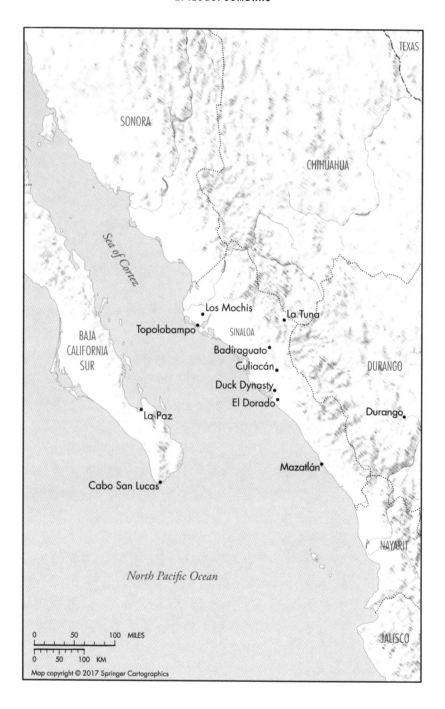

# AGRADECIMENTOS

**A CAPTURA DO CHEFÃO** do tráfico mais procurado do mundo nunca poderia ter sido feita por um único homem. Durante minha carreira como policial, tive o prazer de trabalhar com centenas de homens e mulheres que merecem aqui meus mais profundos agradecimentos; porém, preocupações de segurança me impedem de nomeá-los de maneira direta.

Antes de mais nada, devo imensa gratidão à minha esposa por seu amor, apoio e paciência incondicionais. O tempo que ela sacrificou ao longo dos anos foi uma contribuição essencial para meu sucesso, e só posso desejar que meu amor constante por ela ofereça algum consolo em troca de minhas preocupações constantes. Meus filhos — maiores conquistas da minha vida — colocaram em foco o verdadeiro significado desta história. Eles sempre serão minha inspiração.

Obrigado também a meus pais, avôs, sogros, irmãos, primos, tias, tios, sobrinhas, sobrinhos e o restante da família e meus amigos que seguiram minha jornada tão de perto e, durante todo o tempo, foram uma fonte constante de amor e apoio. Agradecimentos especiais a dois ótimos amigos, um que me empurrou para uma carreira no DEA quando eu não tinha intenção alguma de seguí-la, e outro que esteve comigo em todos os momentos certos, graciosamente criando oportunidades para que eu e minha família tivéssemos sucesso após meus dias na polícia.

Sem Diego Contreras, minha carreira no DEA nunca teria evoluído tão rápido. Crescemos juntos, complementando as forças um do outro e nos tornando uma dupla poderosa. Serei para sempre grato por nossa parceria. Sua abordagem sagaz e astuta em relação às investigações é impressionante; ele foi a força propulsora inicial que acabou levando à captura de Chapo. Sua habilidade inata de se infiltrar em organizações de tráfico mexicanas o marcará como um dos maiores investigadores e agentes secretos na história da polícia federal. Embora estejamos separados por muitos quilômetros, sempre o considerarei um irmão e um parceiro de vida.

A Agência de Combate às Drogas (DEA, na sigla em inglês) é uma das maiores agências policiais do mundo, e tenho a honra e a sorte de ter servido ao lado de alguns de seus maiores agentes. Um agradecimento especial à ex-administradora do DEA Michele Leonhart e sua antiga equipe na sede do DEA; ao diretor regional Tom McAllister e toda a sua equipe, incluindo meus diretores regionais assistentes e minha supervisora de grupo, além de meus colegas agentes especiais, pilotos, analistas de inteligência e pessoal de apoio administrativo. Outro agradecimento especial a Nico Gutierrez por toda a sua ajuda com tradução e por sua coordenação na linha de frente.

Essa missão nunca poderia ter sido finalizada sem o antigo Comando Aéreo Estratégico (SAC, na sigla em inglês) da Divisão de Operações Especiais e sua equipe, em especial Don Dominguez e seu time, meu ex-agente especial em comando e dois supervisores de grupo da NTF, bem como meus antigos colegas do Time 3. Por

## AGRADECIMENTOS

fim, um agradecimento mais do que especial ao Snake por abrir todos os caminhos certos.

Quando encontrei pela primeira vez o agente especial de investigações de segurança nacional Brady Fallon, parecia que já nos conhecíamos há anos. Sua humildade, seu bom-humor e sua determinação serviram como catalisador para criar e sustentar a relação entre HSI e DEA, que, por fim, levou ao nosso sucesso. Ninguém jamais compreenderá exatamente o que foi preciso para liderar uma investigação e uma operação de tal complexidade e magnitude — mas Brady com certeza sabe, porque demos praticamente cada passo juntos. Devo a Brady, Neil Miller e Joe Dawson uma gratidão do tamanho do mundo; eles eram os cavalos de carga por trás da operação — e seus verdadeiros heróis anônimos. Tenho uma dívida com a tenaz equipe executiva sênior do HSI, seus supervisores, agentes especiais, analistas de inteligência e tradutores; sem o trabalho e a coordenação diligentes deles, a captura de Chapo nunca teria acontecido.

O marechal dos Estados Unidos Leroy Johnson e sua equipe merecem muito mais crédito do que as restrições de tamanho da história permitem, e raramente recebem as honrarias devidas por sua bravura. Quando entramos em campo em Sinaloa, foi a experiência técnica e operacional dos marechais que se mostrou essencial. Agradeço sinceramente a cada um deles.

Há muita gente dentro do Departamento de Justiça e dos Escritórios da Promotoria dos Estados Unidos que merece minha gratidão, mas ninguém foi tão importante para essa operação quanto a então vice-chefe Camila Defusio e sua equipe de promotores assistentes. Seus esforços incansáveis nos deram as ferramentas perfeitas para rastrear e capturar o chefe de tráfico mais elusivo de nossa era. Também devo muitos agradecimentos a vários ex-

-promotores federais de San Diego e Chicago com quem tive o prazer de trabalhar intimamente através dos anos; o apoio deles teve um impacto definitivo na investigação até a captura de Guzmán. Não teríamos conseguido sem todos eles.

Na delegacia de Lincoln County, gostaria de agradecer a todos — do passado e do presente — por abrir as portas para minha carreira na polícia e oferecer apoio contínuo nos anos depois que fui embora.

Ter o privilégio de viver e trabalhar num país que passei a amar quase tanto quanto o meu é algo que só pode ser atribuído a um fator: o povo mexicano. Homens e mulheres que exalam enorme orgulho por sua terra, que abrem suas casas, compartilham sua cultura e acreditam no bem comum. O almirante da Semar Furia e seus fuzileiros navais são esse tipo de patriota mexicano. *Todo por la patria*. Tudo pela nação. Esses fuzileiros vivem — e muitos bons homens já morreram — por essas palavras. O almirante Furia e sua brigada compreenderam a importância de confiar e abraçaram nossa parceria de peito aberto.

Laços entre nações — mesmo tão amplos quanto aqueles entre Estados Unidos e México — frequentemente podem ser resumidos a um punhado de relações pessoais. E não conheço exemplo melhor de como os dois países operaram juntos como uma equipe e conquistaram o que a maioria pensava impossível. Foi uma incrível honra trabalhar tão de perto com a Semar; nunca serei capaz de pagar a dívida de gratidão que tenho com o almirante Furia e cada um dos fuzileiros navais envolvidos nessa operação. Eles protegeram nossa vida — garantindo que voltássemos em segurança para nossas famílias sem ter que disparar *uma* bala. São guerreiros no sentido mais verdadeiro da palavra, e guardarei com carinho essa irmandade para sempre.

## AGRADECIMENTOS

Muitos agradecimentos à Polícia Federal mexicana, à Promotoria Geral da República do México (PGR) e a todas as unidades especializadas em narcóticos por toda a América Latina com quem Diego e eu trabalhamos de forma tão próxima nos primeiros anos. Esses homens e mulheres precisam lutar contra a corrupção institucional sistêmica todos os dias — mas ainda conseguem, de alguma forma, ter sucesso e melhorar a qualidade de vida de seus cidadãos, desmontando algumas das mais violentas organizações de tráfico de drogas internacional. Tenho a honra de chamar muitos deles de amigos.

Obrigado, ainda, aos membros da polícia canadense — sobretudo, o Departamento de Polícia de Vancouver e a Polícia Provincial de Quebec — por seus esforços e seu apoio à missão do DEA.

Devo a Douglas Century, meu coautor, uma enorme gratidão. Sua imersão total e dedicação altruísta foram críticas para capturar cada detalhe, fato e sentimento de minha jornada. Foram necessários vários anos cansativos para afinar cada frase, parágrafo e página. Resumindo: eu não teria escrito este livro sem ele.

Minha agência, 3Arts Entertainment, foi crucial em nos apresentar e nos ajudar a criar o conceito para representar melhor esta história; devo a todos na 3Arts e a toda a equipe da HarperCollins minha mais profunda gratidão.

Quando eu estava na Academia do DEA, logo antes de nos formarmos, criamos uma camiseta da turma que dizia:

> Mas ai dos ímpios! Tudo lhes irá mal!
> — Isaías 3:11

Não é que fôssemos tão religiosos assim, mas todos sentíamos aquilo profundamente: não importava que os criminosos fossem grandes ou pequenos, que sua toca fosse distante ou secreta, sempre haveria representantes da lei dedicados a levá-los à justiça. Criminoso algum pode operar para sempre na impunidade.

*Ai dos ímpios!* É uma frase que ressoa em mim desde aquela formatura na academia. Então, minha nota final de agradecimento vai para todos os heróis da polícia e do exército de nossa nação que, a cada dia e noite, comprometem sua vida a levar o "mal aos ímpios" para *todos* podermos dormir em paz.

— A.H.

# UM COMENTÁRIO SOBRE FONTES

**ESCREVER UM LIVRO QUE** se passa no meio assassino do narcotráfico contemporâneo pode ser assustador. Como em qualquer submundo do crime, o que se considera história oficial é frequentemente mera especulação ou mitologia. É quase impossível separar fato de fábula: lendas urbanas, histórias de prisões e antigos contos de guerra são passados de geração em geração — reimpressos em jornais, revistas, blogs e livros —, a ponto de muitas vezes serem indistinguíveis dos fatos verificáveis.

Isso é tão verdadeiro em relação aos primeiros dias de Joaquín Guzmán quanto em relação aos gângsteres americanos John Dillinger ou Pretty Boy Floyd, Al Capone ou Bugsy Siegel.

O *pornô* do tráfico hoje é uma praga nos Estados Unidos e na América Latina — filmes lascivos, brochuras, sites e revistas que frequentemente usam exagero, boatos e glamorização para explorar os grotescamente ricos chefões do tráfico.

É claro que há centenas de escritores sensatos fazendo reportagens excelentes e corajosas na linha de frente do narcotráfico e da corrupção governamental, mantendo o equilíbrio da objetividade enquanto cultivam acesso direto a fontes primárias. *Notícia de um sequestro*, de Gabriel García Márquez, um relato brilhante do reinado de terror de Pablo Escobar no início dos anos 1990 na Colômbia, foi uma inspiração: para mim, segue sendo o maior exemplo de como um autor de não ficção de qualidade — por meio de entrevistas, pesquisa meticulosa e técnica de romance — pode capturar o terror visceral causado por criminosos como o Cartel de Medellín.

Tive sorte, neste livro, de ter trabalhado com um antigo agente federal que o *viveu*, testemunhou e experimentou tudo em primeira mão. É raro alguém do calibre de Andrew abandonar uma carreira na polícia federal tão jovem, enquanto a história de sua jornada investigativa ainda está tão fresca e reverberando na mídia. Juntos, lutamos para escrever este livro com um olhar preciso, separando todos os boatos, rumores e reportagens dúbias sobre "o traficante mais procurado do mundo" de fatos verificáveis.

Frequentemente, histórias de homens como Andrew não são contadas. Esta operação de captura histórica, com todas as suas reviravoltas incríveis, merece uma representação acurada para a posteridade. E os participantes-chave — não só Andrew, mas os outros agentes do DEA e do HSI, militares norte-americanos, tropas e comandantes da Semar — merecem brilhar por seus anos de sacrifício altruísta que, se não fosse este livro, teriam permanecido desconhecidos.

Minha mais profunda gratidão vai para Andrew e para todos que os trabalharam tanto — na 3Arts Entertainment, Harper-Collins e ICM Partners — para nos ajudar a trazer à luz esta história singular.

— D.C.

# GLOSSÁRIO

• • • • • • • • • • •

*abra las cartas*: Literalmente, "abra as cartas" ou "abra os livros". No contexto de uma investigação transnacional de narcóticos, significa "compartilhar toda a inteligência".

**ARD:** Na sigla em inglês, diretor regional assistente. Patente GS-15 no DEA em um posto estrangeiro.

**ASAC:** Na sigla em inglês, agente especial assistente no comando. Patente GS-15 no DEA nos Estados Unidos.

**ATF:** Na sigla em inglês, abreviação para United States Bureau of Alcohol, Tobacco, and Firearms ou Escritório de Álcool, Tabaco e Armas de Fogo dos Estados Unidos. (Hoje, oficialmente conhecido como Escritório de Álcool, Tabaco, Armas de Fogo e Explosivos.)

**AUSA:** Na sigla em inglês, procurador-geral assistente dos Estados Unidos.

**BDU:** Na sigla em inglês, uniforme de batalha. Camuflagem usada pela Semar.

**Beltrán-Leyvas:** Um cartel de drogas mexicano liderado por cinco irmãos Beltrán-Leyva, hoje baseado em Sinaloa, estado do norte do México. Fundado como braço do Cartel de Sinaloa, o Beltrán-Leyvas se tornou seu próprio cartel após a prisão de Alfredo

Beltrán-Leyva, ou "El Mochomo", em 2008, culpando Chapo Guzmán pela prisão.

***birria***: Um ensopado mexicano apimentado feito com carne de bode.

**Caballeros Templarios, Los:** Um cartel de drogas mexicano conhecido em inglês como Knights Templar [Cavaleiros Templários], composto por remanescentes do extinto cartel La Familia Michoacana, baseado no estado mexicano de Michoacán.

***cajeta***: Literalmente, "caramelo" — gíria das organizações de narcotráfico para maconha de alta qualidade.

***carnal***: Frequentemente abreviado em mensagens de texto como "cnl", literalmente significando "parente de sangue", é uma expressão de carinho similar a "irmão".

**Cartel de Guadalajara:** Ver página 35.

**caveiras de açúcar:** Açúcar cristalizado no formato de um crânio humano, decorado com glacê e enfeites brilhantes, representando uma alma falecida ou um espírito em particular no feriado mexicano conhecido como Día de los Muertos, ou "Dia dos Mortos".

***chanclas***: Chinelos.

***chilango***: Gíria mexicana para residentes da Cidade do México ou pessoas nativas da capital.

***cholo***: Originalmente significando um *mestizo*, ou um latino-americano com sangue indígena, "Cholo" hoje pode significar um mexicano de classe baixa, especialmente numa área urbana; um gângster; ou, no submundo dos cartéis, um indivíduo especialmente durão (como "Cholo Iván" Gastélum, o chefe de *plaza* da cidade litorânea de Los Mochis).

***Cisne Negro***: Nome, em espanhol, da operação secreta da Semar para recapturar Chapo Guzmán em janeiro de 2016.

**comprador intermediário:** Alguém com um histórico limpo que concorda em adquirir um bem ou serviço — em geral, ilícito

# GLOSSÁRIO

— para alguém que não pode ou não quer comprar. Esse bem ou serviço, então, é transferido à pessoa depois de ser comprado. São frequentemente contratados por DTOs e contrabandistas de armas.

**cuete:** Literalmente, "foguete" em espanhol, gíria comum para um revólver ou pistola.

**desmadre:** Literalmente, vem de "sua mãe", e pode ser traduzido como "bagunça" ou "caos".

**diretor regional:** O executivo sênior de maior ranking do DEA num posto estrangeiro (por exemplo, o Escritório Nacional da Cidade do México, que cobre os escritórios do DEA no Canadá, México e América Central). Reporta-se diretamente ao chefe de operações do DEA em Washington, DC.

**DTO:** Sigla em inglês para *drug-trafficking organization* ou organização de tráfico de drogas.

**el generente:** O gerente, um dos codinomes de Chapo Guzmán.

**El Señor:** Termo de respeito, significando "senhor" ou "o homem", e um dos codinomes de Chapo Guzmán.

**espelho:** Uma técnica usada por traficantes de drogas para evitar vigilância eletrônica por parte das forças de segurança — mais comumente fazendo mensagens de texto serem redigidas por um funcionário de baixa hierarquia do cartel de um BlackBerry ou celular para outro (criando um "espelho"), o que torna difícil para os agentes rastrearem as mensagens até o recipiente final e atrapalha as tentativas de interceptação.

**fonte confidencial:** Termo do DEA para um informante secreto.

**Gárgola:** Espanhol para "gárgula". Nome da operação secreta da Semar para capturar Chapo Guzmán em fevereiro de 2014.

**güey (pronunciado "whey"):** Equivalente de "cara".

## EM BUSCA DE EL CHAPO

**halcón (los halcónes):** "Falcões" em espanhol, olheiros e associados dos cartéis nas ruas que relatam atividades, avisando os cartéis sobre movimentos de outras DTOs, da polícia ou do exército.

**Inge:** Abreviação de *ingeniero*, literalmente "engenheiro" em espanhol, codinome para Chapo Guzmán.

**jefe de jefes:** Literalmente, espanhol para "chefe dos chefes". O nome se aplica ao mais alto líder de um cartel de drogas no México e é mais frequentemente associado a Miguel Angel Felix Gallardo.

**J.G.L.:** Iniciais de Joaquín Guzmán Loera.

**La Paz:** Literalmente, "a paz", uma cidade mexicana localizada na fronteira da península de Baja California.

**Las Tres Letras:** Literalmente, espanhol para "as três letras". Gíria dos cartéis de droga para o DEA.

**Lic:** Abreviação de *licenciado* (ver a seguir).

**licenciado:** Literalmente, "aquele que tem uma licença", pode se referir a alguém com um diploma superior, como um advogado, engenheiro, arquiteto, contador; dentro da gíria dos cartéis, quase sempre se refere a um advogado ou conselheiro formado.

**lixo de bolso:** Termo usado pelas forças de segurança para qualquer coisa encontrada em bolsos — podem ser recibos, montes de notas, canhotos, sobras de chips de celular, embalagens de chiclete ou qualquer outra coisa.

**machaca con huevo:** Prato mexicano de carne seca desfiada misturada com ovos, frequentemente comido no café da manhã.

**más tranquilo:** Mais calmo.

**Miapa:** Gíria para "meu pai", e um dos codinomes de Chapo Guzmán.

**Nana:** "Avó"; outro codionome de Chapo Guzmán.

**narcocorrido:** Literalmente, uma "balada sobre drogas". Subgênero incrivelmente popular do *norteño* mexicano, música tradicional

## GLOSSÁRIO

do norte do México. Considera-se que os *narcocorridos* modernos começaram em 1974, com o hit "Contrabando y Traición" — o primeiro *narcocorrido* de grande sucesso —, de Los Tigres del Norte. A cena de *narcocorridos* atual é imensamente popular tanto no México quanto nos Estados Unidos, com artistas aceitando encomendas de chefes de cartel e traficantes para celebrar suas empreitadas. Com uma batida alegre liderada por tubas e acordeões — e letras frequentemente celebrando assassinato, vingança e violência —, o *narcocorrido* contemporâneo frequentemente é comparado com o *gangsta rap* dos anos 1990. É hoje provavelmente a forma de música mais popular no México entre os jovens — apesar de, muitas vezes, não ser tocada no rádio e das tentativas das autoridades de banir o gênero. A cena está prosperando, com artistas como Roberto Tapia, Gerardo Otiz, Movimiento Alteradand e El Komander atraindo muitos fãs com músicas que frequentemente celebram chefões das drogas como Chapo Guzmán e outros traficantes de importância.

**Navolato:** Uma cidade mexicana logo a oeste de Culiacán, no estado de Sinaloa.

**NCAR:** Sigla em inglês para a Região das Américas do Norte e Central do DEA, cobrindo México, América Central e Canadá.

**olho:** Termo ligado à vigilância — o agente que está fisicamente à vista do objeto de uma vigilância e que comunica esses movimentos ao resto da equipe.

**padrão de vida:** Um método de vigilância usado especificamente para documentar e compreender os movimentos e hábitos diários de um alvo. A análise dessa informação pode potencialmente ser usada por forças de segurança para prever futuros movimentos ou ações do alvo observado.

**Padrino:** "Padrinho", um dos codinomes de Chapo Guzmán.

# EM BUSCA DE EL CHAPO

***palapa***: Um abrigo/estrutura tradicional mexicano coberto por folhas ou galhos de palmeira, especialmente perto de uma praia ou um corpo d'água.

***pan dulce***: Pão doce mexicano frequentemente comido durante o café da manhã.

**PF:** Policia Federal, a Polícia Federal Mexicana.

**PGR:** Abreviação de La Procuraduría General de la República, o equivalente mexicano à Procuradoria-Geral da República, similar ao Departamento de Justiça dos Estados Unidos.

***pinche cabrón* (vulgar):** Gíria mexicana para "filho da puta" ou "imbecil", também pode ser usada como elogio no sentido de alguém que é "muito foda".

***plaza***: Território, espaço ou principal rota de contrabando do México para os Estados Unidos. Também pode significar os impostos que se precisa pagar para usar tais rotas.

***rápida***: Gíria mexicana para picapes armadas da Semar.

***raspados***: Uma "raspadinha", um copo de gelo raspado e adoçado com vários sucos de fruta.

**registros:** Registros detalhados de ligações de um aparelho.

**SAC:** Na sigla em inglês, agente especial no comando, executivo sênior do DEA com a maior hierarquia responsável por uma divisão específica do escritório nos Estados Unidos (por exemplo, a Divisão de Campo de Chicago, que cobre Illinois, Indiana, Wisconsin e Minnesota).

**secre:** Abreviação de *secretario*, ou secretário, e codinome de Chapo Guzmán ou de seus secretários Condor e Chaneke.

**Sedena:** La Secretaría de la Defensa Nacional, o Exército mexicano.

**Semar:** La Secretaria de la Marina, a Marinha mexicana.

**sicario:** Literalmente um sicário ou assassino dos cartéis.

# GLOSSÁRIO

**Sierra Madre:** A grande cadeia de montanhas que corre de noroeste a sudeste através do noroeste e do oeste do México e ao longo do Golfo da Califórnia, e principalmente através da porção leste de Sinaloa.

**sobreposição de investigações:** Uma checagem comum entre as forças de segurança para reduzir o risco de ter como alvo os mesmos criminosos, causando um potencial incidente de um agente alvejando outro agente.

***tacos de canasta:*** *Tacos* caseiros servidos numa cesta, frequentemente no porta-malas do carro de alguém.

**tlacoyos:** Tortilhas em formato oval feitas de *masa*, recheadas com feijão refrito, queijo ou fava, coberto por *queso fresco, nopales* e *salsa*. São tipicamente servidas por vendedores ambulantes em um *comal*.

**traficantes jovens:** Filhos de traficantes mais velhos — uma geração nova e muitas vezes mais chamativa de traficantes. Ao contrário de seus pais ou avôs, os traficantes jovens, em sua maioria, foram criados na riqueza urbana, com um nível mais alto de educação.

**Zetas, Los:** Cartel de drogas mexicano formado quando soldados de assalto do Exército mexicano desertaram e começaram a trabalhar como braço de segurança do Cartel do Golfo. Em 2010, Los Zetas saíram e formaram seu próprio cartel. Considerado o mais violento dos cartéis de hoje, também está envolvido em chantagem, sequestros e extorsão.

# SOBRE OS AUTORES

**ANDREW HOGAN É O** agente especial do DEA que liderou a investigação e a captura de El Chapo Guzmán. Ele hoje trabalha no setor privado e vive numa localização não divulgada.

**DOUGLAS CENTURY É AUTOR** e coator de *best-sellers* como *Under and Alone, Barney Ross, Irmandade de guerreiros* e *Takedown: The Fall of the Last Mafia Empire*, finalista do Edgar Award de 2003 na categoria de Melhor Não Ficção sobre Crime.

PUBLISHER
Omar de Souza

GERENTE EDITORIAL
Mariana Rolier

EDITORA
Alice Mello

COPIDESQUE
Thaís Lima

REVISÃO
Anna Beatriz Seilhe

CAPA
Túlio Cerquize

DIAGRAMAÇÃO
Abreu's System

Este livro foi impresso em Curitiba, em 2018,
pela Exklusiva, para a HarperCollins Brasil.
A fonte usada no miolo é Electra LT Std, corpo 11,5/16,7.
O papel do miolo é Chambril Avena 80g/m², e o da capa é cartão 250g/m².